JN113188

障害と人権の総合事典

日本障害者協議会（JD）編

Nothing About Us Without Us

やどかり出版

序

本書は，まぎれもなく障害分野に関する本格的な事典である。さまざまな領域にわたる障害分野だが，その中から重要と思われるキーワードを絞り込み，できる限り平易に，また障害者権利条約（以下，権利条約）を中心に国の内外の新たな動きを織り込むよう努めてきた。これまでも障害分野の事典の体を成すものはなかったわけではないが，掲載ワードの豊富さと執筆陣の多彩さという点で，これらとは趣を異にすると言ってよい。

企画や編纂の過程でもっとも大切にしてきたことは「事典の本旨」の追求である。すなわち，個々の意味の解説の簡潔さであり，何より客観性を保つことであった。事典としての使い勝手の良さにも心を砕いてきた。同時に，それに留まらないのが本事典の特長なのである。そのいくつかを紹介する。

一つ目は，読み物としての魅力である。一つひとつのキーワードにショートストーリーが込められている。歴史性や背景，キーワードによっては近接の領域や方向性まで示唆している。障害分野を網羅した「短編集」としても読み応えがある。調べものついでに，立ち止まって深読みするのもいいのではなかろうか。

二つ目は，障害分野への向き合い方や着眼点を磨くために役立つことだ。障害領域への関わりの姿勢や視点は一夜にして成るものではない。障害分野を俯瞰し，さまざまな問題事象に通底するものを探求する中で，滲み出てくるものであろう。この事典は，全体を押さえる上で最適であり，横たわる権利条約を通して，そこに通底する障害問題の本質や国際規範の大切さを汲み取ってもらえればと思う。

三つ目は，障害分野での共通言語の共有に新たな道を開くことである。願わくば，本事典のキーワードの一つひとつが共通言語として私たちの社会に浸透してほしい。ただちに社会とまではいかなくとも，少なくとも障害分野の関係者間で携えることの意味は大きい。共通言語の広がりは，政策面や研究面はもとより，障害の種類を超えた実践現場での意思疎通にも有効となろう。他方で，障害分野の中には，一つの事象の意味付けや解釈に隔たりがあるものもある。これらについては，今後の議論に委ねたい。

周知のとおり，昨年（2022年）公表された国連障害者権利委員会による総括所見（勧告）は，私たちの社会に大きなインパクトをもたらした。総括所見の日本社会への普及の時期と軌を一にして，この事典を刊行できることに一入の感慨を覚える。権利条約と総括所見の履行に，何より私たちの国の障害分野の好転にいささかでも貢献できればと思う。あとはこの事典がどれくらい羽ばたくかである。日本中の公共資源に，そして障害関連事業所だけでなく，個人のレベルにも広がってほしい。

2023年５月１日

認定NPO法人日本障害者協議会

代表　藤井克徳

刊行にあたって

日本障害者協議会（JD）は，障害のある人たちの権利擁護のために積極的な政策提言を行い，障害者運動をけん引してきました。本事典は，JDの40年余の経験を土台に幅広くつながっている人たちの総力を結集し，障害者権利条約を指針として障害分野を横断した歴史的意義のある事典となりました。

私たちが本事典を企画するきっかけは，国連での障害者権利条約の成立（2006年）とその批准（2014年）でした。この条約は，障害の社会モデル／人権モデルを土台とし，すべての生活・政策分野にわたる障害のある人の権利と国（地方自治体を含む）の義務を示しており，誰も取り残さない社会の実現に向けた基礎となるものです。

障害のある人の生活や環境は，第二次世界大戦後急速に変化し，多様化してきました。戦後ゼロに等しかった施策は，対象とされる障害（機能障害）の種類も，目・耳・肢体の障害から，知的・精神・発達・難病にともなう障害へと広がり，障害者支援にかかわる専門職も約50種となりました。一方，広がることによって関連する用語を複雑にし，共通理解を難しくしてきました。本事典では，障害の違い，立場や専門の違いを超えて，互いの理解を深め，なおかつ表面的・実用的な意味だけでなく，そこに込められた概念・理念を理解することを目的としています。

2022年には日本の障害者権利条約の履行状況について初の国連審査があり，国連障害者権利委員会からの総括所見で多くの具体的勧告を受けました。締約国がこれらに誠実に取り組むことで，すべての障害のある人が他の人と平等に参加できる包摂的な社会をめざす時代が到来します。私たちがめざす社会の共通理解のために本事典はさらに活躍することと考えます。

末尾の執筆者一覧のように，JD 加盟団体を中心に障害のある人や家族の団体，事業者団体，専門職団体，学界など，それぞれの立場の中心で活躍されている皆様に無償で執筆をお願いしました。快く引き受けてくださった皆様に心より感謝いたします。刊行に向けた準備中に新型コロナウイルス感染症が大流行したことも影響し，数年単位で編集作業が遅れ，たびたび校正をお願いすることになりました。

また，編集・制作を進めるためにヤマト福祉財団からの助成をいただき，刊行の運びとなりましたこと深謝申し上げます。

刊行のタイミングにより，総括所見の内容などいくつかの重要事項が十分に反映できませんでした。電子書籍などでの第二版の可能性など，今後検討したいと考えています。

障害のある人々，その家族，福祉・教育・労働などの支援の場，国・都道府県・市区町村，各種専門職の教育機関などで，人権を土台にした実践展開のために必携の書となることを心より願っています。

2023年4月

「障害と人権の総合事典」常任編集委員会一同

凡　例

1．本書の特色

1）編集意図

本事典は，日本の障害者施策を社会モデル／人権モデルに基づくものへと転換していくための社会全体の共通認識の形成をめざした。そのために，①障害者権利条約に基づくこと，②当事者の視点，現場の実態を踏まえ，単に用語や制度・施策の一般的な解説ではなく，その言葉の本質，実践の方向性や課題をできうる限り取り上げることとした。

2）項目の収録範囲

障害者権利条約の条文，障害者自立支援法違憲訴訟で国と交わした基本合意文書，障害関連法，日本障害者協議会（JD）がこれまでに発表した意見書などから重要キーワーズを抽出し，複数の関連事典の索引語なども参考にし，障害者権利条約の条文を基盤とした27章に振り分けた。総論的な用語については2,000字程度の大項目（37項目）とし，中項目（1,000字 /73項目），小項目（500字 /132項目），細項目（250字 /86項目）の計328項目に整理した。

3）構成

巻末には障害者権利条約条文の目次，索引を付した。

2．見出し項目

見出し項目には項目番号（全項目の通し番号）を付し，外国語・外来語などで必要と思われるものには，本文中に原語を付した。

3．表記について

1）原則として，常用漢字・人名用漢字を用いた。

2）年次は西暦で示し，元号は特に必要な場合に併記した。

3）法律名，機関名，英文略称など，一般的に略称が定着している場合には略称を用い，正式名称やフルスペルは，その語が主に解説される項目で記載し，「略語一覧」にまとめた。

4）見よ項目

参照することが望ましい語を太字にし，*を付した。

例：**締約国報告***

4．事項索引

巻末に五十音順の索引を付した。斜体太字は見出し項目であり，太字の頁番号は見出し項目の出現頁を指す。

略語一覧

◆法律 / 機関名の略称（50音順）

交通バリアフリー法	高齢者，身体障害者等の公共交通機関を利用した移動の円滑化の促進に関する法律
厚労省	厚生労働省
国交省	国土交通省
障害者雇用促進法	障害者の雇用の促進等に関する法律
障害者差別解消法	障害を理由とする差別の解消の推進に関する法律
障害者総合支援法	障害者の日常生活及び社会生活を総合的に支援するための法律
精神保健福祉法	精神保健及び精神障害者福祉に関する法律
ハートビル法	高齢者，身体障害者等が円滑に利用できる特定建築物の建築の促進に関する法律
バリアフリー法	高齢者，障害者等の移動等の円滑化の促進に関する法律
（視覚障害者等による著作物の利用機会促進）マラケシュ条約	盲人，視覚障害者その他の印刷物の判読に障害のある者が発行された著作物を利用する機会を促進するためのマラケシュ条約
文科省	文部科学省

◆英文略称（アルファベット順）

ACT	積極的地域内治療（Assertive Community Treatment）
ADA	障害をもつアメリカ人法（Americans with Disabilities Act）
ADL	日常生活活動（Activities of Daily Living）
AIDS	エイズ，後天性免疫不全症候群（Acquired Immunodeficiency Syndrome）
ALS	筋萎縮性側索硬化症（Amyotrophic Lateral Sclerosis）
APCD	アジア太平洋障害者センター（Asia-Pacific Development Center on Disability）
APDF	アジア太平洋障害フォーラム（Asia and Pacific Disability Forum）
CBID	地域に根ざしたインクルーシブな開発（Community-Based Inclusive Development）
CBR	地域に根ざしたリハビリテーション（Community-Based Rehabilitation）
ESCAP	アジア太平洋経済社会委員会（Economic and Social Commission for Asia and the Pacific）
GDP	国内総生産（Gross Domestic Product）
HIV	ヒト免疫不全ウイルス（Human Immunodeficiency Virus）

ICD	国際疾病分類 （International Statistical Classification of Diseases and Related Health Problems）
ICF	国際生活機能分類 （International Classification of Functioning, Disability and Health）
ICIDH	国際障害分類 （International Classification of Impairments, Disabilities and Handicaps）
ICT	情報通信技術（Information and Communication Technology）
IDA	国際障害同盟（International Disability Alliance）
ILO	国際労働機関（International Labour Organization）
IQ	知能指数（Intelligence Quotient）
ISO	国際標準化機構（International Organization for Standardization）
IYDP	国際障害者年（International Year of Disabled Persons）
JANNET	障害分野 NGO 連絡会（Japan NGO Network on Disabilities）
JD	日本障害者協議会（Japan Council on Disability）
JDF	日本障害フォーラム（Japan Disability Forum）
JICA	国際協力機構（Japan International Cooperation Agency）
JIS	日本産業規格（Japanese Industrial Standards）
NPO 法人	非営利法人（Non-Profit Organization）
OECD	経済協力開発機構 （Organisation for Economic Co-operation and Development）
OHP	オーバーヘッドプロジェクター（Overhead Projector）
PDCA（サイクル）	Plan（計画）・Do（実行）・Check（評価）・Action（改善）
QOL	生活の質，人生の質（Quality of Life）
RNN	アジア太平洋障害者の十年推進 NGO 会議 （Regional NGO Network for the Promotion of the Asian and Pacific Decade of Disabled Persons）
SDGs	持続可能な開発目標（Sustainable Development Goals）
SNS	ソーシャルネットワーキングサービス（Social Networking Service）
SST	社会生活技能訓練（Social Skills Training）
TEACCH	ティーチプログラム （Treatment and Education of Autistic and related Communication handicapped Children）
WHO	世界保健機関（World Health Organization）

● 目 次 ●

序 iii

刊行にあたって v

凡例 vii

略語一覧 viii

第1章 障害者権利条約と国連……………3

001 障害者権利条約 3 ／ ***002*** 障害者権利条約の国際モニタリング（監視） 4 ／ ***003*** 国連障害者権利委員会 6 ／ ***004*** 締約国報告 6 ／ ***005*** パラレルレポート 7 ／ ***006*** 総括所見 7 ／ ***007*** 障害者権利条約に至る国連の障害分野での取り組み 8 ／ ***008*** 国際障害者年（IYDP） 8 ／ ***009*** 障害者の機会均等化に関する標準規則 9

第2章 基本的な理念と視点 ……………… 10

010 完全参加と平等 10 ／ ***011*** 当事者参加 12 ／ ***012*** インクルージョン 13 ／ ***013*** ノーマライゼーション 14 ／ ***014*** エンパワメント 15 ／ ***015*** 自立生活（IL） 16 ／ ***016*** 発達保障 17 ／ ***017*** 扶養義務制度 18 ／ ***018*** 障害と障害者 19 ／ ***019*** 国際生活機能分類（ICF） 20 ／ ***020*** 障害学 22 ／ ***021*** 「しょうがい」の表記 23

第3章 法律と制度……………………… 24

022 日本国憲法 24 ／ ***023*** 障害者基本法の変遷と障害者施策 25 ／ ***024*** 障害者基本計画 27 ／ ***025*** 地方自治体の障害者計画 27 ／ ***026*** 障害者政策委員会 28 ／ ***027*** 障がい者制度改革 28 ／ ***028*** 障がい者制度改革推進会議 29 ／ ***029*** 障がい者制度改革推進会議差別禁止部会 29 ／ ***030*** 障がい者制度改革推進会議総合福祉部会 30 ／ ***031*** 骨格提言 30 ／ ***032*** 障害者白書 32 ／ ***033*** 省庁による

障害者施策　32／***034*** 制度の谷間　33／***035*** 社会保障審議会障害者部会　34／***036*** 地方自治法　34／***037*** 社会福祉法　35／***038*** 厚生労働委員会　35／***039*** 社会福祉基礎構造改革　36／***040*** 社会福祉の市場化と規制緩和　36／***041*** 介護保険制度　37

第４章　差別禁止……………………　38

042 障害者差別解消法　38／***043*** 障害者雇用促進法の差別禁止条文　40／***044*** 合理的配慮　41／***045*** 社会的障壁　42／***046*** 障害者差別禁止条例　42／***047*** 欠格条項　43／***048*** アファーマティブ・アクション　43／***049*** 障害をもつアメリカ人法（ADA）　44

第５章　障害のある女性……………　45

050 障害のある女性　45／***051*** 女性差別撤廃条約　47

第６章　障害のある子ども…………　48

052 障害児支援　48／***053*** 児童福祉法と障害児　49／***054*** 児童発達支援　50／***055*** 児童発達支援管理責任者　51／***056*** 障害児入所施設　51／***057*** 障害児通所支援　52／***058*** 保育所等訪問支援　53／***059*** 保育所・幼稚園等の障害児保育　54／***060*** 放課後等デイサービス　55／***061*** 子どもの権利条約　55／***062*** 母子保健法　56／***063*** 障害の発見と乳幼児期の支援　57／***064*** 巡回支援専門員整備事業　57／***065*** 障害児の家族支援　58／***066*** 発達相談　58／***067*** 就学相談　59

第７章　意識の向上…………………　60

068 障害理解　60／***069*** 心のバリアフリー　62／***070*** 人権教育　62／***071*** マスメディア（報道）と障害　63／***072*** 障害者施設反対運動　64

第8章　アクセシビリティ……………………　65

073 アクセシビリティ　65／*074* ユニバーサルデザイン　66／*075* バリアフリー法　68／*076* 共用品　69／*077* アクセシブルミーティング（AM）　69／*078* バリアフリートイレ（多機能トイレ）　70／*079* サイトライン　70／*080* 国際パラリンピック委員会アクセシビリティガイド　71

第9章　交通・移動……………………………　72

081 移動権と福祉のまちづくり　72／*082* 知的，発達，精神障害者の移動と公共交通　73／*083* 移動支援　74／*084* 身体障害者補助犬（盲導犬，介助犬，聴導犬）　74／*085* 視覚障害者誘導用ブロック　75／*086* 移動用機器と公共交通　76／*087* 精神障害者の運賃割引制度　77／*088* 障害者の自動車運転　77／*089* 介護タクシー，福祉タクシー　77／*090* スペシャル・トランスポート・サービス（STS）　78／*091* ノンステップバス　78／*092* サイン計画　78／*093* 歩行空間ネットワークデータ　79

第10章　情報とコミュニケーション …　80

094 意思疎通（支援）（障害者総合支援法）　80／*095* 情報アクセシビリティ　82／*096* ウェブアクセシビリティ　84／*097* 放送のバリアフリー　84／*098* 読書のバリアフリー　85／*099* 情報利用のための用具の給付制度　86／*100* 手話言語　86／*101* 点字　87／*102* 要約筆記　87／*103* 盲ろう者向け通訳・介助員　88

第11章　災害と障害 ……………………　89

104 災害と障害者　89／*105* 東日本大震災からの復興　91／*106* 災害時要援護者　92／*107* 災害発生時の情報伝達　92／*108* 中央防災会議　93／*109* 国連防災世界会議　94

第12章　意思決定 ………………………… 95

110 意思決定支援　95／***111*** 成年後見制度　96／***112*** 法的能力　97

第13章　警察や裁判所などでの人権 … 99

113 司法手続等の権利　99／***114*** 障害者にかかわる裁判　101／***115*** 裁判外紛争解決の仕組み　103／***116*** 矯正施設　103

第14章　生命と人権 …………………… 105

117 障害者に関する人権問題と権利擁護　105／***118*** 障害者虐待防止法　107／***119*** 結婚・妊娠・出産・子育ての権利　108／***120*** 優生思想　109／***121*** 旧優生保護法下の強制不妊手術問題　110／***122*** 出生前（着床前）診断　111／***123*** 障害者の消費者トラブル　112

第15章　障害者福祉と自立 …………… 114

124 障害者福祉の歴史と法制度　114／***125*** 支援費制度　116／***126*** 障害者自立支援法　117／***127*** 障害者総合支援法　117／***128*** 利用者負担　119／***129*** 応益負担と応能負担　120／***130*** 補足給付　120／***131*** 介護保険優先原則　121／***132*** 障害支援区分　121／***133*** 義務的経費と裁量的経費　122／***134*** 国庫負担基準　122／***135*** 日額制と月額制　123／***136*** 常勤換算方式　123／***137*** 協議会（障害者自立支援協議会）　124／***138*** 都道府県・市町村障害福祉計画　124／***139*** 障害保健福祉圏域　124／***140*** 介護給付　125／***141*** 居宅介護　125／***142*** 重度訪問介護　125／***143*** 重度障害者等包括支援　126／***144*** 短期入所　126／***145*** 療養介護　126／***146*** 生活介護　126／***147*** 施設入所支援　127／***148*** 訓練等給付　127／***149*** 自立訓練　128／***150*** グループホーム　128／***151*** 補装具　128／***152*** 日常生活用具　129／***153*** 地域生活支援事業　129／***154*** 地域活動支援センター　129／***155*** 相談支援事業　129／***156*** サービス等利用計画／計画相談支援　130／***157*** 地域相談支援（地

域移行支援・地域定着支援） 131 ／ ***158*** 共生型サービス 131 ／ ***159*** 発達障害者支援法 131 ／ ***160*** 身体障害者福祉法 132 ／ ***161*** 知的障害者福祉法 132 ／ ***162*** 精神保健福祉法 133 ／ ***163*** 障害者手帳 133 ／ ***164*** 更生相談所 133 ／ ***165*** 日常生活自立支援事業 134 ／ ***166*** 事業者に対する第三者評価 134 ／ ***167*** 地域生活定着支援センター 135 ／ ***168*** 家族支援 135 ／ ***169*** パーソナルアシスタンス 136 ／ ***170*** デイアクティビティセンター 136 ／ ***171*** ワンストップ相談 136 ／ ***172*** 我が事・丸ごと地域共生社会 136

第 16 章　教育 …………………………… 138

173 教育を受ける権利 138 ／ ***174*** インクルーシブ教育 139 ／ ***175*** 教育における合理的配慮 140 ／ ***176*** 特別支援教育 141 ／ ***177*** 特別支援学校・特別支援学級・通級による指導 142 ／ ***178*** 共同学習・交流教育 143 ／ ***179*** 障害のある生徒の特別支援学校高等部における教育 143 ／ ***180*** 障害のある生徒の高等学校における教育 143 ／ ***181*** 障害のある学生の大学等の教育 144 ／ ***182*** 高等学校以降の学びの場・専攻科 145 ／ ***183*** 生涯学習 145

第 17 章　保健・医療 ……………………… 146

184 障害のある人の保健・医療 146 ／ ***185*** 医療費助成制度 148 ／ ***186*** 医療的ケア 149 ／ ***187*** 難病の医療・福祉制度 149 ／ ***188*** 精神科医療 151 ／ ***189*** 精神科医療の強制入院 152 ／ ***190*** 精神科特例 153 ／ ***191*** 病棟転換型居住系施設 154 ／ ***192*** 身体拘束 154 ／ ***193*** 精神医療審査会 155

第 18 章　リハビリテーション ………… 156

194 リハビリテーション 156 ／ ***195*** ハビリテーション 158 ／ ***196*** リハビリテーションセンター 158 ／ ***197*** QOL 159 ／ ***198*** ADL 159 ／ ***199*** コミュニティ・ベイスド・リハビリテーション（CBR） 160

第19章　労働・雇用 …………………… 161

200 障害者の労働と雇用　161／***201*** 障害者雇用促進法　163／***202*** 障害者雇用率制度　163／***203*** 障害者雇用納付金制度　164／***204*** 特例子会社　164／***205*** 職場適応援助者（ジョブコーチ）　165／***206*** トライアル雇用助成金　障害者トライアルコース（トライアル雇用）　165／***207*** チャレンジ雇用　165／***208*** 在宅就業支援団体　166／***209*** テレワーク　166／***210*** 職業リハビリテーション及びハビリテーション　166／***211*** 障害者就業・生活支援センター　167／***212*** 障害者職業センター　168／***213*** 職業能力開発　168／***214*** 公共職業安定所（ハローワーク）　169／***215*** 雇用と福祉的就労　169／***216*** 就労移行支援　170／***217*** 就労継続支援　170／***218*** 就労定着支援　171／***219*** 授産施設　171／***220*** 福祉工場　172／***221*** 共同作業所　172／***222*** 障害者優先調達推進法　172／***223*** 賃金・工賃　172／***224*** 常勤・非常勤　173／***225*** 自営　173／***226*** ディーセントワーク　173／***227*** 社会支援雇用　174／***228*** 援助付き雇用　174

第20章　生活保障 …………………… 176

229 障害者の所得保障及び経済的負担の軽減　176／***230*** 障害基礎年金　178／***231*** 障害厚生年金　178／***232*** 障害共済年金　179／***233*** 特別障害給付金　179／***234*** 社会手当　180／***235*** 生活保護　181／***236*** 生活保護の適正化　182／***237*** 生活保護の加算制度　183／***238*** 生活保護の不正受給問題　184／***239*** 生活保護の扶養義務の強化　184／***240*** 生活保護の捕捉率と保護率　184／***241*** 救護施設　184／***242*** 生活困窮者自立支援法　185／***243*** 住宅セーフティネット法　185／***244*** 家賃債務保証制度　186／***245*** ワーキングプア　186／***246*** 貧困率　186／***247*** 貧困の連鎖　186

第21章　政治参加 …………………… 187

248 政治・公的活動への参加　187／***249*** 選挙等における配慮　189／***250*** 障害特性に応じた選挙等に関する情報の提供　189

第22章　文化・スポーツ・レクリエーション ……… 191

251 文化・スポーツ・レクリエーション　191／*252* 社会教育，余暇活動　192／*253* パラリンピック　194／*254* デフリンピック　195／*255* スペシャルオリンピックス（SO）　196

第23章　統計・資料 ……………………… 197

256 障害者に関する統計･資料　197／*257* 生活のしづらさ調査(全国障害児・者等実態調査)　198／*258* 障害福祉に関する統計・資料　198／*259* 障害者雇用に関する統計・資料　199／*260* 民間団体による実態調査　199／*261* 諸外国における統計・資料　200／*262* 障害関係予算の国際水準　201

第24章　国際協力 ……………………… 203

263 障害分野の国際協力　203／*264* 持続可能な開発目標（SDGs）205／*265* 国連専門機関と障害　206／*266* 国連地域機関と障害　206／*267* アジア太平洋障害者の十年　207／*268* 世界保健機関（WHO）　208／*269* 国際労働機関（ILO）　208／*270* 経済協力開発機構（OECD）　209／*271* 国際障害同盟（IDA）　209／*272* 国際協力機構（JICA）　210／*273* 国際協力関連国内民間団体　210

第25章　疾患と障害 ……………………… 211

274 疾病と障害　211／*275* 肢体不自由　213／*276* 視覚障害　213／*277* 聴覚障害　213／*278* 失語症　214／*279* 精神障害　214／*280* 高次脳機能障害　215／*281* 知的障害　216／*282* 発達障害　216／*283* 強度行動障害　217／*284* 重症心身障害　218／*285* 難病　218／*286* 盲ろう　219

第26章　支援方法と人材 ………………… 220

287 障害者にかかわる支援方法と専門職　220／***288*** ケアマネジメント（ケースマネジメント）　221／***289*** ソーシャルワーク　222／***290*** アウトリーチ　223／***291*** アドボカシー　223／***292*** 受容　223／***293*** 共感　224／***294*** ストレングス　224／***295*** 社会生活技能訓練（SST）　224／***296*** セルフヘルプグループ　225／***297*** セルフマネジドケア　225／***298*** ピアカウンセリング　226／***299*** ピアサポーター　226／***300*** ペアレントメンター　226／***301*** インフォーマルケア　226／***302*** TEACCHプログラム・構造化　227／***303*** ピクトグラム（絵記号）　227／***304*** スーパーバイザー　227／***305*** 社会福祉士　227／***306*** 精神保健福祉士　228／***307*** 医療ソーシャルワーカー（MSW）　228／***308*** 介護福祉士　228／***309*** 介護支援専門員　228／***310*** ホームヘルパー　229／***311*** 作業療法士（OT）　229／***312*** 理学療法士（PT）　229／***313*** 言語聴覚士（ST）　229／***314*** 視能訓練士（CO）　230／***315*** 音楽療法士　230／***316*** 臨床心理士　230／***317*** 義肢装具士（PO）　231／***318*** 保育士　231／***319*** 生活支援員　231／***320*** 職業指導員　231／***321*** 相談支援専門員　232／***322*** サービス管理責任者　232／***323*** 障害者職業カウンセラー　232

第27章　障害者運動 ………………………… 233

324 障害者運動　233／***325*** 難病の患者運動　235／***326*** 日本障害フォーラム　236／***327*** 日本障害者協議会　237／***328*** 障害者自立支援法違憲訴訟　239

障害者権利条約の目次　241

事項索引　243

執筆者一覧　252

装丁…石井知之
本文組版・レイアウト…川上麻衣子

障害と人権の総合事典

第1章

障害者権利条約と国連

001 障害者権利条約

狭義の条約と広義の条約

障害者権利条約（以下，条約）は，広狭２つの意味で用いられる。狭義の条約は，前文と本文50カ条からなる条約本体を意味する。広義の条約は，狭義の条約と，その締約国が自由な選択で締結できる選択議定書（本文18カ条）との総称である。ここでは，狭義の意味で「条約」という言葉を用いる。

2023年１月時点で，条約の締結数は185に上る。日本は，条約を2007年９月28日（日本時間29日）に署名し，2014年１月20日に批准した。100の締結数を数える選択議定書は，日本は未批准である。

条約の目的

条約の目的は，「すべての障害者によるすべての人権及び基本的自由の完全かつ平等な享有」の促進・保護・確保にある（１条第１文）。ここでいう「人権及び基本的自由」は，従来の国際人権法で承認されてきた「既存の人権」であり，条約は「新しい人権」を創設するものではない。「既存の人権」を障害者に完全かつ平等に保障することにより，条約は「保護の客体」から「人権の主体」への障害者観の転換をめざす。

社会モデルに基づく障害・障害者の概念

１条第２文は，「障害者（persons with disabilities）には，長期的な身体的，精神的，知的又は感覚的な機能障害（impairments）であって，様々な障壁との相互作用（interaction）により他の者との平等を基礎として社会に完全かつ効果的に参加することを妨げ得るものを有する者を含む」と定める。「含む」という文言があるため，ここに記されていない者（「長期的な機能障害を有しない者」等）も「障害者」に含まれ得る。また，「様々な障壁との相互作用により……妨げ得る」という文言は「障害の社会モデル」を含意する。

同様に，「障害」の概念を記した前文(e)も，「障壁との間の相互作用」という文言を用いている。すなわち，前文(e)は，「(締約国は……) 障害(disability) が，機能障害を有する者とこれらの者に対する態度及び環境による障壁との間の相互作用であって，これらの者が他の者との平等を基礎として社会に完全かつ効果的に参加することを妨げるものによって生ずることを認め」る，と定める。

このように，１条と前文において「障害者」と「障害」の概念がそれぞれ定められているが，条約上の定義を定めた２条には「障害者」と「障害」の定義は含まれていない。２条に掲げる定義は，「意思疎通」「言語」「障害に基づく差別」「合理的配慮」「ユニバーサルデザイン」の５つである。

８つの一般原則

３条は条約の一般原則を定める。一般原則は，条約の解釈・実施に際して常に参照されるべき基本的指針である。一般原則は，(a) 固有の尊厳，個人の自律（自ら選択する自由を含む）及び個人の自立の尊重，(b) 無差別，(c) 社会への完全かつ効果的な参加及び包容，(d) 差異の尊重並びに人間の多様性の一部及び人類の一員としての障害者の受入れ，(e) 機会の均等，(f) 施設及びサービス等の利用の容易さ，(g) 男女の平等，(h) 障害のある児童の発達しつつある能力の尊重及び障害のある児童がその同一性を保持する権利の尊重，の８つである。

当事者参加

2001年から2006年の条約の作成過程では，「我らを抜きに我らのことを決めてはならない」というスローガンの下で，障害当事者が積極的に参画した。

当事者参加は条約の効果的な実施にとってきわめて重要である。４条３は条約実施過程において障害者（団体）と緊密に協議し，障害者を積極的に関与させることを国家に義務付け，33条３は障害者の条約監視過程への十分な関与・参加を国家に義務付けている。

障害者の権利と締約国の義務の内容

条約は，これを締結した国家に，障害者の権利を保護するためのさまざまな義務を課す。（巻末資料「障害者権利条約の目次」参照）

１条から４条までは目的，定義，一般原則，一般的義務などの総論的内容で，５条から33条までが差別禁止，法的能力，インテグリティ（不可侵性），拷問禁止，自立生活，教育，就労，リハビリテーション，スポーツ，統計，国内実施などの各論的な権利又は義務を扱っている。34条から50条までは，国連障害者権利委員会の任務，報告制度，締約国会議などを取り上げている。（川島　聡）

002 障害者権利条約の国際モニタリング（監視）

障害者権利条約（以下，条約）は，締約国の条約履行の国際的な監視・促進・保護に関する制度として，報告制度・個人通報制度・調査制度の３つを設けている。報告制度は条約に定められている。個人通報制度と調査制度は，選択議定書に定められている。

国連障害者権利委員会*

これらの制度を担当するのが国連障害者権利委員会（以下，委員会）である。委員会の委員は，個人の資格で職務を遂行し，徳望が高く，この条約の対象分野に関して能力と経験を認められた者でなければならない。委員の選出にあたってはジェンダー・バランスや，障害をもった専門家の参加なども考慮に入れられる。石川准（静岡県立大学教授　現名誉教授）は2017年から１期４年委員を務めた。

報告制度

この制度の下で，委員会は，条約の実施状況に関する**締約国報告**＊と市民社会の**パラレルレポート**＊などを踏まえ，締約国との建設的対話（constructive dialogue）を通じて，**総括所見**＊（concluding observations）を採択する。委員会は，第５回会期（2011年４月）において締約国報告の審査を開始した。2019年までに，89の締約国（国家ではない欧州連合〈EU〉を含む）の最初の報告が審査された。2020年に予定されていた12の審査は新型コロナウイルス感染症の影響で延期された。

日本政府は2016年６月に委員会に初回の報告を提出し，その後，委員会からの事前質問事項への回答を2022年５月に委員会に提出した。それらと並行して，日本障害フォーラムや日本弁護士連合会などの市民社会も，パラレルレポートなどにより情報を委員会にインプットした。委員会は，それらの情報をすべて踏まえ，2022年８月22日，23日に日本政府代表団との間で，建設的な対話を持った。そして，委員会は同９月２日に日本への総括所見を採択した。総括所見には，様々な勧告が含まれた。日本への総括所見は，たとえば分離特別教育の廃止，通常の学校への通学保障（通常の学校の障害児入学拒否を認めない制度の構築を含む），強制入院等の自由剥奪を認める法規定の廃止，施設収容の廃止，代理代行決定制度の廃止，意思決定支援制度の確立，福祉的就労から一般労働市場への移行，などを日本に勧告した。

個人通報制度

この制度の下で，条約規定が侵害されたと主張する個人や集団は，委員会に通報することができる。委員会は，通報を受理して検討する権限を有し，非公開会合で通報を審査する。第16回会期（2016年８月，９月）が開催される前までに，委員会に寄せられた通報は304件，このうち登録された通報は37件であった。この37件のうち，第７回会期（2012年４月）から第15回会期（2016年４月）までの間に，委員会が最終的な決定を下した通報は13件ある。このうち委員会が受理可能とした10件のうち，条約違反が認定された通報は８件であった。

調査制度

この制度の下で，委員会は，締約国が条約上の権利について重大な侵害を行った場合や組織的（系統的）な侵害を行った場合に，そのような侵害を調査することができる。選択議定書の締約国は，調査制度を受け入れるか否かを自由に選択できる。調査制度に関しては，第27回会期（2022年８月，９月）の終了時点で，イギリス，スペイン，ハンガリーの調査結果が公表されている。

一般的意見

委員会は，条約の締約国による権利の理解と実施の助けとなるように，2014年から2022年までに８つの一般的意見（法の前の平等，アクセシビリティ，障害のある女性，インクルーシブ教育，自立生活，差別禁止，条約実施への参加，労働と雇用）を採択した。（川島　聡）

003 国連障害者権利委員会

国連障害者権利委員会は，18人の委員から構成される。委員は，徳望が高く，かつ，障害者権利条約が対象とする分野において能力及び経験を認められた者が，個人の資格で各国に対する審査を遂行する。

委員は，締約国の政府代表から構成される締約国会議において，締約国がその国民の中から指名した者の名簿の中から無記名投票で選ばれる。

締約国は，委員の選出にあたっては，委員配分の地理的衡平，異なる文明形態及び主要な法体系が代表されること，男女の衡平，並びに障害のある専門家の参加を考慮に入れることが求められる。2023年現在の委員構成は，女性11人，男性７人，障害のある人は14人で，障害のない４人のうち２人は障害者の家族である。機能障害の種類は，肢体不自由６，視覚障害５，知的障害１，難病１，記載なし１となっている。

委員は，４年任期で選出されることから，ベテラン委員が一度にいなくなるのを避けるため，隔年ごとに委員の半数（９人）が選出されることになっている。

同委員会は，年２回，各４週間開催。各７～９カ国の**締約国報告***の審査が行われ，その結果は，総括所見として公表される。（松井亮輔）

004 締約国報告

障害者権利条約の締約国は，権利条約の１条から33条に規定されている義務を履行するためにとった法律上及び事実上の措置及びこれらの措置によりもたらされた進歩に関する具体的かつ包括的な報告を，国連に提出する（35条）。したがって，「何を行ったか」とともに「どんな成果があったか」（特に障害者の生活の改善，障害のない人との格差の縮小）も報告することとされている。提出期限は，初回報告が批准後２年以内，以降は４年ごとである。

最初の締約国報告は60頁，その後は40頁を上限とする，とされる。

締約国は，この報告の作成に当たり，公開され，かつ，透明性のある過程において作成すること，そして障害児を含む障害者が積極的に参加することに，十分な考慮を払うよう要請される。

この報告等に基づき行われる審査結果が，総括所見として同委員会から公表される。

日本からの初回報告は「政府報告」という名称で2016年に提出された。

求められているのは「締約国報告」であり，国会，裁判所，地方自治体など「締約国」総体としての報告である。また，内容は法制度の紹介が中心で，障害者の生活実態やその改善の課題があまり触れられていない。（松井亮輔）

005 パラレルレポート

障害者権利条約では，制定過程でも「我々ぬきに我々のことを決めないで」という原則が尊重され，条約４条３項でもこの原則が一般的義務として強調されている。したがって障害者団体等は**締約国報告***の作成過程に参加し，一定の意見を反映させることができる。しかし締約国報告では，政府が講じた措置や実施あるいは制定した法律等が強調され，障害者の現実の生活や条約の実施にあたって直面している課題については詳しく説明しない傾向がある。このため，当該締約国で条約の実施を阻む主な課題や障壁は何か，バランスの取れた客観的な見解を国連障害者権利委員会（以下権利委員会）が得るためには，障害関係団体等が作成するパラレルレポートが重要とされる。

パラレルレポートは，初回審査でもそれ以降の定期審査でも，一般的に２回作られる。権利委員会がその国に対する「事前質問事項」を作成する前と，その後（審査の前）とである。

できるだけまとまったレポートを作ることが期待されており，日本では初回審査に向けてJDF（日本障害フォーラム）等が作成した。（松井亮輔）

006 総括所見

総括所見（Concluding Observation）は，国連の人権分野の条約の「条約体」（国連障害者権利委員会など）が，各国の審査後に出す文書で，内容は締約国に対する評価と勧告である。

総括所見の作成のために使われる主な情報は，文書では**締約国報告***と**パラレルレポート***，直接の対面討議では各国政府と障害者権利委員会（以下権利委員会）との「建設的対話」（スイス・ジュネーブ）である。対面討議は障害者団体等民間にも保障されている。

なお，締約国報告等で不十分な点について権利委員会は「事前質問事項」を作成し，各国政府・民間はそれに「回答」する。権利委員会の委員の１人がその国を担当する報告者として選出され，素案作成など調整役となる。

一般に総括所見では，評価され（ほめられ）る部分はごく一部で，ほとんどは懸念の表明と改革勧告である。勧告は次回報告（一般に４年後）までに国として実施すべきことであり，条約の実現に必要と判断された場合には法律改正はもちろん憲法改正まで勧告されている。

総括所見は，締約国報告，事前質問事項及びパラレルレポートとともに，すべての締約国が利用することができるよう，公開される。

日本に対する第１回目の総括所見が

2022年９月に採択された。（松井亮輔）

007 障害者権利条約に至る国連の障害分野での取り組み

表は，国連の障害分野での主な取り組みを概観したものである。1948年の世界人権宣言は戦後世界の規範を形成する重要な文書であり，その１条の「すべての人」には障害者も当然含まれる。しかし障害という言葉が出てくるのは社会的保障の権利を述べた25条のみであり，差別を受けずすべての権利と自由を享有する主体という認識は十分ではなかったと思われる。先進国でも，障害年金，補装具，ホームヘルプ，リハビリテーションなど，（戦争と労災による障害者を除けば）ほとんどないに等しい時代で，大規模入所施設を作り，障害者を弱者として保護した。ノーマライゼーション思想が生まれる前であった。

世界人権宣言とそれを踏まえた国際人権規約の弱点を克服しようと，1960年に結成された知的障害者の親の国際組織の運動もあって，1971年には精神薄弱（知的障害）者権利宣言が採択された。これは当然すべての障害者にも適用すべきであることから1975年に障害者権利宣言が採択され，その実現をめざして1981年に**国際障害者年***が取り組まれた。そのテーマである「完全参加と平等」の実現にはより長期の対策が必要とされ「10年」が設定され，さらに特別報告者などによる実施状況の監視制度を組み込んだ「障害者の機会均等化に関する基準規則」が1993年に採択された。この間何度か国連総会で，より法的拘束力の強い「条約化」の提案もあったが，時期尚早として退けられ，1990年代に各国に障害者差別禁止法が広がる中で，ようやく2000年代に障害者権利条約が本格的に検討されて成立した。

以上の歴史は，権利条約の特徴として，障害者観の転換（平等な市民，権利の主体）を反映していること，精神薄弱者権利宣言以降の理念・目標の長い年月を経て，拘束力のある法律・ルール（障害者の権利と国の義務）となったこと，を示している。

なお国連は，こうした障害に特化した取り組みとともに，**子どもの権利条約***や**持続可能な開発目標**（SDGs）*などに見られるように，一般的政策に障害の視点を組み込むことにも留意している。（佐藤久夫）

表　障害分野での国連の主な取り組み

1948年	世界人権宣言
1966年	国際人権規約
1971年	精神薄弱者権利宣言
1975年	障害者権利宣言
1981年	国際障害者年
1983～92年	国連・障害者の十年
1993年	障害者の機会均等化に関する基準規則
2002年	障害者の権利条約特別委員会設置
2006年	障害者権利条約

008 国際障害者年（IYDP）

国際障害者年（International Year

of Disabled Persons）は，国連が定めた国際年の１つで1981年に国連及び世界各国で取り組まれた。1975年の障害者権利宣言の実行をめざし，障害者の社会生活の保障と参加のための国際的努力を促すため，1976年の国連総会でその開催が決定した。テーマは「**完全参加と平等***」で，障害者は，その社会の生活と発展に全面的に参加し，他の市民と同様の生活条件を享受し，生活条件向上の成果を等しく受ける権利を持つ。国際障害者年行動計画では各国に，物理的環境，教育，労働の機会，スポーツを含む文化的・社会的生活全体が障害者にとって利用しやすくするとともに，医療・リハビリテーション・疾病予防にも焦点を当てるよう求めた。

国際障害者年の成果をさらに発展させるため，1982年の国連総会では「障害者に関する世界行動計画」を採択し，1983～1992年を「国連障害者の十年」とした。

日本障害者協議会の前身である「国際障害者年日本推進協議会」は，1980年に100を超える全国的な障害者関係団体が大同団結して発足したもので，日本において国際障害者年を民間サイドから推進した。（馬上和久）

009 障害者の機会均等化に関する標準規則

1993年12月の国連総会で採択された決議であり，各国が実施すべき22項目の取り組みを示し，国連としての監視活動を定めている。「標準規則」は「基準規則」とも訳される。1983～1992年の「国連障害者の十年」後の取り組みのあり方が議論される中で，「第２期十年を」との意見に対して，マンネリとなる，監視の仕組みがなくては効果がないと批判され，他方「拘束力のある条約を」との意見に対して時期尚早と批判され，この規則が定められたとされる。

22項目はまず「平等な参加への前提条件」として，意識向上，医療，リハビリテーション，支援サービスの４項目，ついで「平等な参加への目標分野」として，アクセシビリティ，教育，就労，所得保障と社会保障，家庭生活と人間としての尊厳，文化，レクリエーションとスポーツ，宗教の８項目，最後に「実施方策」として，情報と研究，政策形成と計画立案，職員研修，国際協力など10項目である。

「モニタリング（監視）機構」として，任期３年の「特別報告者」と，その活動を支えるための障害者団体の代表等からなる「専門家パネル」が設けられている。（佐藤久夫）

第2章

基本的な理念と視点

010 完全参加と平等

「完全参加と平等」(Full Participation and Equality) とは，国連による**国際障害者年***（1981）のテーマである。このテーマは，**ノーマライゼーション***の考え方を，障害者の権利として具体化するものである。国際障害者年以前の障害者関係の国連総会での決議において，障害者の参加と平等についてどのように位置付けられてきたかをまず確認する。

知的障害者権利宣言

これは障害者問題に関する最初の国連総会決議（1971）である。この宣言の原案は，国際知的障害者育成会連盟（現，国際育成会連盟 Inclusion International）の第4回大会で決議された宣言文「知的障害者の一般権利および特別な権利」(エルサレム宣言) である。エルサレム宣言では，知的障害者が「通常の生活」を送ることを求めており，ノーマライゼーションの思想が反映している。また参加と平等に関する法的権利としては，「知的障害者は，家族または里親とともに生活し，地域生活のすべての側面に参加し，ふさわしいレクリエーション活動を行う権利を有する。もしも施設でのケアが必要であるならば，それは可能な限り通常の生活に近い周囲及び他の環境で提供されるべきである」（4条），「知的障害者は，それぞれの国の同一年齢の他の人々と同じ基本的権利をもっている」（1条）とうたわれていた。

1970年の国連第21回社会開発委員会において，フランス代表からエルサレム宣言を国連として承認することが提案された。審議の過程で，エルサレム宣言からいくつかの変更がなされた。第1に参加に関して，すべての側面への参加から，「さまざまな形の地域生活への参加」（4条）と文言が修正された。第2に平等に関して，「知的障害者は，最大限実行可能な限り，他の人々と同じ権利をもっている」

（1条）と文言が修正された。さらに，4条にあった，「障害の程度がいくら重くても」同等の権利を有するという文言が削除されている。これらの変更点は，知的障害者への支援が進んでいない国からも広く支持を得るためのものであった。こうした修正がなされ，1971年の国連総会において，「知的障害者権利宣言」が決議された。

障害者権利宣言

これは障害者問題に関する次の国連総会決議（1975）である。この宣言は，「知的障害者権利宣言」をすべての障害者に対象を拡大するだけでなく，参加や平等に関する権利性でも前進している。まず参加については，「あらゆる社会的・創造的活動もしくはレクリエーション活動に参加する権利を持っている」（9条）とされ，エルサレム宣言で示されたノーマライゼーションの精神がより明確になっている。平等については，「障害者は障害の原因，性質及び程度にかかわらず，同年齢の市民と同じ基本的権利を持ち，なによりもまず，できる限り普通で十分に満たされた，相応の生活を享受する権利を有する」（3条）と定め，「知的障害者権利宣言」にあった，「最大限実行可能な限り」という平等性の制限がなくなり，また障害の程度を問わずに（重度障害者を含めて），その平等性が明記された点は，大きな前進であった。

「完全参加と平等」の意味

さらに1976年に国連は，この宣言を世界中で実施するため，1981年を「完全参加」をテーマとする国際障害者年とすることを決議し，1979年には，テーマを「完全参加と平等」に拡大した。

国際障害者年行動計画（1980）の第1項で国連は，「完全参加」と「平等」の意味を説明し，それぞれ2つの意味があるとしている。それは「社会生活と社会の発展における『完全参加』」であり，「他の市民と同じ生活条件及び社会的・経済的発展によって生み出された生活条件の改善における『平等』」である。

すなわち，単に社会生活への参加ではなく，社会の発展における完全参加である。障害者の声が反映されているかどうか，障害者自身が企画・実施の側に立てているかどうか，やや大げさにいえば社会と歴史発展の原動力として活躍できているかどうかを問うている。

「平等」についても，社会の発展の成果の平等な配分という視点が示されている。具体例を挙げれば，自動車が普及した結果，盲人の社会参加が相対的に遅れていないか。電話の普及により聴覚障害者の参加が相対的に弱まっていないか。ITの普及で知的障害者の参加が困難となっていないか，などを問うている。

科学技術の開発をやめよというのではないが，その影響をより総合的に考え，対応することのできる社会をめざす必要がある。

この障害者の「完全参加と平等」というテーマは，国際障害者年以降も継続した。「国連障害者の十年」などの取り組みを経て，障害者権利条約につながり，「完全参加と平等」が具体的な障害者の権利となっていったのである。

（岩崎晋也）

011 当事者参加

「当事者参加」には，２つのタイプがあり，１つは政策決定や組織運営への障害団体の参加であり，国を中心に自治体や事業（施設，学校，企業など）の政策や計画に働きかける。もう１つは，個別レベルであり，教育や福祉などのサービスの利用に対する個々の当事者の参加（意見の反映，選択，意思決定支援など）や，社会生活のあらゆる場面で必要な合理的配慮を要請することも含まれる。本稿では，主に前者に関して記述する。

障害者権利条約における「当事者参加」

障害者権利条約のキャッチフレーズは，「私たち抜きに私たちのことを決めるな！」であり，本条約が準備過程から障害当事者の積極的な関与によって策定されたことを象徴している。

条約前文(m)では，障害者が，地域社会における福祉と多様性に対してすでに貴重な貢献をしていること，また，障害者の完全参加を促進することにより，社会の人的，社会的・経済的開発，貧困の撲滅に大きな前進をもたらすことを認めている。

権利条約本文で，当事者参加の権利とそれを確保する国の義務を定めている中心的な条文は，４条「一般的義務」の第３項である。権利条約を実施するための法制度・政策の作成・実施，また障害者に関する問題についてのその他の意思決定過程には，当事者を代表する団体を通して，当事者と緊密に協議するとともに，当事者を積極的に関与させるとしている。さらに権利条約33条「国内における実施及び監視」の第３項でも，「市民社会（特に，障害者及び障害者を代表する団体）は，監視の過程に十分に関与し，かつ参加する」としている。さらに，７条では，障害のある児童が自由に自己の意見を表明する権利を示し，19条でも，居住地及びどこで誰と生活するかを選択する機会が確保されなければならないとした。

国連障害者権利委員会は，この当事者参加がまだまだ各国で実現していないとの判断から，「障害者（障害児を含む）を代表する団体を通して，条約の実施及び監視に障害者が参加することに関する一般的意見第７号」（2018.11.9）を発表した。その「はじめに」では，障害者は，条約の策定に全面的に関与し，決定的な役割を果たしたこと，これによって，条約の質が高められ，障害者の可能性を示し，画期的な人権条約を生み出し，障害の人権モデルを確立したことを述べ，「当事者参加」は，条約の核心にあるとしている。

日本における政策決定に対する障害者団体の参加

日本では，国際障害者年の前年（1980），約100の障害者団体の協議体である国際障害者年日本推進協議会（現，日本障害者協議会〈JD〉）が結成された。そして「国際障害者年長期行動計画」（1981～1990）の提起などの運動を展開し，身体障害者福祉法の改正（内部障害の範囲の拡大など。1984），障害基礎年金および特別障害者手当の創設（1986年度から），精神衛生法から精神保健法への改正（1987），身体障害者雇用促進法から障害者雇用促進法への改正（1987）など一定の役割を果たした。この運動は，国内にとどまったものであり，国連の「障害者に関する世界行動計画」の策定（1982）に関与するまでには至らなかった。しかし，国連アジア太平洋経済社会委員会（ESCAP）による「アジア太平洋障害者の十年」（1993～2002）では，日本の障害団体はその開始とその推進の中心的な役割を果たした。これは第２期の「アジア太平洋障害者の十年」の行動計画である「びわこミレニアム・フレームワーク」の採択（2002）につながった。

こうした取り組みを進めてきた障害団体などが結集し，障害団体を中心とした包括的な協議会として日本障害フォーラム（JDF）が設立された（2004）。JDFは，「障害者基本計画」をはじめ，国内の障害者政策の推進とともに，「アジア太平洋障害者の十年」に加え，権利条約の推進を目的に掲げており，**IDA（国際障害同盟）***などの国際組織や各国の障害団体と協力し，権利条約の策定に積極的に関与していった。

その後日本の障害団体はJDFを中心に権利条約の批准に先立つ国内制度の改革の要求，「障がい者制度改革推進会議」への参加と障害者の実態や意見の提起，権利条約にかかわるパラレルレポートの作成，災害支援の取り組み，アジア太平洋障害者の十年などに取り組んでいる。

特に注目されるのは，障害者政策の総合的改革を集中的に行うことを目的に設置された「**障がい者制度改革推進会議***」（2009～2012）の取り組みであり，24人の委員の14人が障害当事者と家族で構成され，情報保障や公開制にも配慮され，障害者の声が反映された「骨格提言」などの成果物をもたらした。この背景の１つは**障害者自立支援法違憲訴訟***であり，日本障害者協議会などの障害者団体による支援がなされた。（磯野　博）

012 インクルージョン

教育におけるインクルージョン

インクルージョン（inclusion）は「include（包み込む）」の名詞形で，障害者権利条約（公定訳）では19条で「包容」と訳されている。ノーマライゼーションの発展とも考えられ，1980年代に学校教育の場で注目された。原点は，白人と黒人の学ぶ学校が異なるアメリカの教育は黒人差別である，と判断した「ブラウン判決」（1954）だとされる。

1994年にはユネスコがサラマンカ宣言を出し，「すべての者への教育（Education for All）」という方針を打ち出した。障害児だけでなく移民の子どもなども含めすべての子どもを包み込む教育という視点から，「インクルーシブな教育」という言葉が注目される。

福祉におけるソーシャル・インクルージョン

福祉の分野では1994年，知的障害者の親の会の国際組織が「インクルージョン・インターナショナル」と名称を改め，日本の親の会の全国組織も「全日本手をつなぐ育成会」と改称し，英語での表記を「Inclusion Japan」とする。また，1997年からの**社会福祉基礎構造改革***において，当時の厚生省は「ソーシャル・インクルージョン（Social Inclusion）」という言葉に注目し，高齢者や障害者，ホームレスや外国籍の人など，あらゆる人が包み込まれて生きる地域のあり方を提言した。

インクルージョン・インターナショナルは，1994年の総会で今後の政策方針として，インクルージョンとともに「完全な市民権（Full Citizenship）」を掲げた。「『完全な市民権』とは，社会における①地位（position）と②役割（role）が保障され，③関係性（relationship）が保てることであり，これこそが真の共生である」と主張した。近年は，この３点を①居場所，②役割，③ささえあい，と訳し，LGBTQ（性的少数派）なども含め，「多様性の尊重」という言葉とともに新しい「共生社会」のあり方が問われている。

2006年６月，日本地域福祉学会は第20回記念大会で学会の理念をインクルージョンと定め，これを次のように整理した。「インクルージョンとは，障碍がある人も介護が必要なお年寄りも小さな子どもも外国籍の人も，全ての人が必要な支援を受け，地域に包み込まれ，役割をもって，生き生きと暮らす社会である」特に「必要な支援を受け」「役割をもって」などの記述が注目され，障害者権利条約の「合理的配慮」や，社会モデルの障害者観に通ずる考え方といえよう。

国連の総括所見*とインクルージョン

2022年９月に出された総括所見では，次の２点が強く求められた。①入所施設や精神科病院からの地域移行，②「共に学ぶ」というインクルーシブ教育の推進である。子どもの頃に分けられることが大人になってからの排除につながることも強調された。

（石渡和実）

013 ノーマライゼーション

ノーマライゼーション理念の誕生

ノーマライゼーション（normalization）という考え方は，1950年代後半，デンマークで「コロニー」と呼ばれる大規模な収容施設に反対する，知的障害のある人の親の会の運動が契機となって誕生した。

社会省の役人であったバンク・ミケルセン（Bank-Mikkelsen NE）が親たちの声を聞き入れ，「1959年法」という法律を制定し，施設を廃して地域での暮らしの実現をめざす。彼は「ノーマライゼーションの父」と呼ばれ，「障害のある人たちに，障害のない人々と同じ生活条件をつくりだすことを『ノーマライゼーション』という」と主張した。すなわち，障害のある人を「普通の人に近づける」のではなく，「障害があっても暮らせる社会に」と環境を改めていくことを強調したのである。本人を変える「医学モデル」ではなく，既に「社会モデル」発想に立っていたともいえよう。彼がこのような考え方に至ったのは，第二次世界大戦中，ナチスの強制収容所で，自らが著しい人権侵害を体験したからだという。

その後，隣国スウェーデンのニーリエ（Nirje B，ニルジェとも呼ぶ）により，「８つの原則」が生まれる。すなわち，①１日（②１週間，③１年）のノーマルなリズム，④ライフサイクルでのノーマルな体験，⑤ノーマルな要求の尊重，⑥異性との生活，⑦ノーマルな経済的水準，⑧ノーマルな環境水準，などを実現することをめざした。障害者権利条約で繰り返し登場する，「他の者との平等を基礎として」に通ずる考え方である。

障害者権利宣言と国際障害者年

1975年12月９日，国連は「障害者権利宣言」を採択し，リハビリテーションや労働・経済保障，差別や搾取からの障害者の保護などの考え方を世界に示した。３条では，ノーマライゼーションの理念が掲げられ，「障害者は，障害の原因，特質及び程度にかかわらず，同年齢の市民と同等の基本的権利を持ち，このことは，まず第１に，できる限り普通の，また十分に満たされた，相応の生活を送ることができる権利を有することである」とうたわれている。

しかし，その後，各国の取り組みが進まないので，国連は1981年を「**国際障害者年***」とし，「**完全参加と平等***」をテーマに世界規模のキャンペーンを展開する。１年だけでは成果が出ないので，さらに1983年から1992年までを，「国連・障害者の十年」と位置付ける。こうした流れの中で，1980年代に，日本にもノーマライゼーションの理念が浸透し，障害者福祉施策も大きく転換していく。

障害者福祉の理念というと，長く「ノーマライゼーションとリハビリテーション」が掲げられ，福祉制度の確立に大きな影響を与えてきた。

（石渡和実）

014 エンパワメント

エンパワメントの概念

エンパワメント（empowerment）という考え方は，1970年代のアメリカで黒人支援の中から誕生する。奴隷として「牛や馬以下」の扱いを受け，本来の力を発揮できない（パワーレス）状況にあった黒人が，その力を活用できるようにする一連の支援である。したがって，否定的な評価を変えるよう社会に働きかけるソーシャルアクションが重視され，社会モデル発想の支援である。近年では，理由は違ってもパワーレスな状況に追いやられた人々，障害者，女性，子ども，移民，さらに性的少数派（LGBTQ）への支援でも成果を上げている。

ストレングスモデル

障害分野では，1980年代に精神病院が閉鎖されたアメリカで，路上生活者となっていた精神障害者への支援として，カンザス大学が開発したストレングスモデルが，「いいとこさがし」という言葉で注目されている。これまでのリハビリテーションや障害児教育では，「できないことをできるように」とマイナス面に着目し，「障害の克服」を求める医学モデルであった。それゆえ，むしろ本人の意欲を奪い，支援者との信頼関係も築けないディスエンパワメント（disempowerment）の状態に陥っていたといわれる。

ストレングスモデルでは，以下の4つのプロセスが強調される。①エコロジー的視点：人は環境との関係性によって変化し，成長する。②回復力：自分自身を取り戻し，「回復への旅路（journey of recovery）」を歩む。③自分が決めた「希望」や「夢」をもつことが「旅発ち」へとつながる。④エンパワメント：この結果，利用者が，個人的にも社会的にも政治的にも力を高める。

そして，このような支援が地域（community）で実践されることが重要だと説く。施設や病院などの「閉じられた空間」では，専門的ではあってもパターン化された支援しかできない。しかし，地域は「資源の宝庫（oasis of resources）」であり，暮らしの場面での困りごとには地域住民による支援が大きな力を発揮する。買い物や交通機関の利用など，居合わせた人の気配りやさりげない支援が「窮地を救う」ことにもなる。こうして，地域で暮らす障害のある人の理解者，支援者を広げることになる。

地域の福祉力の向上

このようなエンパワメント実践は，障害のある人をエンパワメントするだけでなく，本人の思いに寄り添う中で，支援者も専門職としての力を高めることになる。このような専門職とともに地域住民が支える地域のネットワークが確立され，結果として地域の福祉力を高めることになる（エンパワメント連鎖）。このような地域であれば，認知症の高齢者も，虐待を受けた子どもも，外国籍の人も，誰１人排除することがない，ソーシャルインクルージョンの実現につながることも強調されている。（石渡和実）

015 自立生活（IL）

リハビリテーション*の目標の変化：「ADLからQOLへ」

リハビリテーションの考え方が生まれた頃，その目標は自分で稼いだ金で生活を成り立たせる経済的自立であり，その前提として，身の回りのことを自分でできる身辺自立，すなわち「ADL＊（Activities of Daily Living）の自立」が求められた。

1980年代になると「QOL＊（Quality of Life）」という言葉が注目され，これは「生活の質」と訳されることが多い。しかし，リハビリテーションでは「人生の質」と訳し，障害のある人のライフステージに応じた支援を提供すべきだとの指摘もある。そこで，「リハビリテーションの目標の変化」として，「ADLからQOLへ」という言葉も注目された。

自立生活運動と新しい自立観・障害者観

このような変化に影響を与えたのが，1960年代以降にアメリカで展開された自立生活（Independent Living：IL）運動で，「自立（independence）」の概念を大きく転換した。

従来の「経済的自立」ができず「社会のお荷物」とさえ言われた人々が，重い障害があっても納得できる人生を歩みたい，と施設や病院を出て地域での暮らしを求める。そのためには必要な支援を受け，「自分の信念に基づいた生き方を最期まで貫く」，それこそが本当の意味の「自立」である，という考え方に到達する。

何でも自分でやれるのが自立ではなく，自己決定・自己選択に基づく納得できる生き方，「精神的な自立」が重要であり，あえて「援助付き自立」などとも言われた。この自立観が，後のICF，社会モデルの障害者観を確立することにもなる。

重度障害者が果たす「社会的役割」

重度障害者が社会で果たすべき責務，すなわち「納税者」以外の社会的役割を追求し，実現していったことも運動の大きな成果である。「自立生活運動の父」と呼ばれ，カルフォルニア州のリハビリテーション局長を務めたエドワード・ロバーツ（Edward Roberts）は，「障害は人間全体の将来の問題である」と主張し，障害があるからこその社会的役割を強調し，自ら実践もした。

日本でも，障害者自らが運営する自立生活センターが100カ所を超え，障害がある人が「サービスの受け手から担い手」に変わっている。そのサービスは地域の高齢者や，子育て・介護を担っている女性などからも歓迎され，障害者ならではの視点と経験を生かし，地域のさまざまな市民を支える力強い組織となっている。

この運動の中核となっている人々は，2010年からの障がい者制度改革でも重要な役割を担い，障害者権利条約の批准に向けた国内法の整備の推進力ともなっていった。（石渡和実）

016 発達保障

人間の発達に目的と価値を置き，発達を「個人・集団・社会」という3つの系で統一的に認識しながら，人類と社会の歴史的発展を期すための概念構成。狭義には，人間の発達の過程と基本法則の普遍性を根拠に，障害者の差別状態や権利の制約条件を変革し，重度の障害がある場合にも生存と権利を平等に保障するための理論と実践を総合する枠組みをさす。人間の発達を個人が占有する心理学的事実ととらえるのではなく，人格の発達と人間的諸力の形成による制限からの解放と自由の拡大を共同的・社会的に実現していくものと認識することで人権思想として磨き上げられてきた。1950年代から60年代にかけて民間の障害児施設「近江学園」・「びわこ学園」の実践の中で生成されたもので，障害児・者を障害があっても発達の可能性に限界はなく，権利・要求の主体として尊重する考え方は「この子らを世の光に」（糸賀一雄）という言葉とともに広がり，福祉を慈善・恩恵から権利へと転換させ，障害児の教育権保障運動などの指針とされた。今日，人間の幸福と社会的公正の実現というグローバルな課題の下，個人の発達と社会の発展を統一する「発展・発達・開発への権利」として深化させることが求められている。（河合隆平）

017 扶養義務制度

扶養と扶養義務

扶養とは自らの労働力・資力だけでは生活を営むことが困難な人に生活上の援助を与えることとされ，扶養義務とは，扶養に関する家族・親族間での法規範上の義務をいう。

たとえば，親や配偶者と同居する障害のある人が障害者総合支援法の重度訪問介護等を行政に申請すると，支援が必要な時間数から「家族が介護できるはず」という理由で行政から支給時間が減額（制限）されることがある。

そのような制限の根拠を「民法に扶養義務規定があり公的介護より家族間の扶養義務が優先するから」と国・行政側が主張することがある。

民法877条は「直系血族及び兄弟姉妹は，互いに扶養をする義務がある」，同法752条は「夫婦は同居し，互いに協力し扶助しなければならない」とし，これらが扶養義務の法律上の根拠とされる。

従来，扶養義務には，強い義務（生活保持義務:一粒の米も分け合う義務）と弱い義務（生活扶助義務：余裕がある場合の義務）があると学説上理解されてきた。強い義務は，夫婦間義務及び未成年者に対する親の義務で，弱い義務はそれ以外の関係とされる。しかし，これらは実態に合わないとする批判も強い。

扶養義務規定と家族の介護義務

では，扶養義務条項は，家族の介護義務の根拠となるか。この点を立法経緯や判例・学説を仔細に検討した近時の有力学説はこれを否定している[1)]。

生活保護法*と扶養義務

生活保護法４条２項は「民法に定める扶養義務者の扶養……は，この法律による保護に優先して行われる」とし，「私的扶養優先原則」を定める。これを根拠として，家族が扶養すべきとして生活保護支給を行政が不当に拒否する例も少なくない。また「扶養義務者に対する通知義務・調査権限の強化」規定等も2014年７月新設施行されているが，自助・共助を過度に強調し，生存権（憲法25条）保障を危うくするとして批判が強い。なお，それらの批判も意識して，2021年３月30日付厚労省社会・援護局保護課長通知は「なお，扶養義務者に対する扶養照会は，……『扶養義務の履行が期待できる』と判断される者に対して行うものであることに注意する必要がある」として，国は親族等への照会を行う場合を限定する方針を示している。

扶養義務撤廃を求める障害者運動

多くの障害者団体は民法の扶養義務規定は障害のある人の自尊心を傷付けるものとして批判し，その撤廃を求めてきた。上記のように扶養義務規定が，障害のある人・支援を必要とする市民の社会保障上の権利を損なう根拠とされており，その撤廃は改めて検討されるべきであろう。（藤岡　毅）

文　献

1）山脇貞司：介護義務に関する法律意見書．静岡法務雑誌第９号，pp.83, 2017.

018 障害と障害者

障害と障害者の代表的な定義・説明を表に示した。ICF*では，心身の機能，（個人の）活動，（社会）参加という3次元の生活機能のどれかまたはすべてが問題を抱えた状態を障害とし，包括的に定義した。

一方，障害者権利条約では障害を，平等な社会参加を妨げ得る，機能障害と障壁の相互作用の結果とし，ほぼ参加障害と同義とし，障害者基本法では逆に心身の機能の障害（機能障害）と見ている。なお基本法の障害者の定義は，2011年の改正で社会的障壁という要素を含め，権利条約との整合を図った。

個別分野の法律では従前から障害を医学的次元で定義しており，支援の利用資格も機能障害の種類と程度を基本に定めている。これは，福祉，教育，医療，雇用，所得保障，住宅，交通，スポーツ・文化，政治参加，意思決

表　障害，機能障害，障害者の関係

	障　害	機能障害	障害者
ICF	disability 機能障害（impairment），活動制限（activity limitation），参加制約（participation restriction）の総称。健康状態をもつ人と環境との相互作用の結果，生活機能に生じた困難のこと	impairment 機能障害（構造障害を含む）とは，著しい変異や喪失などといった，心身機能または身体構造上の問題	ICFは健康状態に伴う人々の経験を整理・分類するものであり，障害者を定義したり分類したりするものではないとする
障害者権利条約	disability 「障害が発展する概念であることを認め，また，障害が，機能障害を有する者とこれらの者に対する態度及び環境による障壁との間の相互作用であって，これらの者が他の者との平等を基礎として社会に完全かつ効果的に参加することを妨げるものによって生ずることを認め」（前文e）	impairment 機能障害の定義は示していないが，右記の第1条でその4つの種類を示し，障壁との相互作用で社会参加を妨げ得るものという性格を示した	「障害者には，長期的な身体的，精神的，知的又は感覚的な機能障害であって，様々な障壁との相互作用により他の者との平等を基礎として社会に完全かつ効果的に参加することを妨げ得るものを有する者を含む」（第1条）
障害者基本法	「身体障害，知的障害，精神障害（発達障害を含む）その他の心身の機能の障害」（右記参照）		「身体障害，知的障害，精神障害（発達障害を含む）その他の心身の機能の障害（以下「障害」と総称する）がある者であつて，障害及び社会的障壁により継続的に日常生活又は社会生活に相当な制限を受ける状態にあるものをいう」（第2条）

定，情報，リハビリテーションなど，権利条約のほとんどの分野に当てはまる。このためニーズがあるのに支援を受けられない人が生まれる。そればかりでなく，提供されるサービスは参加を支援するものだと理解されにくい。

2016年の厚生労働省による「生活のしづらさ調査」では，日本の障害者は人口の約7.4％（937万人）とされた。従来の推計より増加したものの2011年に「障害に関する世界報告書」でWHOが推計した約15％の半分である。この背景には，法律上の医学的な狭い障害（者）の定義の影響がある。

このように，障害の定義・理解の仕方は，障害者の数の推計に影響するが，また障害者の理解の仕方（障害者観）にも影響する。

障害の医学モデルから社会モデルへの障害理解の転換は，権利条約を生み出す基盤であったが，生まれた条約は社会モデルを発展させた障害の人権モデルを示す法典となった，と国連障害者権利委員会の2017～18年の委員長デグナー（Degener T）は指摘する（Degener，2014）。実際，2012年以降の総括所見ではすべて障害の人権モデルという表現が使われている。

障害分野独自の視点である社会モデルには大きなインパクトがあり条約の制定をもたらした。障害の人権モデルは他の人権条約と共通に人として生まれてきたことに人権の根拠を置き，障壁の解消だけでなく総合的な人権保障の基礎となる，との指摘であろう。

なお条約の「障害が発展する概念である」とは，時代とともに変化する可能性があるということである。たとえば，ICFの前身の「国際障害分類」（ICIDH，WHO，1980）では「同性愛」が機能障害に含まれていた。しかし病気ではないとして国際疾病分類（ICD）から削除され，1990年代の初めに障害の分類からも消えた。今日，いくつかの先進国では遺伝的素因を理由にした差別が障害者差別として明記されるなども注目される。また，肉体労働から精神労働への変化など社会と環境の変化が，機能障害の種類によって参加に不均等に影響するとの指摘でもあると思われる。　（佐藤久夫）

文　献

・テレジア・デグナー：障害の人権モデル．2014．（JD仮訳 www.jdnet.gr.jp/report/17_02/170215.html）

019　国際生活機能分類（ICF）

WHO＊が2001年に発表した国際分類（International Classification of Functioning, Disability and Health）のこと。ICFと略称される。人間の生活機能と障害を理解する枠組み（**図**：ICFの構成要素間の相互作用。「ICF関連図」「ICFモデル」とも呼ばれる）を提起し，その構成要素に含まれる項目（カテゴリー）を詳しく分類したものである。

リハビリテーションや障害年金制度等，生活機能と障害にかかわる取り組みを効果的に進めるには各国内の関係者の間でも国際的にも「共通言語」が必要とされ，WHOは1980年に国際障害分類（ICIDH）を作成した。しかし医学モデルであり，主に成人の身体障害者を念頭においた項目に偏っている等の批判を受け，約10年かけて改正されたものがICFである。

ICFの枠組み（生活機能と障害の見方）

ICFでは**図**のように，障害者や高齢者を含むすべての人間は心身機能・身体構造，活動，参加の３次元の生活機能を営んでいると理解する。それぞれ医学的・生物学的次元（視覚，精神，呼吸，運動などの機能），個人の行為の次元（歩行，食事，コミュニケーションなど），社会参加の次元（職業，旅行，選挙への参加など）と区分される。これらは一方では「健康状態」（病気，ケガ，加齢，ストレス，妊娠中など）の影響を受け，他方では「環境因子」（特に障壁などの「阻害因子」）と「個人因子」からなる「背景因子」の影響を受ける。その影響によって３次元の生活機能が困難を抱える場合があり，その状態をそれぞれ「機能障害」「活動制限」（活動障害）「参加制約」（参加障害）と呼び，その総称を「障害」と呼ぶ（**表**：ICFの諸概念の表現）。

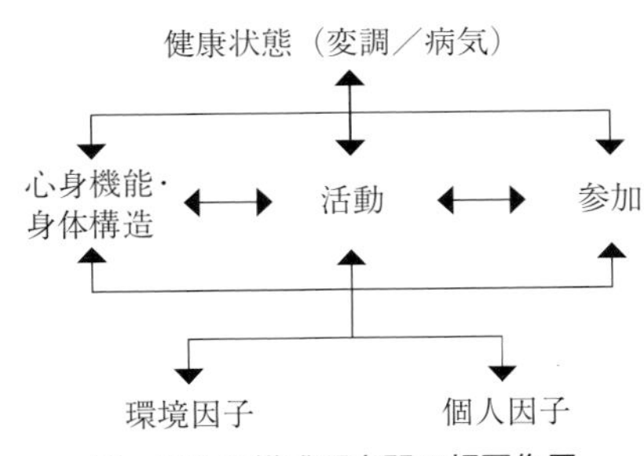

図　ICFの構成要素間の相互作用

このように社会生活上の不利益が，健康状態や機能障害と環境の阻害因子の両方の影響によって生まれるとする考え方を採用しているので，ICFはその序論で自らを医学モデルと社会モデルの統合モデルであると説明している。

ICFはICIDHが提起した（社会的レベルを含む）障害の３次元という視点を引き継ぎつつ，新たに環境因子を枠組みに位置付けてその分類リストも作成し，活動や参加の分類を拡充し，６つの構成要素の関係を双方向・相互作用と認識し，すべての人間の生活機能を巡る現象であるとして高齢者分野などでの活用を可能にし，マイナス面

表　ICFの諸概念の表現

		肯定的側面	否定的側面
生活機能	包括用語	生活機能 Functioning	障害 Disability
生活機能	次元１　生物	心身機能・構造 Body Function and Structure	機能障害 Impairment
生活機能	次元２　個人	活動 Activity	活動制限（活動障害） Activity Limitation
生活機能	次元３　社会	参加 Participation	参加制約（参加障害） Participation Restriction
環境因子		促進因子 Facilitators	阻害因子 Barriers

（障害）だけでなくプラス面（生活機能や環境の促進因子）も視野に入れ，活動の能力（できること）と実行状況（していること）の違いに注意を促すなど，多くの特徴を持っている。また，「病気の諸帰結＝障害」とし「障害＝後遺症」という誤解を生む危険性があったICIDHの規定を改め，病気と障害を時系列関係ではなく因果関係（生活機能への健康状態の影響）として明確にした点も，支援実践や政策面で活用できる重要な視点である。

ICFの分類

ICFには心身機能分類，身体構造分類，活動と参加の分類，環境因子分類の４つの分類があり，全体で1,400以上の分類項目となっている。各分類は第１レベル（章レベル）から第４レベルまで階層構造となっていて，各分類項目には独自のコードがついている。たとえば「色覚」のコードb21021は，「ｂ」で心身機能（body function）分類を示し，「２」で「第２章感覚機能と痛み」（第１レベル），「210」で「視覚機能」（第２レベル），「2102」で「視覚の質」（第３レベル）を示し，その下位分類項目（第４レベル）の１つに「色覚」があることを表している。

活動と参加の分類は，たとえば「買い物」をどちらに区分するかなどの国際的合意が得られず統合分類として出発したが，この区分のあり方については検討課題とされた。環境因子分類は自然環境から社会環境，態度，政策などすべての環境を含んでいる。「個人因子」は性，年齢，職業，生活歴，学歴，性格，ライフスタイルなどが例示されたが，まだ概念が明確ではなく分類リストはなく，その開発の検討が続いている。（佐藤久夫）

020 障害学

従来医学やリハビリテーション，社会福祉や特殊教育などによって，その対象として語られてきた障害及び障害者を分析の切り口として，社会及び文化を研究していく学問，思想，知の運動である。障害学は，「障害の社会モデル」に基づく障害理解を基礎としている。機能障害（インペアメント，impairment）を個人の問題としてとらえ，その改良・改善を至上命題とする障害観を「障害の個人モデル」または「医学（医療）モデル」とすると，機能障害のある人の存在をまったく考慮せず作り上げられた社会の側に障害（ディスアビリティ，disability）があると考えるのが「障害の社会モデル」である。したがって社会を変え，障害のある人が障害のない人と同等の生活・人生を送ることは権利であり，それを可能するための変更・調整はアクセシビリティの確保や合理的配慮として提供され，提供されない場合は差別ととらえられる。

このような障害観の抜本的なとらえ直しは，1960年代に起こった障害当事者による自立生活運動に端を発し，イギリスではフィンケルシュタイン（Finkelstein V），オリバー（Oliver M），バーンズ（Barnes C），アメリカではゾラ（Zola IK）といった障害のある理論家・研究者によって1980年代から学問として確立されていった。日本でも1990年代後半から学問的確立がめざされ，2003年には障害学会が設立された。（田中恵美子）

021「しょうがい」の表記

背景と経過

「しょうがい」は一般的には「障害」と表記する。法律名も「障害者基本法」などと表記する。障害者権利条約の議論が高まりをみせた2000年代に入って，「障害」を「障がい」あるいは「障碍」と表記する動きが当事者，関係者，自治体の間で広まりをみせてくる。「害」が，害虫や公害といった悪いイメージを伴う文字だからである。

戦前は「障碍」も使われていた。ところが第二次世界大戦後，「碍」が当用漢字から外されてしまったため，「障害」と表記されることになる。「碍」には壁という意味があり，社会的障壁を表す表現とされる。漢字を用いる中国や韓国では「障碍」と表記する。

日本では1984年，脳性マヒの団体である東京青い芝の会が，「障碍」と改めるよう提唱する。「障碍者の存在は否定されるべきものではなく，障碍者が生きていく上で様々な問題を抱えて生活せざるを得ないのは，障碍者本人に問題があるのではなく，社会的障壁があるから」と提起した。その後この考え方に共鳴する関係者が現れてくる。しかし決して彼らは多数派にはならなかった。

障害者制度改革での議論

大きな転機を迎えたのは，権利条約の議論であり，2010年からの「**障がい者制度改革***」であった。その前後あたりから「害」をひらがなに代え「障がい」とする人たちが増え，「障がい」を用いる自治体も出てきた。当時の民主党政権も「障がい」と表記した。

障がい者制度改革推進会議で，2010年３月に表記問題が取り上げられた。「法制度を医学モデルから社会モデルに変えていくことが先決」「表記だけを代えることによって本質的課題を見失わさせる」などの意見が相次ぎ，表記変更は先送りされた。

2020年オリパラを控えて

2020年にオリンピックパラリンピックの東京での開催を控え，議論が再燃した。国会でもアジアの国々から日本の障害者政策の意識が問われる問題として，表記変更の検討を衆参両院で決議した（2018年）。日本障害者協議会も表記の選択制を求めた。

これを受けて文化審議会国語分科会が「碍」を常用漢字に入れるか検討しているが，2018年11月の会議では結論を出さず，要検討とした。当事者・関係者の間でも表記についてはさまざまな考え方が存在しており，今後それぞれが満足できる腰を据えた議論が求められている。（太田修平）

第3章

法律と制度

022 日本国憲法

日本国憲法は前文及び103条の条文で構成され，1946年11月３日公布，1947年５月３日に施行された。

日本国憲法の三大原理

日本国憲法の三大原理は，①国民主権（前文・15条），②基本的人権の尊重（前文・11条「基本的人権の永久不可侵性」，12条「国民の不断の努力」，13条「個人の尊重・幸福追求権」・14条「法の下の平等」，10章「最高法規」97条），③戦争放棄（平和主義）（前文・２章「戦争の放棄」９条）といわれる。

戦争は究極の人権侵害であり，基本的人権が守られる前提が平和である。また障害者の人権は戦争時においてもっとも軽んじられてきた歴史があり，障害者の人権保障と平和主義も密接不可分の関係にある。

立憲民主主義

憲法とは，国の根本規範であり，国家権力が国民・市民の基本的人権を保障し，不当な公権力行使により国民・市民の権利を侵害しないことを目的とする国民の国家権力に対する命令である（立憲民主主義）。憲法99条で公務員の国家に対する憲法尊重擁護義務を課している。

福祉国家理念の採用

近代憲法は，国家権力が個人の生活に介入せず，市民の自由を保障する「自由権」の保障を骨格としている。日本国憲法でも，思想・良心の自由（19条），表現の自由（21条１項）等の人権規定の多くは自由権である。

他方，憲法25条１項が「すべて国民は，健康で文化的な最低限度の生活を営む権利を有する」とするのは，国家が積極的な作為により国民の生存を権利として保障する「社会権」を保障している。

すなわち日本国憲法は近代自由主義を基調としながらも野放図な弱肉強食や極端な格差を許すものでなく，誰もが安心して暮らせる社会保障体制を基礎とした上で社会が成り立つという福祉国家理念を採用している。

最高法規性

日本国憲法は10章を「最高法規」と題し3箇条を定める。98条で憲法に反する法律その他一切の行為は効力を有しないとして，形式的な意味での最高法規性を規定する。そして第99条で，すべての国家権力・公的行為を拘束する意味での最高法規性を規定する。また同章97条において「この憲法が日本国民に保障する基本的人権は，人類の多年にわたる自由獲得の努力の成果であって，これらの権利は，過去幾多の試錬に堪へ，現在及び将来の国民に対し，侵すことのできない永久の権利として信託されたものである」と，日本国憲法が「最高法規」である真の理由を述べている。 （藤岡 毅）

023 障害者基本法の変遷と障害者施策

日本の障害者施策は，医療，教育，労働，所得保障，社会福祉，住宅などの各種実定法と関連する制度によって実施されている。これらの実定法や制度とその根本にあるのは**日本国憲法***であり，その中間の結び目には障害者権利条約と障害者基本法がある。

障害者施策の萌芽と国際障害者年のインパクト

1949年に身体障害者福祉法が制定され，1960年に精神薄弱者福祉法と身体障害者雇用促進法が制定された。障害者施策を実施する省庁が多岐にわたり，相互の連携が不十分であったため，障害者がサービスを利用するに際して不都合をきたしていた。そこで，総合性・一貫性のある施策を求める声が関係者から出され，1970年に議員立法によって現在の障害者基本法の前身となる心身障害者対策基本法が制定された。これによって国・地方公共団体の役割が明確化され，医療・教育・雇用・年金・住宅・福祉等の基本的事項等が定められた。

「**完全参加と平等***」をテーマとした国際障害者年，これに続く「国連障害者の十年」を契機に，日本の障害者

表 障害者基本法のポイント

目的	国民は障害の有無によらず等しく基本的人権を享有する。障害によって分け隔てられず，相互に人格と個性を尊重し合う共生社会の実現
障害者の定義	身体障害，知的障害，精神障害（発達障害を含む）その他の心身の機能の障害がある者で，障害及び社会的障壁により継続的に日常生活，社会生活に相当な制限を受ける状態にあるもの
地域社会における共生等	すべての障害者が，尊厳にふさわしい生活を保障される。あらゆる分野の活動に参加する機会の確保。どこで誰と生活するかの選択の機会の確保，地域社会における人々との共生。言語（手話を含む），意思疎通のための手段の選択の機会の確保，情報の取得・利用のための手段の選択の機会の拡大
差別の禁止	障害を理由として差別すること，権利利益を侵害する行為の禁止

施策にノーマライゼーションや自立の理念に基づき「在宅施策強化と社会参加促進」が推進される。しかしその一方で，社会福祉施策では国庫負担削減が進行していった。また精神保健法の制定以降，精神障害者も福祉法の対象とすべきという関係者の声が高まり，1993年に法の対象となる障害の範囲に精神障害を加えること等大幅に改正を施し，心身障害者対策基本法は「障害者基本法」となった。この改正で障害者基本計画の策定が定められ，1995年に障害者プランが策定された。

国際的な差別禁止法制定の潮流と基本法改正

世界的には1990年代にアメリカを皮切りにイギリスなど多くの国で障害者差別禁止法が制定され，日本国内においても関係者から差別禁止法の制定を求める声が大きくなった。こうした中で2004年に「障害者基本法の一部を改正する法律」が制定された。この改正で，①障害者に対する障害を理由とする差別その他権利利益を侵害する行為をしてはならないこと，②都道府県および市町村は障害者計画を策定しなければならない（義務規定）こと，③中央障害者施策推進協議会を設置すること等が定められたほか，障害者の自立への努力規定が削除された。

障害者権利条約制定と基本法改正

2006年に国連で権利条約が採択され，日本においても批准のための国内法の整備が進められることとなった。

2009年に行われた総選挙によって生まれた新政権は障害者自立支援法の廃止を含む障害者施策の総合的見直しを明言し，「障がい者制度改革推進本部」が設置され，2010年，その下に「**障がい者制度改革推進会議***」が設置された。この「推進会議」の意見に基づいて，2011年政府提案により障害者基本法が改正された。

改正基本法では，目的から「障害者の福祉を増進すること」という条文が削除され「障害の有無によって分け隔てられることなく，相互に人格と個性を尊重し合いながら共生する社会を実現する」が加えられた。また，合理的配慮の欠如を差別とし，障害者の範囲に難病を含む「その他の心身の機能の障害」や発達障害を含めることとなった。

さらに**障害者基本計画***を定める際に障害者や関係者の意見を聴く組織として中央障害者施策推進協議会が定められていたが，調査や提案の権限がなく十分な審議ができない状態にあったため，障がい者制度改革推進会議の経験を生かす形でこれに代わって「障害者政策委員会」が設置された。この政策委員会は，障害者施策を調査・審議・監視し，関係行政機関の長に対して資料の提出，意見の表明，説明を求めることができ，必要な場合には総理大臣及び関係各大臣に勧告し，総理大臣等は勧告に対して講じた施策を政策委員会に報告しなければならない。類似の障害者参加の監視機関は，都道府県・指定都市は必置，市町村は設置できるとされた。

しかし，必要な支援を受ける権利の規定や，女性障害者の複合的困難への留意，精神障害者の地域生活移行問題などについては，推進会議の意見は反映されなかった。　（杉本豊和）

024 障害者基本計画

法的根拠は障害者基本法11条１項,「政府は，障害者の自立及び社会参加の支援等のための施策の総合的かつ計画的な推進を図るため，障害者のための施策に関する基本的な計画（以下「障害者基本計画」という）を策定しなければならない」である。1993年の基本法改正により策定が開始され，第１次，1993～2002年度，第２次，2003～2012年度，第３次，2013～2017年度，第４次，2018～2022年度と，近年では５年計画となっている。また障害者基本計画を基本にして都道府県障害者計画と市町村障害者計画を策定する努力義務が規定され（1993年改正），これは2004年改正で義務化された。

この計画は**障害者政策委員会***で検討され，素案が意見募集にかけられるなど，障害者等が意見を述べる機会は用意されている。また第４次計画は障害者権利条約を踏まえたとされ，条約の条項が計画のどの部分で触れられているかが紹介されているが，いくつかの条項はもれている。

この計画の特徴は，多くの項目で目標値を設けていることである。たとえば，第４次計画では，発達障害者支援地域協議会（都道府県・政令市）の設置率を2016年度の87％から2022年度までに100％にする，障害者雇用率を達成する公的機関の割合を2016年度（全公的機関2,655）の88％から2022年度までに100％にする，などとしている。このように数値目標を掲げて達成度の評価ができるようにすることは必要であるが，施策の実施率とともに，それらの施策によって障害者の生活や社会参加の水準をどれだけ改善するのかという数値目標，そして非障害者との格差をどう縮めるかという数値目標も，非常に重要である。しかしこの点での数値目標によって達成状況を評価するためには，障害者の生活実態を総合的に調査し非障害者と比較できる統計調査が必要とされる。

なお生活実態の面から目標値が設けられているものも少数ながらあり，たとえば第４次計画では，「障害者の週１回以上のスポーツ実施率」について，2015年度の成人19.2％，若年層（７～19歳）31.5％を，2021年度には成人40％程度，若年層50％程度に引き上げようとしている。これはスポーツ庁が障害者を含む調査を定期的に行っているから掲げられる目標値である。しかしここでもなお非障害者との格差を減らす形の目標値にはなっていない。（佐藤久夫）

025 地方自治体の障害者計画

障害者基本法11条で，都道府県障害者計画，市町村障害者計画の策定がそれぞれの自治体に義務付けられている。いずれも「障害者の状況等を踏まえ」,「障害者のための施策に関する基本的な計画」を，障害者の意見を聞いて，策定するとされている。計画の期間についての定めはない。これとは別に障害者総合支援法では都道府県・市町村障害福祉計画の策定を義務としている。多くの自治体ではこれらの計画の策定にあたって，障害者手帳所持者や難病患者を対象とした生活実態調査を行い，また障害者基本法36条に基づく障害者参加の「合議制の機関」での検討を行っている。しかし策定過程への障害者自身，特に難病，知的障害，精神障害のある障害者の参加は十分とはいえない。

課題としては，福祉サービス以外の教育や雇用分野での数値目標が一般に少ないこと，計画のほとんどが施策・事業の充実という視点であり障害者の生活実態の改善（特に障害のない人々との格差の縮小）という視点が弱いこと，つまり障害者権利条約があまり活用されていないこと，そして自治体の実態調査と計画策定・計画評価監視との関連が薄いこと，等があげられる。

（佐藤久夫）

026 障害者政策委員会

2011年の障害者基本法改正により，「中央障害者施策推進協議会」に代わって設置された，障害当事者参加の機関である。これは**障害者基本計画***について，障害者政策全般について「調査審議」し，その実施を「監視」し，必要な場合総理大臣等に「意見を述べ」，「勧告」する。つまり調査，審議，監視，提言，勧告など「することができる」のではなく，調査，審議，監視は必ず行う責務であり，必要と認めた場合には提言，勧告する義務がある。内閣総理大臣等はその勧告に基づいて講じた施策を報告する義務がある。障害者の権利のために重い責任を背負わされた機関といえる。さらに障害者権利条約実施の国内監視機関として政府から指定された。

さらに委員会は，官民問わず資料の提出や意見の表明を求めることができる。また多様な障害者の意見が反映されるような委員構成にする配慮が義務付けられている。同様な「調査審議」「監視」の役割と委員構成をもつ合議機関が都道府県・政令指定都市では必置，一般市町村では任意設置とされている。

このまったく新しい責任と権限をもった国と地方の政策委員会を，行政，障害者団体，関係者が理解して生かしてゆくことが課題である。（佐藤久夫）

027 障がい者制度改革

障がい者制度改革の期間

2001年以降，小泉内閣の下で進められた社会保障の削減により非正規雇用の増大や子どもの貧困等格差の拡大が社会問題となった。障害分野では2006年に施行された**障害者自立支援法***により応益負担が導入され，**障害者自立支援法違憲訴訟***をはじめ全国的な大運動が巻き起こった。こうした中，2009年８月の総選挙で国民は民主党（当時）を中心とする政権を選択し，この政権は障害関連制度を障害者権利条約の批准にふさわしい水準に引き上げることを言明した。そして同年12月に内閣総理大臣を本部長とし，全閣僚で構成する障がい者制度改革推進本部を設置し，当面5年間を改革の集中期間と位置付けた。

この期間に進められた3つの法整備

この時期には主に3つの法整備がなされた。

1つは2011年7月の障害者基本法改正である。これにより共生社会の実現と合理的配慮の提供の拒否を含む障害を理由とする差別の禁止等が規定される等，権利条約に沿う内容が盛り込まれ，その後の制度改革の基礎となった。

2つ目は2012年6月に成立した**障害者総合支援法***である。障害者自立支援法違憲訴訟の原告らは，障害者自立支援法の廃止と新法の制定を望み，障がい者制度改革推進会議でもその方向で議論されたが，厚生労働省は法改正という看板のかけかえで終わらせようとした。これに対して障害団体は連日の抗議を行い，その結果，附則に施行3年後の見直しで就労支援その他の障害福祉サービスのあり方等について検討することが盛り込まれた。

3つ目は2013年6月に成立した障害者差別解消法である。この法は障害のある人や関係者からも歓迎されたが，一方で合理的配慮の提供が民間事業者については努力義務にとどまった点等の課題も残している（2021年5月の法改正で義務化）。なお，雇用分野の差別禁止については同じ時期に障害者雇用促進法の改正が行われ，これによって対応することとされた。

以上の法整備により権利条約を批准する条件が整ったとされ，2014年1月20日，日本政府は批准するに至り，障害団体もこれを歓迎した。

障がい者制度改革の特徴

この期間の大きな特徴は，障害団体が意見の違いを留保して，権利条約の批准という一点で共同を築いたことである。具体的には，主要な団体が，2004年10月に結成された**日本障害フォーラム***に結集し，制度改革の議論をリードした。この大同団結が制度改革のエネルギーの源となったといえる。（赤松英知）

028 障がい者制度改革推進会議

障がい者制度改革推進会議は，障害者権利条約の批准に向けた国内法制の改革に関する実質的な審議体として2010年1月から始まった。24名の構成員及び1名のオブザーバーのうち，過半数を障害のある人及びその家族が占めるという政府の審議体としては画期的な構成であり，構成員の障害特性を踏まえた情報保障や合理的配慮の提供も先進的に取り組まれた。2012年5月に現在の障害者政策委員会に発展解消されたこの審議体は一連の制度改革のエンジンとも言われ，「障害者制度改革の推進のための基本的な方向（第一次意見）」等の成果物がある。（赤松英知）

029 障がい者制度改革推進会議差別禁止部会

障がい者制度改革推進会議差別禁止

部会は，障害を理由とする差別の禁止に関する法制の制定に向けた検討を効果的に行うため，**障がい者制度改革推進会議***の下に設置された。15名の構成員，２名のオブザーバー，３名の専門協力員で構成され，2010年11月から2012年７月までに21回，その後は障害者政策委員会の下で2012年９月までに４回の計25回開催された。

議論の成果物である「『障害を理由とする差別の禁止に関する法制』についての差別禁止部会の意見」には，合理的配慮の不提供を差別とする考え方を含んだ差別の類型が示され，救済機関の設置が盛り込まれた。（赤松英知）

030 障がい者制度改革推進会議総合福祉部会

総合福祉部会は，障害者自立支援法違憲訴訟の基本合意に基づき，障害者権利条約に沿った日本の障害者福祉を創設するために，「**障がい者制度改革推進会議***」の下に設けられた部会である。内閣府と厚労省が人選した55人の委員が2010年４月から１年半，１回４時間の19回の会議を開き，成果物として「骨格提言」をまとめた。構成は障害当事者・家族29人，事業者14人，学識経験者９人，自治体首長３人で，運営では政府職員は会場設営や情報保障等の裏方に回り，審議の計画と報告書の内容づくりは全面的に委員が行った。（佐藤久夫）

031 骨格提言

「障がい者制度改革推進会議総合福祉部会」が2011年８月にまとめた「障害者総合福祉法の骨格に関する総合福祉部会の提言」のこと。厚生労働省のホームページなどで公開されている。

「骨格提言」は，障害者権利条約に沿った障害者福祉のあり方を示すものであり，**障害者自立支援法違憲訴訟***の基本合意文書で政府が2013年８月までに実施すると約束した新法の骨格となるものである。これは，障害者自立支援法に賛成してきた人も反対してきた人も含めて，多様な委員が，立場と意見の違いを越えて議論し合意したものである。

内容面の特徴

「骨格提言」が提言している障害者総合福祉法は次のような特徴をもつ。

第１に法の理念・目的・範囲では，地域で自立的に暮らし社会参加するために必要な支援の利用は障害者の権利であり，その保障は国と地方公共団体の義務であるとする。現状ではあまりにも行政の裁量権が大きすぎ（予算不足で必要な支援を我慢してもらうなど）安心して暮らせない，病院や施設からの地域移行も進まないとの判断による。介護保険と障害者福祉の関係では，両者の目的や性格が異なるのでその統合を否定しつつ，介護保険対象年齢の65歳（加齢関連疾病による障害者は40歳）になった場合，法が求める介護保険優先原則と当事者の選択に任せるという意見のどちらも採用せ

表　障害者総合支援法と「骨格提言」（障害者総合福祉法）の設計概念

	障害者総合支援法	骨格提言
めざす社会観	自己責任型社会	全員参加型社会
障害者観	保護の対象	平等な市民，権利の主体
第1の目的	財政コントロール（持続可能性）	地域生活・社会参加
支援の重点	自立のための訓練	支えるサービス
支援の性格	画一的支援。事業に合わせる	個別ニーズ尊重支援
福祉制度論	中央集権型	専門職（市町村）尊重型
対象	手帳所持者＋難病の一部	すべての障害者
支援利用の権利	なし	あり
国・自治体義務	努力義務	法的義務
利用者負担	応益・応能，家族単位	原則無償，本人単位の応能
支援体系	財政事情による	目的・機能による

ず，従来からの支援の継続を保障すべきとした。

第２に法が対象とする障害者の範囲については，障害者基本法が規定する障害者とし，モレが出ないようにした。

第３に，支援の支給決定プロセスでは，障害程度（支援）区分認定を止め，個別ニーズ評価方式に切り替えるとした。そのための支援ガイドラインや第三者的合議機関の設置などを提言した。

第４に，サービス体系の改革では，裁量的経費の事業を大幅に減らして基本を義務的経費の事業（確実に国が50％，都道府県が25％負担する）とし，しかも目的・機能に応じて支援メニューをシンプルなものとした。

第５に利用者負担については，障害に伴って必要とされるサービスは原則無償とし，ただし高所得者は応能負担とするとした。

第６に，報酬と人材確保の面では，報酬は人件費相当分などは月額制として日額・月額の組み合わせとする，常勤換算制度を廃止する，障害福祉従事者の平均賃金を年齢別賃金センサスの全国平均を下回らないようにする，などと求めた。

その他，「福祉的就労」の見直しのための検証事業，国の10割負担の事業としての個別地域移行支援プログラム，「地域基盤整備10カ年戦略」，重層的相談支援システム，オンブズパーソン制度などの権利擁護の仕組みなども提言している。

障害者総合支援法*との比較

厚生労働省は，この「骨格提言」を最大限尊重して障害者総合支援法を制定し，さらに３年後の見直しで一部改正を行ったと説明するが，上記の特徴点などほとんどの「骨格提言」の内容は生かされてはいない。表は，障害者総合支援法と骨格提言が示した障害者総合支援法とを，基本的制度設計レベルで比較したものである。障害者自立支援法と障害者総合支援法の違いは，一部の難病者を対象に加えた程度にとどまる。

「骨格提言」が生かされていない原因は，モデルチェンジを予定したはずの政府が途中でマイナーチェンジに方針を切り替えたことにあり，その原因は予定どおり遂行（基本合意の実行，権利条約との整合）するために必要な政治主導が失われたことにある。

おわりに

「骨格提言」には，技術的にさらに検討を要する事項や，支援職員の養成・研修の必要な事項，財政面の見積もりと確保が必要な事項なども含まれており，すべてを直ちに実行することはできない。したがって2012年の国会で厚生労働大臣が約束したように「計画的・段階的に」実施することになるが，権利条約と整合する障害者福祉はこの方向しかないので，政府や関係者がそれを実施する姿勢をもつことが重要である。（佐藤久夫）

032 障害者白書

障害者基本法13条，「政府は，毎年，国会に，障害者のために講じた施策の概況に関する報告書を提出しなければならない」に基づく報告書で，一般市民にも印刷物として販売され，ウエッブでは概要版，全文版，英語概要版，マルチメディアデイジー版も無料で公開されている。

内容は，障害者基本法や障害者基本計画の施策分野（広報・啓発，教育，雇用・就労，年金，保健・医療，アクセス，国際協力など）について前年実績が紹介され，これに加えてトピック的な記事が掲載されている。たとえば平成29年版では，冒頭に「共生社会の実現に向けて」というパートが設けられ，「津久井やまゆり園事件」も取り上げられた。平成28年版では「障害者差別解消法」，平成27年版では「2020年東京オリンピック・パラリンピック」が紹介されている。この他，障害者統計，基本計画，歴史なども資料として載っている。このように便利で読みやすい情報ではあるが，基本的には「施策の概況」であり，障害者の生活がどう改善され，障害のない市民との格差がどう改善されたのか，何が課題なのかはほとんどわからない。「障害者権利条約」の**パラレルレポート***によって補われ，「真の障害者白書」が完成するといえる。（佐藤久夫）

033 省庁による障害者施策

障害者に関する施策は福祉施策だけではない。この考え方に大きな影響を与えたのは国際障害者年と国連障害者の十年といえる。終戦直後の1947年の児童福祉法で障害児に対する福祉施策が開始され，その後身体障害者福祉法と精神薄弱者福祉法が制定された。1960年には，ILO*の勧告もあり労働省管轄で身体障害者雇用促進法が制定された。その後，教育行政では1979年に障害児教育の義務化が実施された。1981年の国際障害者年では，福祉施策だけでない4領域を明確にしたリハビリテーションの理念が日本にも本格的に導入されることとなり，医療・教育・社会・職業をはじめとして，交通・建築・文化などの分野においても施策が必要であることを明確にし，関係省庁における取り組みが開始されることとなった。こうした流れも受けて，1993年に「福祉用具法」「通信・放送身体障害者利用円滑化に関する法律」が制定された。

このような総合的な施策の本格化を促したのは，1995年に策定された「障害者プラン〜ノーマライゼーション7か年戦略」だった。これは保健福祉分野にとどまらず幅広い施策分野について総合的・横断的に取り込み，関係省庁が連携協力して施策を効果的に推進していくことに特色があった。2004年には都道府県と市町村での全分野にまたがる障害者計画の策定が義務付けられた。物理的アクセスの分野では1994年にハートビル法，2000年に交通バリアフリー法ができ，これらは2006年のバリアフリー新法に統合・強化された。

2001年には，「道路交通法の一部を改正する法律」と「障害者等に係る欠格事由の適正化等を図るための医師法等の一部を改正する法律」が成立した。これらは，障害者に係る**欠格条項***が，障害者の社会参加を阻む不当な要因とならないよう制度の見直しを進めるものだった。

さらに2006年に障害者権利条約が成立し，日本も2014年に批准した。これらの過程で国内法の整備が行われ，2013年に障害者差別解消法が制定された。

この他，住宅の確保（国土交通省），防災対策の推進（内閣府），防犯対策の推進（警察庁），司法手続きにおける配慮（法務省），教育環境の整備（文部科学省），国際的枠組みと連携の推進（外務省），障害特性に応じた就労支援（農林水産省）等各省庁の事業がある。

（杉本豊和）

034 制度の谷間

「制度の谷間」は障害の文脈以外でも登場する。支援制度がない，あるいは活用しにくい問題を「制度の谷間」と呼ぶことがある。ホームレス，ひきこもり，孤立，DV，ゴミ屋敷，望まない妊娠など。障害の文脈での「制度の谷間」は，2つの意味で使われている。

谷間の障害

1つは，各種法制度が受給資格を医学的な機能障害の「種類」や「程度」で制限しているために，障害に伴う支援ニーズがあるのに得られない状態である。「谷間の障害」ともいわれる。

除外される「種類」の例は，筋痛性脳脊髄炎や線維筋痛症などの難治性疾患，痛みや疲労に関わる機能障害，皮膚の機能障害，HIV以外による免疫機能障害，片眼失明，色覚障害などである。「程度」（軽すぎる）による除外は，たとえば聴覚障害は，「両耳の聴力レベルが70デシベル以上」等とされ，それ以下の聴覚障害者はニーズがあっても補装具制度（補聴器などの公費助成）の対象にならず，雇用面でも雇用率制度の対象とならず，運賃割引や税制上の障害者控除などの対象にもならない。同様に知的障害，発達障害，内部障害，高次脳機能障害などでもIQや医学的所見が主な判断基準であるため受給資格を得られない障害者が多い。障害年金の制度も，機能障害と日常生活能力で評価され，働いて稼げなくても受給できない障害者は少なくない。

政府はこの状態について，国民の税金を使うため公平に客観的に認定する必要があり，医師の判定が必要であると正当化しているが，医学的評価偏重の認定は障害者権利条約の人権モデルに違反しており，支援ニーズを評価する方向への改正が求められている。

制度の空白

2つ目は，支援が必要なのに，それ（機能障害の種類や認定基準）以外の要因で得られない状態を意味する。障害者として認定されて，一部は障害者支援を利用できてはいるものの，施策が分野別に縦割りで作られていて「空白」があるために，必要とする制度・サービスがない場合がある。たとえば，通学や通勤の支援が「空白地帯」となっている。教育支援も雇用支援も福祉による移動支援もそれなりに発展してきたが，通学・通勤支援は基本的に谷間となっている。入院時の自宅での慣れた介護の継続の保障は（一部改善はあるが）なされていない。国籍その他の理由に係わる無年金障害者問題も，学校から雇用への移行，施設・病院から地域生活への移行の問題も制度の「谷間」・「壁」・「空白」といわれる。

（佐藤久夫）

035 社会保障審議会障害者部会

社会保障審議会の中の約30ある部会の1つで，ほぼ月に1回弱の頻度で開催され，障害者福祉分野の政策課題について審議し，意見を述べる。近年の主な審議課題は，障害者総合支援法の3年目途の改正について，障害福祉計画及び障害児福祉計画に係る基本指針の見直しについて，平成30年度障害福祉サービス等報酬改定について，精神障害にも対応した地域包括ケアシステムの構築について，共生型サービスについて，相模原市の障害者支援施設における事件を踏まえた施策の進捗状況について，障害者手帳のカード化について，自立支援医療・補足給付・医療型個別減免の経過的特例について，など。

2022年6月の部会報告書の委員名簿によれば，29人の委員のうち障害者団体を代表する委員は8人であった（主に障害者の家族を構成員とする3団体を含む）。その他は，障害者福祉の事業者団体（全国肢体不自由児施設運営協議会，日本知的障害者福祉協会など），専門職団体（日本相談支援専門員協会，日本医師会など），学識経験者（大学教授など）などであった。

障害者の委員を増やすとともに，障害者権利条約や障害者基本法を踏まえた審議がなされることが期待される。

（佐藤久夫）

036 地方自治法

日本国憲法*8章「地方自治」は，中央政府の三権と対等な統治機構として「地方公共団体」を定めた。地方自治法は，その具体化のために1947年5月に憲法と同日施行された地方自治の基本法である。

憲法は基本的人権の原理として13条に「個人の尊重」を掲げ，「生命，自由，幸福追求の権利」を「国政の最大尊重」事項とした。この「個人における基本的人権の実現」が，地方自治体，特に基礎的自治体・市町村の存在意義である。憲法92条の「地方自治の本旨」がこれであり，「住民自治」と「団体自治」をその制度的原理として，議会議員・首長の直接選挙とともに住民による直接民主主義の制度を定めた。

だが現実は，明治以来の中央政府の指示による「機関委任事務」が都道府県事務の８割，市町村事務の４割以上を占めていた。それを廃止した1999年のいわゆる「地方分権一括法」で地方自治法を抜本的に改正，地方自治体の事務を「自治事務」と「法定受託事務」として規定し，市町村事務の９割が自治的な事務となった。

しかしその後，市町村合併，事務の民間委託化，職員の非正規化が進められて，自治体行政組織の疲弊がいわれ，自治体事務を細部まで規定する地方自治法が自治体の自主性を奪っているとする指摘も強い。（池上洋通）

037 社会福祉法

社会福祉法は社会福祉を目的とする事業の共通する基本的事項を定めて，利用者の利益の保護，地域福祉の推進，社会福祉事業の公明かつ適正な実施の確保と社会福祉の増進に資することを目的としている。1951年に制定された社会福祉事業法が前身であり，2000年の**社会福祉基礎構造改革***を経て社会福祉法となった。措置制度から利用契約制度への移行にあたって利用者の権利の保護，地域福祉の推進が強化された。福祉事業の基本理念を「個人の尊厳の保持」を旨とし，「利用者が心身ともに健やかに育成され」，利用者の「能力に応じた自立的日常生活」を支援するものとし，社会福祉事業者に利用者の意向を十分に尊重することを義務付け，国及び地方公共団体の責務として福祉事業を提供する体制確保を図ることを定めている。また利用者に対する十分な情報保障，契約締結の際の支援，契約内容の適正化を求めている。2017年の改正で，社会福祉法人における評議員会の必置等組織強化及び，公益的な取り組みが義務化された。

その他，地方社会福祉審議会，福祉に関する事務所，社会福祉主事，社会福祉法人，社会福祉事業の範囲，福祉サービスの適切な利用，社会福祉事業に従事する者の確保の推進等を定めている。（杉本豊和）

038 厚生労働委員会

2001年の省庁再編でそれまでの厚生委員会と労働委員会が統合されて設けられた，国会の常設委員会の１つで，厚生労働省の所管事項を審議する。したがって，障害児・者の福祉や介護，障害者雇用，障害年金などの所得保障，保健・医療などの各分野の法律の制定や改正はすべて衆参の厚生労働委員会で審議される。委員数は衆議院の厚生労働委員会は45人，参議院では29人と定められている。それぞれ委員長と理事が指名または選出され，理事数は衆議院では８人，参議院では２人である。傍聴，議事録，ライブと録画の配信など情報公開もなされている。（佐藤久夫）

039 社会福祉基礎構造改革

2000年の社会福祉事業法の改正（社会福祉法への改称）により導入された，社会福祉制度全体の大きな改正。厚生労働省は，「行政が行政処分によりサービス内容を決定する措置制度」から「利用者が事業者と対等な関係に基づきサービスを選択する利用契約制度」への転換であると説明する。しかし現実には，数々の問題が生まれている。利用者のニーズを把握して必要な支援を提供する市町村行政の役割が後退し，代わって営利企業を含む多様な提供主体が登場し，規制緩和の下でサービスの質や支援職員の労働条件の低下が進んだ。福祉サービスが「商品」とされ，その利用が売買契約となり，その値段を政府が決める。この商品の流通量と質を報酬単価と加算・減算で管理する世界へと，障害者福祉を含む社会福祉の制度の変質が進んでいる。

しかし社会福祉の事業は，人間の命と生活と尊厳を支える社会的・公的な事業であり，利益率が下がったら廃業や他業種への転換を行う営利企業とは異なる。その憲法的使命にふさわしい（従事者の給与・労働条件を含む）公的規制と利用者の権利擁護制度の確立が求められている。（佐藤久夫）

040 社会福祉の市場化と規制緩和

公的責任の後退と自己責任

政府の社会保障審議会は1995年に「社会保障体制の再構築（勧告）〜安心して暮らせる21世紀の社会をめざして〜」を発表し「戦後の経済成長路線をそのまま進むことはできない」とした上で，高齢化や少子化等に対応するため「社会保障制度は，みんなのためにみんなでつくり，みんなで支えていくもの」として社会保障における公的責任を曖昧にし，国民の負担増を求めた。

これを受け，1998年に中央社会福祉審議会社会福祉構造改革分科会が「社会福祉基礎構造改革について（中間まとめ）」を取りまとめ，社会福祉の改革の理念を「成熟した社会においては，国民が自らの生活を自らの責任で営むことが基本」として自己責任に言及し，「社会福祉を作り上げ，支えていくのは全ての国民である」と公的責任を国民に転嫁した。

介護保険のはじまり

こうした中，介護保険法が1997年に制定，2000年から施行され，社会保険を通じて国民が連帯して財源を負担することとした。また，多様なニーズに対応するため規制緩和により営利企業等の参入を認め，さらに市場原理により質のよい事業者が増加するとした。

しかし2006年，介護事業所大手のコムスンによる介護報酬の過大請求や事業所指定の不正取得が発覚した。厚生労働省の処分等を経て同社は廃業したが，約６万人の利用者が介護難民になることが懸念された。他にも，開業したものの収益を確保できないことから閉鎖する事業所も現れ，福祉の市場化で支援の質が向上するどころか，必要な支援を受けられなくなるという事態が生じた。

こうした事態を受け厚労省も累次の対策を講じてはいるが，もうけ本位の事業者による不正受給等は後を絶たない。

障害分野での市場化と規制緩和

障害分野では2006年に施行された**障害者自立支援法***により営利企業等が本格的に参入できることとなり，介護保険同様，もうけ本位の事業所が急増している。2017年７月には，岡山県の就労継続支援Ａ型事業所が突然閉鎖し，220人の障害のある人が解雇された。その後，愛知県や広島県等各地で同様の事態が相次ぎ，多くの障害のある人が路頭に迷うこととなった。

その背景として，事業者のモラルや自治体の事業指定のあり方に加え，市場化と規制緩和を進めるあまり，参入に際して社会福祉事業として必要な規制までも緩和した点や，事業者に対する監査体制の不備等，制度設計の問題も指摘されている。（赤松英知）

041 介護保険制度

1997年に成立，2000年４月に施行された介護保険法に基づく社会保険方式の介護保障制度である。目的は，利用者の尊厳の保持と能力に応じた「自立した日常生活」への支援である。市町村が保険者となり，被保険者には，①65歳以上の者（第１号被保険者），②40歳以上65歳未満の医療保険加入者（第２号被保険者）の２種類がある。適用要件には，軽度順に要支援１・２と要介護１～５の状態区分がある。制度存続を根拠に介護サービスの適正化，自立支援・重度化防止等が強調されている。

2005年，2011年，2014年，2017年，2020年と制度改定が行われている。2005年では，予防重視型システムへの転換と新たなサービス体系の確立という方向により，地域密着型サービスと地域包括支援センターが創設された。2011年には，介護と医療の連携強化の下，看護小規模多機能居宅介護等の複合型サービスが創設された。2014年では，要支援者の予防給付を地域支援事業に移行，特別養護老人ホーム（特養）の入居要件を要介護３以上にする等の改正が行われた。2017年には，医療法・介護保険法・障害者総合支援法・児童福祉法等の改正に伴い**共生型サービス***が創設された。

（森山千賀子）

第4章

差別禁止

042 障害者差別解消法

「障害を理由とする差別の解消の推進に関する法律」。2016年4月1日施行。2013年6月19日参議院本会議で全会一致で可決成立した。

2010年からの国連の障害者権利条約の批准をめざした内閣総理大臣を本部長とする「障がい者制度改革推進本部」の中心政策の1つに取り上げられ，「**障がい者制度改革推進会議***」に差別禁止部会が設置され議論され法律の内容が準備された。

法律の内容

「全ての国民が，障害の有無によって分け隔てられることなく，相互に人格と個性を尊重し合いながら共生する社会の実現に資することを目的とする」と目的が1条で掲げられている。

「国及び地方公共団体は，この法律の趣旨にのっとり，障害を理由とする差別の解消の推進に関して必要な施策を策定し，及びこれを実施しなければならない」と3条で国と自治体の責務が掲げられている。

「国民は，第一条に規定する社会を実現する上で障害を理由とする差別の解消が重要であることに鑑み，障害を理由とする差別の解消の推進に寄与するよう努めなければならない」と4条で国民の責務がうたわれている。

6条では，政府の障害を理由とする差別解消の推進に関しての基本方針の策定の責務とその内容が明記されている。

7条は行政機関等の障害を理由とした不当な差別的取り扱いの禁止や，**社会的障壁***の除去を目的とした**合理的配慮***の提供の責務をうたっている。8条には事業者の障害を理由とした不当な差別的取り扱いの禁止と，社会的障壁の除去を目的とした合理的配慮の提供の努力義務を記している。

9条では国等の機関（独立行政法人を含む）の職員に対するこの法律に関する職員対応要領について掲げられ，

10条では地方公共団体の職員対応要領について定められている。11条では事業者の対応指針のあり方について規定されている。

12条は，８条の規定の施行に関し，つまり不当な差別的取り扱いが著しかったり，合理的配慮の不提供の実態が目に余るものであったりした場合，主務大臣がその事業者に対し，報告を求め，または助言，指導もしくは勧告をすることができる，と明記している。13条は障害のある労働者に対する事業者の問題については，この法律ではなく，障害者雇用促進法で取り扱う旨が記されている。

14条では「国及び地方公共団体は，障害者及びその家族その他の関係者からの障害を理由とする差別に関する相談に的確に応ずるとともに，障害を理由とする差別に関する紛争の防止又は解決を図ることができるよう必要な体制の整備を図るものとする」と相談体制について述べられている。

17条では，障害者差別解消支援地域協議会を組織することができる，と定められている。

以上が概要であるが，国民一般に対する差別禁止条項は，障害者基本法で規定され，同法４条で，「何人も，障害者に対して，障害を理由として，差別することその他の権利利益を侵害する行為をしてはならない」と定められている。

問題点と課題

この法律は日本の法制度の中で“差別の禁止”を明記したという意味で，極めて画期的なものといえる。一方，権利条約を批准するにあたって，国内の法制度に“差別の禁止”の制度があることが条件とされていたため，中身より法律を通すことに力点が置かれた経過があった。2012年には民主党から自民党へ再度政権交代が行われたという経過も重なった。

「障がい者制度改革推進会議」（後に障害者政策委員会）の下に設けられた差別禁止部会では，裁判外紛争解決の仕組みとして，差別を受けた側と差別を行った側との調整委員会のような仕組みの設置が提言された。2013年の法制定の国会審議等においては，とりあえずは「施行３年後の見直し」の課題とされ，相談体制は既存の機関が基本的に担うこととなった。また同部会では差別の定義が必要だとの認識で，差別を，「不均等待遇」と「合理的配慮の不提供」の２類型にした。現行の障害者差別解消法では差別とは何かが曖昧であり，客観的な尺度を持ち得ていない。

この数年，自治体レベルでの障害者差別解消（禁止）条例の制定の動きが加速している。差別を定義したり，障害者を交えた紛争解決の仕組みを組み込む自治体もある。このような流れを法の見直しに反映させ，形だけではなく，真に実効性がある障害者差別解消法へと変えていく運動が求められている。

日本障害フォーラム（JDF）は2017年，全国の障害者を対象に「３年後の見直し」を見据えた障害者差別解消法に関するアンケートを行った。それによると障害者差別解消法施行以降に差別と思われる経験をした人が50％近くいたが，そのうち相談窓口に行った人は約20％，その中で問題解決をした人は約30％に過ぎないという実態が明らかとなった。相談窓口の存在を知っていると答えた人は全体の30％に過ぎない。相談・紛争解決の仕組みの機能の強化が求められる。2021年の通常国会で民間事業者の合理的配慮の提供を義務化することを中心とした改正がなされた。（太田修平）

043 障害者雇用促進法の差別禁止条文

障害者差別解消法の制定と同じ2013年に障害者雇用促進法が改正され，雇用における障害者差別の禁止が2016年に施行された。いずれも障害者権利条約に沿った国内法の見直しの一環である。なお，障害者差別解消法13条で，事業主による障害者差別禁止は障害者雇用促進法によるとされ，雇用とそれ以外とで適用される法律が異なっている。

この法律では，募集・採用時と採用後の差別の禁止と**合理的配慮**＊の提供を事業主の義務としている。また差別禁止指針と合理的配慮指針の策定を厚生労働大臣に義務付けた。

差別の禁止

34条では「事業主は，労働者の募集及び採用について，障害者に対して，障害者でない者と均等な機会を与えなければならない」とし，採用後の待遇についても35条で同様に規定している。なお「障害者であることを理由とする差別」には「車椅子，補助犬その他の支援器具等の利用，介助者の付添い等の社会的不利を補う手段の利用等を理由とする不当な不利益取扱いを含む」（差別禁止指針）とされている。

合理的配慮の提供

障害者雇用における合理的配慮は，障害者差別解消法のそれとはいくつか異なる点がある。まず，合理的配慮の提供義務は民間の事業主であっても努力義務ではなく法的義務（講じなければならない）である。これは雇用関係が継続的なものであり指揮命令関係にあることから事業主により強い責任があるためである。また，合理的配慮の提供は，「均等な待遇の確保又は障害者である労働者の有する能力の有効な発揮の支障となっている事情を改善する」ための措置とされる（36条の3）。つまり平等な待遇のためであるとともに，障害者が職場で十分にその能力を生かせているか，気持ちよく働けているかどうかを，事業主は常に注意し，その障壁となっている事情を改善しなければならない。

このため，募集・採用時には「障害者からの申し出により」行うとされるが，採用後についてはこの表現はない。合理的配慮の申し出があった場合はもちろん，それがない場合でも障害が確認された段階で本人に尋ね，特に要望がなかった場合でも事情が変化することがあり得るので定期的に要望を聞くこととされている（合理的配慮指針）。

また，厚生労働大臣および都道府県労働局長による助言，指導，勧告，さらに個別労働関係紛争の解決の促進に関する法律による紛争調整委員会によ

る調停なども定めている。（佐藤久夫）

044 合理的配慮

定義と概念

障害者権利条約では「障害者が他の者との平等を基礎として全ての人権及び基本的自由を享有し，又は行使することを確保するための必要かつ適当な変更及び調整であって，特定の場合において必要とされるものであり，かつ，均衡を失した又は過度の負担を課さないもの」（２条）と定義されている。

車椅子利用者が就労する際，フロアに段差があると業務に支障をきたし，もしそこをスロープにするならば，問題なく他の従業員と同じように働ける場合がある。また精神障害や難病のため通常の勤務時間帯では働くことが困難な場合に，勤務時間帯や休みを柔軟に取ることにより，他の人たちと同じように働けることもある。

このように，本人の状況に合わせた工夫や調整を，障害者本人と事業者が話し合い行っていくことを合理的配慮の提供という。基本的には障害者本人が事業者側に申し出，協議を通じて行われる。

鉄道の駅などにエレベーターを設置するというバリアフリーなどの一般施策（障害者差別解消法５条の「環境の整備」）に対して，合理的配慮は１人ひとりに合わせるという個別対応であることが特徴。合理的配慮によって事業者側に過重な負担が生じる場合は，障害者側に説明の上行われなくてもよいとされている。

合理的配慮の「合理的」とは，障害者，事業者双方が納得できる客観的な合理性のあるものと考えられる。また，「配慮」は恩恵や好意によるものではない。障害者個人にとって，他の市民との平等を確保するための，調整や工夫である。

合理的配慮の実行

個別的対応という色合いが強いため，このようにすれば合理的配慮になるという定式化したものがない。内閣府の障害者政策委員会（2016）で障害者差別解消法の基本方針などが議論された際，政府は例示を出しわかりやすくしようとしたが，障害のある委員からは「例示が出ると事業者はそれしかやらなくなる」と警戒の声が出された。

障害者差別解消法*（2013）は，合理的配慮の提供について国や自治体に対して義務化したが，民間事業者に対しては「努力義務」とし，課題を残すことになった。合理的配慮の概念の中に過重な負担となる場合は行わなくてもよいとするものが含まれており，したがって「努力」の二重性となり，有形無実となってしまう恐れがあるからである。この点は2021年の法改正で見直された。

合理的配慮の概念は，1973年のアメリカにおけるリハビリテーション法に導入され，その後 ADA*（障害をもつアメリカ人法）に引き継がれるなど発展してきた。（太田修平）

045 社会的障壁

社会的障壁は2011年８月５日に施行された改正障害者基本法２条で初めて定義された概念で，「障害がある者にとつて日常生活又は社会生活を営む上で障壁となるような社会における事物，制度，慣行，観念その他一切のもの」とされる。これを受け，同条で障害者は「……心身の機能の障害がある者であつて，障害及び社会的障壁により継続的に日常生活又は社会生活に相当な制限を受ける状態にあるもの」と定義された。

2010年１月から内閣府障がい者制度改革推進会議で始まった障害者権利条約批准のための法整備の議論では，障害者基本法で障害者を社会モデルの観点からどう定義するかが問題となった。さまざまな議論の末，同条約１条に「障害者には，（中略）機能障害であって，様々な障壁との相互作用により（中略）社会に（中略）参加することを妨げ得るものを有する者を含む」とあること等を踏まえ，障害者基本法で社会的障壁を定義することにより社会モデルの観点の導入がはかられた。また，社会的障壁が障害者の生活を制限する一切のものをさすと幅広く定義された点も画期的だった。

しかし，その後の障害関連各法においてはこうした到達点が十分に踏まえられず，谷間の障害者の解消には至っていない。（赤松英知）

046 障害者差別禁止条例

都道府県及び市町村の単位で，障害を理由とする差別を禁止したり，解消を求める条例。

自治体によって名称は異なる。もっとも古い千葉県は「障害のある人もない人も共に暮らしやすい千葉県づくり条例」（2006）としている。2001年に国連が障害者権利条約の検討を始めたことを皮切りに，日本国内でも障害者差別禁止法を求める声が強くなる。千葉県でも制度化要望が出され，県民や事業者との対話を重ね，2006年成立にこぎつけた。その後北海道（2009）が続く。

この頃の条例は，罰則もなく，紛争解決もなく（相談体制はあるが），市民の意識向上を求めた性格のものであった。

2010年以降は，国の差別禁止法の準備と相まって，各地での条例の制定の運動が盛り上がった。特に国の法が，罰則を設けず，合理的配慮の提供について民間事業者を努力義務としたことなどに対する，自治体としてそれを補う条例を制定させる傾向が生まれた。

明石市（2016）や東京都（2018）は，合理的配慮を民間にも義務化した。調整委員会も多くの条例で生まれた。自治体の条例の動きは国の法律の見直しに影響を与えるものとなりつつある。（太田修平）

047 欠格条項

欠格条項は資格や免許をもてない者の要件を法律で定めたものである。障害にかかわっては，心身の機能に障害がある者や，成年被後見人等が，不許可や剥奪の対象とされてきた。2001年前後に法律の見直しに至るまで，日本の近代法は，障害にかかわる欠格条項を当然のように設けてきた。

障害ゆえに門前払いされた人があきらめずに声を上げたことで2001年に見直し法（障害者等に係る欠格事項の適正化を図るための医師法等の一部を改正する法）が成立し，医師や薬剤師といった免許は，障害がある人も補助的・代替的手段でその本質的な業務ができるならば免許を認められることになった。このことは障害者権利条約に言う合理的配慮の概念と重なる。

それでもなお，「免許を与えないことがある」といった条文が大多数の法律に残され，欠格条項撤廃は栄養士など一部にとどめられた。2023年現在，699本の法令に障害にかかわる欠格条項があることを確認している。

2019年の法改正で，公務員法や警備業法など約180本の法律から，成年後見制度と連動した欠格条項が削除されたが，それと同時に，「心身の故障」欠格を新設し，これを「精神の機能の障害」と規定する法律が急増した。2021－22年には，警備業法に設けられていた欠格条項を違憲とする画期的な判決が下された（岐阜地裁・名古屋高裁）。

障害者差別解消法と権利条約，および「心身の故障に基づく欠格条項等の侮辱的文言及び法規制を廃止する」よう国連勧告（2022年10月）が出されたことを踏まえ，法制度における差別も禁止する権利条約4条等に照らし，改めて政府による撤廃への取り組みが求められている。（臼井久実子）

048 アファーマティブ・アクション

日本語で「積極的差別是正措置」とも訳される（affirmative action）。マイノリティーの集団がその集団の不利な状況を是正することを目的に，優遇政策などを行うこと。

障害者雇用促進法における法定雇用率の設定や地方公共団体などで採用の際に「障害者枠」を設けることなどもその典型例。また一般企業が障害者手帳を所持し，一定の条件を満たしている障害者を雇用した際，企業側が助成金などを受け取れる仕組みもその中に入る。

公立の小・中学校で，障害のある子どもにパーソナルアシスタント教師が付き，学習支援を行うことも制度的にはアファーマティブ・アクション（障害のある1人ひとりにとっては合理的配慮）といえる。さらに障害のある子どもの高校への全員就学が課題となっている中，「0点入学」を認めることも議論となっている。

合理的配慮の考え方に近いが，合理的配慮は個人に対する工夫という側面が強い。アファーマティブ・アクションはマイノリティーの集団（障害者，アメリカにおける黒人等）という単位で考え，他の市民との平等の実現をめざした優遇的な，「環境整備」の施策である。しかしこれについての効果や正当性についての議論は続いている。

（太田修平）

049 障害をもつアメリカ人法（ADA）

1990年に制定されたアメリカの障害者差別禁止法（Americans with Disabilities Act）。

アメリカでは，1960年代から70年代にかけて黒人を中心とする公民権運動が展開された。これに呼応する形で70年代から80年代にかけ，全米各地で障害者**自立生活**（IL）*運動が盛り上がりを見せる。障害者たちは，施設を隔離主義として，その是正を訴えていく。路線バスに車椅子利用者が乗れないのは差別，聴覚障害の人がテレビを見られないこと，電話をかけられないことも差別だと主張し，テレビに字幕を付けさせ，電話リレーサービスを位置付けさせた。障害を理由とする雇用上の差別も禁止した（採用の段階から採用後に至るまで）。必要なサービスを受けながら，障害のある人と障害のない人が地域社会の中で，就労や社会生活ができる平等な政策が必要だとした。1973年のリハビリテーション法に，連邦政府から補助金を受けている機関は障害を理由に差別をしてはいけないという条項が入る。ADAではそれをさらに進め，すべての機関に対し障害を理由にした差別を禁止したのである。その後ADAは，「合理的配慮の提供」など，障害者権利条約の理念や諸外国の障害者政策に大きな影響を与えている。

（太田修平）

第5章

障害のある女性

050 障害のある女性

障害のある女性と複合差別

障害のある女性（以下，障害女性と表記）は障害者差別と女性差別を重複して受けている。このように，個人に対して複数の差別が交差的に絡み合い，不利益や不平等をもたらす困難状況を複合差別という。

可視化されにくく，単一の差別に着目するだけでは解決は困難であり，その構造を分析し，実態を明らかにした上で施策を講じる必要がある。

障害者権利条約6条は，障害女性の複合的な差別（multiple discrimination）について言及し，その解消の必要性を明記した。

障害女性は困難な立場に置かれやすいこと，意思決定過程に参加しにくいことを指摘し，各条文の具体的な領域においても留意すべき事項として示している。

障害女性の困難を可視化するために

これまで，障害女性の困難は，社会的に解決すべき課題としては認識されてこなかった。障害者に関わる公的統計に男女別の集計データは乏しく，障害者施策にジェンダーの視点がない一方，ジェンダー平等に関する施策には障害者の存在が想定されてこなかった。

DPI女性障害者ネットワークは障害女性の困難を可視化しようと，2011年，アンケートと聞き取りによる実態調査を実施し，全国から87名の障害女性の経験が寄せられた。

並行して47都道府県の男女共同参画基本計画，及びDV防止基本計画の中で障害女性を対象とする施策を検証する制度調査を行った。

その成果を「障害のある女性の生活の困難－人生の中で出会う複合的な生きにくさとは－複合差別実態調査報告書」（DPI日本会議，2012）にまとめ，2023年には増補版を発行した。

性的被害

上記調査では全回答者の35％が何らかの性的被害を受けており，わいせつ行為やセクシャルハラスメントの他，介助時の不要な身体接触が不快と訴える声が多かった。

逃げにくい，被害を訴えにくい，加害者を特定しにくいなどの障害特性に乗じたり，職場の上司や親族，ケアスタッフなど，加害者が身近な強者であることも多く，経済的自立の困難や介助体制の不備など，障害のある女性の立場の弱さが被害を助長していた。

一方の制度調査では被害を受けた障害女性に対する支援制度が未整備で，障害女性が支援を得られず問題が潜在化している可能性を示唆した。

女性相談の窓口や一時保護所の多くは物理・情報面のバリアが存在し，介助者の配置もない。

女性相談にたどり着いた障害女性が障害者福祉の窓口へたらい回しにされる傾向があるが，そこに女性支援の専門性はなく，障害者福祉施設にはDV被害者を守るセキュリティーもない。

性のない存在とみなされて

さらに調査では，障害女性を無性ととらえているような行為，態度が浮かび上がった。

介助者側の都合により男性による排泄や入浴介助を強要されるという経験がいくつも寄せられた。

性と生殖に関する健康・権利（リプロダクティブ・ヘルス／ライツ）を脅かされることも多く，旧優生保護法の下，何も知らされぬまま不妊手術を受けさせられたという証言のほか，月経介助を省くため，親族から子宮摘出をほのめかされたという経験もあった。

妊娠時に「障害児が生まれるのでは」「子どもが育てられるのか」という理由で中絶を勧められる経験も寄せられた。

障害女性は性別役割を果たせないと周囲に決めつけられる反面，家事，育児，介護を強いられる事例もあり，障害女性が種々の場面で多様な困難を受けていることがわかった。

法制度への位置付けを巡って

権利条約の批准に向けた国内関連法の整備を進める過程で，内閣府に置かれた**障がい者制度改革推進会議***は「障害者制度改革の推進のための第二次意見」（2010）の中で障害女性が置かれている状況に十分に配慮するとともに，その権利を擁護するための施策の必要性を明記した。

しかし，改正障害者基本法（2011）や障害者差別解消法（2013　改正2021）には「性別に配慮する」の文言が入ったものの，複合差別の規定はない。そのため男女の性別役割を温存するような「性別役割に配慮する」とも読み替えられる危惧を残した。

改正障害者基本法に基づき策定された「第三次障害者基本計画」（2013）には，障害者基本計画としては初めて，各分野に共通する横断的視点の中で，障害女性は障害に加え女性であることにより，さらに複合的に困難な状況に置かれているとされ，性別に留意した情報・データの充実をはかることが示され，第四次基本計画（2018）もこれを継承している。

2022年に出された，国連障害者権利委員会の**総括所見***には，障害女性の課題についての勧告が13項目にわたって書き込まれた。

今後は障害者関連法に障害女性の複合差別が明記され，具体的な施策に反映されることが求められている。

（佐々木貞子）

051 女性差別撤廃条約

女性差別撤廃条約（公定訳：女子に対するあらゆる形態の差別の撤廃に関する条約）は，1979年に国連総会で採択され，1981年に発効した国際条約。日本はこの条約を1985年に批准している。条約では，「女性に対する差別」とは，性に基づく区別・排除・制限で，女性が人権及び基本的自由を認識・享受・行使することを阻害したり無効にするものやその目的をもったものと定義付けている（１条）。また，条約には，固定的役割の変更が男女の完全な平等に不可欠であり，「男女の社会的及び文化的行動様式の修正」が必要であること（５条），「子の数及び出産の間隔を自由にかつ責任をもって決定する同一の権利」及びそのため情報，教育，手段を享受する権利（16条）等が示されている。

16条の文言は，「国際人口開発会議」で採択されたカイロ行動計画（1994）で，リプロダクティブ・ヘルス／ライツの定義として用いられた。同時に，リプロダクティブ・ヘルス／ライツは，人権であり，性に関する健康，生殖能力の保持，差別や強制また暴力を受けずに性と生殖について決定する権利を含むとした。この内容は，2006年に国連で採択された障害者権利条約の23条「家庭及び家族の尊重」，25条「健康」に書き込まれ，障害者も同様に，これらの権利をもつことが確認された。この権利を実現するためには，誰も取り残さない情報と教育を基礎にした，妊娠・出産における医療や避妊法の提供が必要である。

条約を批准した国は，定期的に，国内の施策を条約ごとに設けられている国連の委員会に報告し，審査を受ける。審査では，政府報告と同時に国内の市民社会（NGO）からもレポートが提出され，それらを受けて，委員会が，勧告を含む総括所見を示す。日本は，女性差別撤廃委員会による審査を2016年２月に受け，３月に総括所見が出た。

女性差別撤廃条約には，直接的には障害のある女性への言及はないが，過去の審査の際には，不利な状況にある女性のグループの１つとして障害のある女性にもフォーカスが当たり，関連する勧告も出されている。たとえば，2016年の日本の審査では，障害のある女性への複合的・交差的差別を禁止する包括的な差別禁止法の制定を強く要請するとした勧告が出た。また，強制不妊手術についても，加害者の訴追と適切な処罰，被害者の法的救済と補償を求める強い勧告が出されている。

（米津知子・瀬山紀子）

第6章

障害のある子ども

052 障害児支援

子どもの権利条約＊23条は，障害児が「尊厳を確保し，自立を促進し及び社会への積極的な参加を容易にする条件の下で十分かつ相応な生活を享受すべきであることを認め」（1項），特別なケアへの権利，及び特別なニーズを認めている（2項，3項）。さらに，その支援は可能な限り無償，かつ社会への統合及び個人の発達を達成することに資する方法で各支援を利用できるものとされている（3項）。同条約に掲げる子どもの諸権利は障害のある子どもに保障されるが，その際に特別なニーズに対応した特別なケアを受ける権利が確保されるという構造である。その上で，子どもの権利一般そのものを障害がある場合の視点で深化させていくことが重要である。

障害児支援とは福祉制度等による障害のある児童（18歳未満あるいは20歳未満等）に対する支援をさす。保育所や児童発達支援等の子どもに直接的に働きかけるもの，放課後等デイサービス等の障害児の余暇保障，居宅介護等の生活支援，児童手当や特別児童扶養手当等の所得保障，短期入所等の家族のレスパイトなどで構成され，関係法も複数にわたっている。

障害児支援と家族

児童福祉法＊が対象とする障害児は，身体に障害のある児童，知的障害のある児童，精神に障害のある児童（発達障害児を含む）とされている（4条2項）。身体障害者福祉法が対象とする身体障害者が手帳所持者であること（同法4条）に比して，各障害手帳の所持を要件とされていない。これは，障害の「気づき」から判定に至る過程にある児童期にあって，可塑性に富む幼少期のできるだけ早い段階，すなわち「障害がある」ことが確定する以前から継続的に支援を行うことが求められるためでもある。

早期に支援を始めるために保護者の

「気づき」を待つだけではなく，専門家によるスクリーニングにより，障害が顕在化する前から支援が始められている。母子保健の乳幼児健康診査を入口にして，早期に障害を発見する努力がなされている。この早期発見は，その後の早期支援によって子どもの成長・発達を最大限に確保することとの連続性によって意義をもつ。支援につながらない場合には保護者を絶望のふちへと追いやる可能性がある。

このように，「気づき」やサービスの利用申請などは保護者を経由することになり，その多くは母親が担っている。保護者が障害に起因する養育困難を抱えているため，障害児支援では，その困難を軽減することと子どもの成長・発達に見通しをもつことを同時にめざす必要がある。他方，障害のない子どもとの集団生活が必要であると判断されたとしても，保護者が就労していない場合には保育所入所が制限されるなど，障害児支援が家族のあり方にも影響を与えている。また，保護者が障害児の養育にかかりきりになるために生じるきょうだいの葛藤や祖父母との関係等も検討する必要がある。

課題

戦後，児童福祉法が対象としてきた障害児支援は，主に乳幼児期の支援と家庭での生活が困難であった場合の施設への入所であった。これまで学齢期は教育行政が対応すべきものとみなされていたが，近年，学齢期の放課後や長期休暇の生活が着目されるようになり，放課後等デイサービスが制度化された。

2016年制定の児童福祉法改正によって新たに対応が求められるのは，医学の進歩を背景として人工呼吸器や胃ろう等を使用し，痰の吸引や経管栄養などの**医療的ケア***が日常的に必要な「医療的ケア児」である。「医療的ケア児」に対する施策は，医療の発展のみならず，家族形態・機能の変化，低位であり続ける施設基準等によって「制度の谷間」に追いやられた子どもたちの課題に対する関係者の運動を背景にして，対象化されたものである。

他方，障害児入所施設は，本来は18歳未満の児童を対象としているが，移行する成人期の入所施設がないために継続して障害児の施設に入所せざるを得ない状況も続いている。2012年の児童福祉法改正以降，障害者施策への移行等を促進してきたが，いまだ解消されていない。（井原哲人）

053 児童福祉法と障害児

一人の子どもとして

児童福祉法において，すべての子どもは，**子どもの権利条約***の精神に則り，適切に養育され，生活を保障され，保護され，健やかな成長及び発達並びに自立がはかられること等を権利として有するものとされる。その目的のために，保育所等の施策とともに児童発達支援等の障害児を対象とした施策が定められている。児童福祉法は，母子保健と連携しつつ，障害の有無にかかわらず妊産婦から支援が組み立てられ，障害への「気づき」や診断・判定の過程を含め，相談支援や施設等多岐にわたる施策が包括されている。それらは，成長過程に沿った時間軸とともに，母子保健からの接続や保育所と児童発達支援との連携などの施策間連携をさして，療育システムと呼ばれる。そのためにも，すべての子どもを対象とした施策を土台として構築されることが必要である。

今後の行政課題

障害児支援施策は，子ども家庭庁の新設に伴い厚生労働省社会・援護局から移管されることになる。従来の子育て支援等を所掌する子ども家庭局との分立するかたちから変更となるものの，保育所等を所掌する「成育部門」ではなく，社会的養護や子どもの貧困対策等を所掌する「支援部門」に位置づけられる見通しである。障害福祉計画と一体のものとして作成できることとされてきた障害児福祉計画の策定等がどのように推移していくか注視する必要がある。

他方，障害児福祉施策において，利用契約制度は2003年の**支援費制度***導入以降，拡大定着している。それに伴って，保護者からの相談等への対応は，児童相談所から障害児相談支援事業者へと移行され，障害児支援利用計画の作成へと焦点化された。障害児通所給付の要否決定を行う調査を指定障害児相談支援事業者等へ委託できることとしたため，行政が障害児及びその保護者等がどのように生活し，あるいはどのような悩みをもっているのかを直接把握することが困難になっている。行政の役割は，通所給付費の管理へと限定化される傾向にある。障害児・家族の意見表明をどのように保障していくのかの課題もある。　（井原哲人）

054 児童発達支援

施設等基準の格差

児童発達支援は，「日常生活における基本的な動作の指導，知識技能の付与，集団生活への適応訓練」（児童福祉法６条の２の２）等を提供することを基本とする。

「福祉型」「医療型」の区分が一元化され，地域における障害児支援の中核的役割を担うことが期待される児童発達支援センターは，児童福祉施設として，「身体的，精神的及び社会的な発達のために必要な生活水準を確保する」（児童福祉法45条）ための「児童福祉施設の設備及び運営に関する基準」の規定を受けるとともに，「児童福祉法に基づく指定通所支援の事業等の人員，設備及び運営に関する基準」の規定を受ける。一方，児童発達支援事業は，後者の指定基準のみである。**表**に示すように，児童発達支援センターでは，児童指導員及び保育士を配置しなければならないが，児童発達支援事業では児童指導員または保育士を配置するとされるように基準に格差が生じている。その他，設備面においても，児童発達支援センターには「指導訓練室，屋外訓練場，相談室及び調理室」等を設置することが求められているが，児童発達支援事業は「指導訓練室のほか，指定児童発達支援の提供に必要な設備」とされるにとどまる。

子どもを中心にした発達支援

表　児童発達支援センター等の人員配置基準

児童発達支援センター（福祉型）	児童発達支援事業	児童発達支援センター（医療型）
児童指導員及び保育士（4:1），嘱託医１人，栄養士１人，調理員１人，児童発達支援管理責任者１人	指導員又は保育士（10：2） 児童発達支援管理責任者１人	児童指導員，保育士，看護師，作業療法士又は理学療法士，児童発達支援管理責任者各１人 その他，医療法に規定する診療所として必要とされる従業者数

※児童福祉法に基づく指定通所支援の事業等の人員，設備及び運営に関する基準

児童発達支援事業は，事業者数が増えているものの，その基準が簡易なために営利企業を含めた多様な経営主体が参入している。その結果，支援の質の低下が懸念されたことを踏まえ，「児童発達支援ガイドライン」が策定された。ただし，その内容は，「子どもの最善の利益」を掲げているものの，適応訓練等であり，子どもの主体性を基本とする「発達支援」ではない。（井原哲人）

055 児童発達支援管理責任者

障害児通所支援または障害児入所支援の提供の管理を行う者で各施設等に配置されている。それぞれの支援を利用する子どもと保護者のニーズを適切に把握し，児童発達支援等が提供すべき支援の内容を踏まえて児童発達支援計画を作成し，同計画に基づいて支援を行えるように調整することと，その過程を管理，評価する役割を担う。

児童発達支援管理責任者になるためには，児童や障害児・者に関する相談支援ないし直接支援に通算５年以上従事する等の実務要件と，児童発達支援管理責任者研修等の研修要件を充たす必要がある。（井原哲人）

056 障害児入所施設

供給・給付構造

障害児入所施設は，障害児を入所させ，「福祉型」では「保護，日常生活の指導及び独立自活に必要な知識技能」を付与し，「医療型」ではそれらに加えて「治療」を提供することを目的とする。これは，2012年の児童福祉法改正によって，図のように再編されたものである。第１種自閉症児施設，肢体不自由児施設，重症心身障害

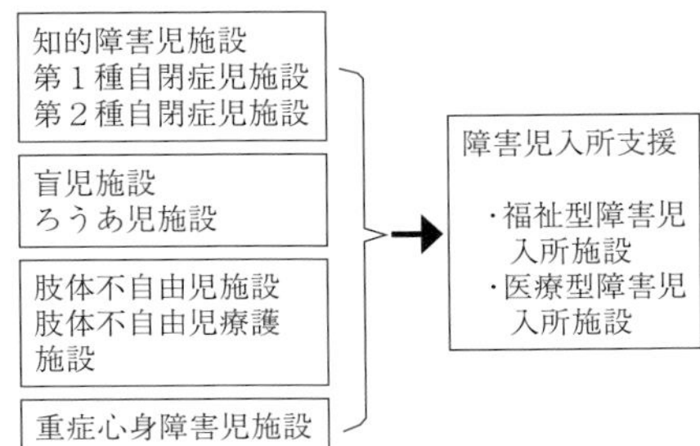

図　障害児入所施設の再編
（2012年児童福祉法改正による）
出典：厚生労働省

者施設の３施設が「医療型」へ，その他が「福祉型」へ移行することが念頭に置かれている。

障害児入所施設は第１種社会福祉事業であり，その経営主体は行政及び社会福祉法人が原則とされている。

障害児入所施設へ入所を希望する保護者は都道府県に申請する。都道府県は，障害児の障害の種類，程度，介護を行う者の状況等を勘案し，児童相談所長の意見を聞いた上で障害児入所給付費の支給の要否を決定する。その際，手帳の有無は問われない。ただし，保護者の不在，虐待等の事由があると児童相談所が判断する場合，措置利用が認められる（児童福祉法27条１項３号）。

18歳以上の入所問題

児童福祉法は，18歳未満の児童を対象としているが，18歳を超えても「引き続き，入所支援を受けなければその福祉をそこなうおそれがあると認めるときは，満20歳に達するまで利用すること」が可能である。成人期の障害者施設の整備が遅れているため，とりわけ，旧知的障害児施設及び旧重症心身障害児施設では18歳以上（20歳以上）の者が継続して入所している実態がある。

2012年の法改正を踏まえ，法規定本来の施設とするべく，経過期間（2018年度末まで）を設け「障害児施設として維持」「障害者施設に転換」「障害者施設と障害児施設の併設」の３つの選択肢が提示され，移行が進められた。しかし，「福祉型」は2021年度末まで経過期間を延長し，旧重症心身障害児施設は，特例として医療型障害児入所施設と障害者総合支援法の療養介護の指定を同時に受ける「みなし規定」が恒久化された。

このように，障害児への支援は，児童期の通所支援とともに成人期以降の障害者施策からの影響を受け，多くの検討すべき課題がある。　（井原哲人）

057 障害児通所支援

供給構造と管理・監督

障害児通所支援とは，「児童発達支援，医療型児童発達支援，放課後等デイサービス，居宅訪問型児童発達支援及び保育所等訪問支援」（児童福祉法６条の２の２）を指す。児童福祉法改正（2012年４月施行）によって，**図**のように再編された施設体系を包括的にとらえるものである。これは，従来の知的障害児通園施設，難聴幼児通園施設，肢体不自由児通園施設等の障害種別の施設体系の再編であり，通所が困難な障害児への居宅訪問型の支援の新設である。さらに学齢期を対象とする放課後等デイサービスも加わり多岐にわたる。

これらは第２種社会福祉事業であり，経営主体の制限はない。国及び都道府県以外の者が障害児通所支援事業を行おうとする場合，「児童福祉法に基づく指定通所支援の事業等の人員，設備及び運営に関する基準」（厚生労働省令）を充たしていることを都道府県知事に届け出て，知事から指定を受けることによって事業を開始することができる（障害児相談支援事業も同様）。

○　障害児支援の強化を図るため，従来の障害種別で分かれていた体系（給付）について，通所・入所の利用形態の別により一元化。

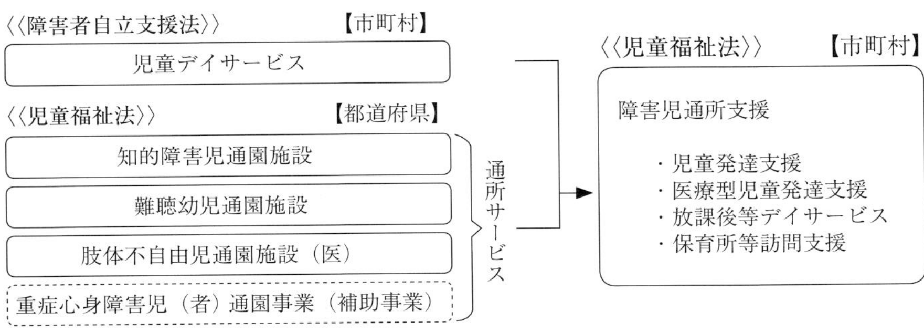

図　障害児通所施設の再編（2012 年児童福祉法改正による）

同事業の不正等が疑われる場合は，都道府県知事が調査，立入検査等を行わせ，不当な営利の確保あるいは不当な処遇を行っていた場合は事業の制限・停止を命じ，あるいは指定を取り消すことができる。

利用過程と給付内容の性質

障害児通所支援事業を利用しようとする障害児の保護者は，市町村に申請する。市町村は，保護者に指定障害児相談支援事業者等が作成した障害児支援利用計画案の提出を依頼し，提出された計画，面接等によってその要否を調査した上で支給決定を行う。その際，手帳の有無は問われない。通所給付決定を受けた保護者は，指定障害児通所支援事業者と直接契約を締結することによって初めて障害児通所支援を受けることができる。ここでいう通所給付決定とは，指定通所支援が利用された場合に障害児通所給付費等を助成することであって，特定の指定通所支援事業者から支援を受けることが決定されることではない。また，利用者負担は，「家計の負担能力その他の事情をしん酌して政令で定める額」によって４区分が設定されているが，負担が大きくなっている。加えて，食費等についても保護者負担とされている。

（井原哲人）

058　保育所等訪問支援

保育所など障害のない子どもが集団生活を営む施設に障害児がいる場合，児童発達支援センター等の職員が当該施設を訪問し集団生活への適応のための専門的な支援を行う（児童福祉法６条２の２の５項）。身近な地域における障害児支援を進めるために，2012年４月から施行されている。訪問先は保育所・幼稚園だけでなく小・中学校，高校などの学校，放課後学童クラブなどが想定されている。2018年からは乳児院，児童養護施設も加わった。

実際の訪問支援は，事前に障害児支援利用計画が立てられ保護者が保育所等訪問支援事業所と利用契約を結ぶことが必要である。そのため，障害児が生活している集団の場で支援が必要であると考えても，保護者による子どもの障害の理解や契約上の手続きが必要であるため，利用のハードルが高いという指摘がある。理学療法士や言語聴覚士などによる訪問のニーズに応えるという機能への期待はある。しかし，実際には保育をはじめとする毎日の活動などを検討する保育士への支援の視点が必要である。（藤林清仁）

059 保育所・幼稚園等の障害児保育

身近な通う場

障害のある乳幼児が通う場は，児童発達支援センターなどの専門施設と，保育所や幼稚園等に分けられる。保育所や幼稚園は地域の身近な子どものための保育機関として，障害のある子どもの早期発見や対応のシステムや障害児保育制度が整う以前から子どもたちを受け止めてきた。

保育所における障害児保育では，自治体によって違いがあるが，障害のある子どもや特別な支援が必要であると認められた子ども３名が在籍すると，保育士１名が配置されるなど通常の保育士配置基準よりも多い保育士が配置されている。

保育所や幼稚園の位置付け

障害乳幼児施策は地域間格差があり，児童発達支援センターなど専門施設が整備されている自治体では，療育を受けてからの発展として保育所や幼稚園等が位置付いている。一方で保育所や幼稚園が唯一の受け皿となっている自治体もある。

障害児保育の歴史

保育所や幼稚園等で障害のある子どもの受け入れを国が正式に認め補助金を出すようになったのは1974年である。この年，私立幼稚園での障害児受け入れに対して「特殊教育費補助」制度が開始された。保育所の障害児保育も，この年に「障害児保育要綱」が出され制度化された。

保育所の障害児保育は，さらに1989年度から国における特別保育の中に「障害児保育事業」として位置付けられ，知的障害が軽度な子どもへの補助や，障害のある子どもを受け入れる保育所への体制整備補助など，よりきめ細かな補助制度が新たに設けられた。しかし，2003年度より障害児保育事業の国庫負担金が地方交付税化され，障害児保育は市町村の裁量と責任で行うこととなった。

障害児保育を支える仕組み

保育所等での障害児保育では，児童発達支援センターなど障害のある子どもの専門施設と質的に異なる困難がある一方，優位性もある。保育所は，乳児から５歳児まで幅広い年齢の子どもが長時間共に生活したり，遊んだりする場所であり，全国どこにでも設置されているという利点もある。しかし，保育所や幼稚園等は障害の専門施設ではないため，子どもの理解や対応に困難が伴う場合がある。そのため，専門施設が保育所等を訪問し，実践現場で

共に考えながら，保育者がどのように子どもへ関わればよいか支援をすることが必要である。（藤林清仁）

060 放課後等デイサービス

1990年代から2000年代にかけて，障害のある子どもの放課後・休日の活動に取り組む団体や事業所が各地で広がりをみせ，2004年に結成された「障害のある子どもの放課後保障全国連絡会（全国放課後連）」は，国の制度の創設を求めた。そうした運動を背景に，児童福祉法に基づく放課後等デイサービスの制度が2012年に発足した。

小・中学校，高校や特別支援学校などに就学している障害のある子どもが対象となる。障害のない子どもも含めて小学生が主な対象となる学童保育（児童福祉法に放課後児童健全育成事業として規定されており，放課後児童クラブとも呼ばれる）と並んで，障害のある子どもの「放課後保障」にとって重要なものであり，保護者の負担軽減や就労保障が期待されることもある。

制度が発足して以降，全国的に事業所数が急増するとともに，営利法人の事業所の割合が高くなり，厚生労働省ガイドラインが作成された。活動の内容も多様になり，遊びや文化的活動，充実した生活を通して子どもの成長・発達を保障しようとする事業所だけでなく，学習支援に特化した事業所なども現れている。実践の質的向上や，「利潤追求型事業所」を生まない制度改善が課題となっている。（丸山啓史）

061 子どもの権利条約

条約の特徴

1989年，国連総会で採択された児童期に焦点を当てた人権に関する国際条約。大人になりゆく過程にあるからこそ保護される権利があるという観点と，国際的に承認されてきた人権を子どもの発達に応じて具体化するという観点をもって条文化されている。子どもを権利の享有・行使の主体として位置付けていることに大きな特徴がある。日本政府は国内法の整備等の必要はないとの見解を表明して，1994年に批准した。

条約は前文と54条からなる。条約の原則部分では，子どもを18歳未満の者と定義し（1条），子どもまたは保護者の人種や性，出生等による差別を禁止し（2条），すべての措置において子どもの最善の利益が優先されなければならないとしている（3条）。差別禁止事由の中に，人権条約で初めて障害が明記された。

各則は，いずれも人権一般が子どもに生かされるよう組み立てられている。生命への権利（6条），表現の自由（13条），教育への権利（28条）などとともに，子どもの意見表明権（12条），休息，余暇及び文化生活への権利（31条）などが発達期にある子どもの権利として盛り込まれている。

批准後の動向

他の人権条約同様，批准後，条約の

実行状況を国連に報告する義務が国に課せられている。国連・児童の権利委員会はNGO団体等による**パラレルレポート***も精査し，毎回日本に対して厳しい内容の最終見解（総括所見）を提出している。直近では，2019年３月，日本政府第４・５回統合報告に対する最終見解が出されている。

批准から22年後の2016年，**児童福祉法***１条に，子どもの権利条約を基本理念とすることが明記された。

条約と障害児

条約の内容は障害の有無にかかわらずすべての子どもに適用されるという原則の上に，障害児のための条項が23条に置かれている。同条は４つの項からなる。

第１項には，障害児の尊厳の確保と，自立と社会への積極的な参加を容易にする条件の下で十分かつ相応な生活を享受すべきことを認めている。第２項では，障害がある場合は，より手厚い「援助の拡充」が必要とされるので，これを「特別なケアへの権利」として認めている。第３項では，特別なケアを伴って，障害児に対して，教育，保健，リハビリテーション，レクリエーションや職業準備の機会が保障されなければならず，それらは社会への統合と個人の発達を達成する方向で実施されなければならないとしている。第４項では，障害の発生にかかわる予防保健や医学や心理学等の治療分野の諸科学の発展と情報交流の進展についての国の責任に言及している。

（中村尚子）

062 母子保健法

我が国の母子保健事業は乳児死亡率を下げることを目的に1916年に保健衛生調査会が設置されたことに始まるが，本格的な施策の展開は，1947年厚生省（現厚生労働省）に児童局（現こども家庭庁こども育成局）が設置されて以降である。母子手帳や育成医療，未熟児対策などの施策が実施された後に，乳幼児期の母子の健康保持及び増進をはかる総合的な法として1965年に母子保健法が定められ，法の精神を規定した１章，具体的な事業を規定した２章，母子保健施設を規定した３章，そして４章雑則で構成されている。２章に規定された事業は，妊産婦・配偶者及び乳幼児の保護者への知識の普及と保健指導，乳幼児健康診査，母子手帳の交付をはじめとした妊産婦や新生児訪問指導などの早期からの母子支援，未熟児訪問や養育医療に関する支援等である。３章の母子保健施設に関して，母子保健と児童福祉施策をつなぐ自治体の「こども家庭センターの母子保健事業」として規定する改正が2022年に行われた。母子保健法の最大の特徴は，親子に対し，新生児・未熟児訪問のように家庭訪問による指導を規定し，公的な窓口につながりにくい家庭に出向く支援を位置付けていることである。（近藤直子）

063 障害の発見と乳幼児期の支援

乳幼児健康診査（健診）と障害の発見

子どもの障害の多くは出生から３歳までの時期に発見される。３歳児健康診査（健診）が障害の発見を目的とするようになったのは1963年からである。その後１歳６カ月児健康診査（健診）も始まり，自閉スペクトラム症児等の発見に大きく寄与してきた。しかし我が国においては，障害の発見が親子への支援施策とつながらない歴史が長く，そのため障害の発見に対して「レッテル貼り」という評価がなされることもある。障害の発見が早期の支援へとつながるためには，国の施策はもちろんのこと，自治体の仕組みづくりが重要である。

乳幼児期の子育ては障害の有無にかかわらず親の負担が大きいため，さまざまな子育て支援施策が実施される。障害児の場合，障害が診断されるまでは母子保健，子育て支援施策において対応がなされる。未熟児や医療的ケア児の場合も，さまざまな「育てにくさ」を抱えた親子の場合も，まずは保健師の家庭訪問を通して地域の支援施策とつながることになるが，乳幼児健診が医療機関に委託されている場合，保健師と出会う機会が少なくなり，結果として次の支援につながりにくくなることが危惧される。

親子教室から親子療育へ

「育てにくさ」を抱える子どもの場合，子育て支援センターなどの一般施策ではトラブルを抱えることも多く，そのため一部自治体では乳児健診後から，多くの自治体では１歳６カ月児健康診査（健診）後に親子で通う教室を開催し，親子に楽しい時を保障しながら，保健師・心理師・保育士などが親子の状況を見極めて，**障害児支援***の仕組みへと誘っている。しかし２歳前後の子どもでは，親は我が子に障害があるとは思いにくいため，障害児支援の仕組みに則った障害児通所支援の前に，診断抜きでかつ無償で利用できる「親子療育」を独自に実施している自治体も多く，この事業を国の制度として位置付けさせることが求められる。３歳児以降は，保育所や幼稚園，認定こども園のような一般施策を利用するか，障害児支援のための児童発達支援事業を利用することになる。職員体制の不十分さ等のため，早い時期から障害がわかる脳性マヒ児やダウン症児が，ゼロ歳児期から児童発達支援事業に毎日通うことを希望しても保障されにくい。保育所等の一般施策の職員加配体制が弱く職員の負担が大きいこと等，親子に十分な支援が届いているとはいえない現状があり，保護者と職員で共同し声を上げていくことが求められている。（近藤直子）

064 巡回支援専門員整備事業

発達障害をはじめとする支援が必要な子どもの早期発見や早期対応の強化をめざし，2011年に始まった巡回相談支援の事業である。実施主体は市町村で，発達障害の理解と対応に詳しい専門家が，保育所等の一般的な子育て支援機関や小学校等の教育機関を訪問し，対象となる子どもの生活の場で子どもの対応や環境調整について実践的検討を行う。巡回支援専門員の巡回相談では，子どもの発達支援や相談に加え，保護者支援や相談を行う。また支援者支援や施設へのコンサルテーション，機関連携や関係機関につないでいる。（藤林清仁）

065 障害児の家族支援

我が子に障害があることを受け止めることは簡単ではない。出生後早期に障害が発見され告知される可能性が高い障害の場合は赤ちゃんの誕生を喜ぶ間もなく，子育てや生活への不安ばかりが募る。医療的ケアが必要となれば，命を守るための緊張と責任が加わる。一方で，早期に把握されることによって，家族への支援も早期に開始される。在宅生活を送る中で，親を１人ぼっちにさせず，親同士の交流や的確な情報や発達相談，医療と福祉の分野が連携したサポートも大切である。

乳幼児健康診査（健診）や保育所や幼稚園の保育，子育ての中で障害が発見されることが多い，知的障害や自閉スペクトラム症・注意欠如多動症，学習障害などは，家族もかかわりに悩むことが多い。家庭や集団の場において，不適切な行動が目立つと，注意や叱責ばかりになる。特に母親は，自分が責められているようで，つらい子育てとなってしまう。親を励まし，焦らずに子どもの育ちを見守ることができるように，子どもの行動の背景にある障害特性の正確な理解と発達段階の把握ができるサポートが必要である。親だけではなく，きょうだいや祖父母などへも対象を広げた**家族支援***が求められる。（池添　素）

066 発達相談

対象者の年齢を問わず，乳幼児期から青年・成人期に至るまでの生涯を見通して現時点での発達課題を示すことを目的とした相談である。医学的診断や病歴，生育歴，家庭環境など基本的情報を把握した上で，発達検査を実施するなどして，運動発達や理解・表出，自我形成などの発達段階を総合的に判断し，対象者の抱える問題の現状や課題を明らかにする発達診断を行う。その結果に基づいて行われる発達相談には，本人や保護者はもちろん，保育所・幼稚園，児童発達支援などの施設，学校関係者，障害者支援の事業所など所属する集団の担当者が参加し，発達を保障し人生を豊かにするためのサポートについて検討される。たとえば，対象者が集団活動への参加に困難を抱えている場合，行動変容のみに焦点化するのではなく，その背後にあるものを発達診断の結果から導き出すのである。対象者が子どもの場合は，特に保護者の悩みを聞き取ることが重要である。育てにくさ，親子関係の葛藤などのエピソードの中から，子どもの障害を理解することや発達的な視点をもつことを促していく。「できないことをできるようにする」「問題行動を解消する」など狭い問題解決に矮小化されない，生活支援を見通した相談であることから，国や自治体による公的な制度として確立されなければならない。（池添　素）

067 就学相談

就学するにあたって，子どもに適した学校を決める過程で行われる相談であり，教育関係機関が就学先を決定することをさすことが多い。就学相談は，障害の発見，子育て支援，発達相談に始まる相談・支援に連なるものであり，就学後の教育条件や教育内容など就学先を選択する上で必要な情報を得るものである。このため，教育関係機関だけでなく，医療・療育・福祉など地域の関係機関とも連携・協力して進める必要がある。

従来の就学先の決定は，就学基準に該当する障害のある子どもは原則として特別支援学校に就学する仕組みだったため，本人・保護者から批判があり拒否されることも多かったが，2013年学校教育法施行令改正により，障害の状態，本人の教育的ニーズ，本人・保護者の意見，教育学，医学，心理学等専門的見地からの意見，学校や地域の状況等を踏まえた総合的な観点から，就学先を決定する仕組みに改められた。その際，市町村教育委員会は，本人・保護者に対し情報提供をしつつ，本人・保護者の意見を最大限尊重し，本人・保護者と市町村教育委員会，学校等が教育的ニーズと必要な支援・教育内容について，合意を形成し納得を得ることが求められる。

（品川文雄）

第7章

意識の向上

068 障害理解

「否定される命」としての障害者

障害者施策の登場は，どの国でも「納税者（tax payer）」として社会に役立つ存在になるためであり，働けない障害者は「社会のお荷物」として否定されてきた。障害者否定を法律に明確に位置付けたのが優生保護法であり，「不良な子孫の出生の防止」を目的に，強制的な不妊手術も行われたことが，大きな社会問題となった。

「障害者は不幸を作り出すだけ」という思い込みから多くの知的障害者を殺傷した津久井やまゆり園事件，陽性との診断で９割以上のダウン症児が中絶に至る**出生前（着床前）診断***なども，「障害」にまとわりつくマイナスの価値観ゆえの社会問題である。妊娠すると「五体満足であれば」と誰もが願うことも，「内なる**優生思想***」と認識されてきている。

「自立観」「障害者観」の転換

そのような価値観に真正面から出された異議の１つが，1970年代にアメリカで展開された**自立生活（IL）*運動**である。1981年の国際障害者年をはじめとする国連のキャンペーンもあって，「障害者の人権」が確立され，自立観・障害者観の転換が実現していく。

その集大成といえるのが，2006年に採択された障害者権利条約であり，社会モデルの障害者観は各国の法制度を変え，支援のあり方や社会の意識を転換することにもなった。

「４つのバリア」

このような変遷を，日本について整理したのが，1995年12月に総理府（当時）が出した『障害者白書平成７年度版』である。白書では，「障害者を取り巻く４つの『障壁（バリア）』」として，以下の４点を指摘している。これは，2011年の障害者基本法改正で，「障害者の定義（２条）」の中に「**社会的障壁***」として整理された，「事物，制度，慣行，観念」の４項目にも通ずるものである。

すなわち，①物理的な障壁：階段，横断歩道，放置自転車など，②文化情報面の障壁：視覚障害にとっての文字や聴覚障害にとっての音声情報など，③制度上の障壁：「欠格条項」など法律制度上のバリア，④意識上の障壁：差別・偏見に基づく障害者に冷たい社会，という４つのバリアである。

「意識上のバリア」と「４つの障害者観」

この白書では，差別・偏見という「意識上のバリア」をなくすためは，障害者観を変えることが重要だと説き，その変遷を以下のような４段階に整理している。

第１が，「無知と無関心による偏見と差別」の障害者観である。障害者を社会にとって役に立たない迷惑な存在とみなし，この極端な例が津久井やまゆり園事件である。

第２が，「憐れみ・同情」であり，福祉制度もこうした発想から生まれたといえよう。この２つは，質は違っても，障害のない人とある人との間に上下関係が位置付けられている。

第３が，「共生」，ノーマライゼーションの障害者観である。しかし，「対等な存在」と言いながらも，「障害のある人とない人が共に生きる」と，障害者を少数派として特別視する前提があり，「ノーマライゼーションの落とし穴」などとも言われていた。

第４で「障害は個性」という障害者観を挙げている。この言葉は，脳性マヒ者の「青い芝の会」が言い出したとされる。当事者団体と対立することが多かった国の立場で，この言葉を高く評価したことは当時としては驚きでもあった。国際障害者年以降の活動が，大きな成果を上げた一例とみなすこともできよう。

「障害は個性」と「街に慣れる，街が慣れる」

そして白書では，「障害は個性」という障害者観の重要性を次のように説明している。「我々の中には，……歌の上手な人もいれば下手な人もいる。これはそれぞれの個性，持ち味であって，それで世の中の人を２つに分けたりはしない。同じように障害も各人が持っている個性の１つと捉えると，障害のある人とない人といった一つの尺度で世の中を二分する必要はなくなる。……」

しかし，現実には，「障害の有無」と「歌の上手・下手」を同列に論ずることはできない。障害があると，「生まれてくることすらできない」という厳しい現実がある。簡単なことではないが，他の「個性」と同じレベルで「障害」を理解するためには，障害のある人が地域で当たり前に生きる，という状況を積み重ねていくことが重要である。

白書では，次のように締めくくっている。「『街に慣れる，街が慣れる』という味わい深い標語がある。障害者はどんどん街に出て街に慣れる。そのことによって街は，街に住む人々の意識も含め，障害者がいることを当然の前提とした社会になっていく」。この「障害は個性」という言葉は，津久井やまゆり園事件後，新たな注目を浴び，障害者の地域生活を築いていくことの重要性が再確認されている。

「障害理解」のための福祉教育

このような障害理解を促すためにも，幼い頃から「共に生きる」体験の蓄積が重要である。日本福祉教育・ボランティア学習学会の立ち上げに関わり，初代会長を務めた大橋謙策は，国連の障害者の十年が終了する1992年当時，次のように強調していた。

「新しい福祉文化を創造していくためには，これまでの経済効率のみを追求する考え方から，人間性の尊重を基本とした考え方に改めていくことが必要である。そのような新しい生活観・人間観を形成するには，障害者自身が豊かに生きている姿を幼少時から見聞きし，相互の交流，理解を促進するための福祉教育を推進していくことが重要である」

だからこそ，障害のある人とともに学ぶ，遊ぶ，働く，暮らすという，「当たり前の地域生活」を確実に展開していくことが求められる。（石渡和実）

069 心のバリアフリー

1970年代，福祉のまちづくり運動が展開された頃，「ハードなバリア」と「ソフトなバリア」という言葉がセットで議論された。前者は階段などの「物理的な障壁」，後者は差別・偏見という「意識上の障壁（心のバリア）」である。

2000年11月，交通バリアフリー法が施行され，駅のエレベーター・エスカレーターの設置が進んだ。この結果，車椅子だけでなく，ベビーカーやキャリーバッグの利用も増え，ユニバーサル社会の実現がハード面では実現しつつある。

2016年4月，**障害者差別解消法***が施行された。直後の7月26日に，津久井やまゆり園事件という，最大の障害者差別ともいうべき事件が起こってしまった。だからこそ，真摯に差別とは何か，**合理的配慮***の提供とは何かが問われ，さまざまな実践が進展しつつある。ハード面より困難は大きいと考えられるが，障害者差別が解消に向かえば，他の差別解消（心のバリアフリー）にもつながっていくはずである。このような社会の実現を視野に入れ，日々の暮らしの中で思いやりやさりげない支援，法律の「合理的配慮の提供」を心がけていくことが求められる。

（石渡和実）

070 人権教育

人権とは

人権とは「人間が人間らしく生きるために生来持っている権利」（『大辞林（第三版）』2015年）などと定義される。具体的には，人が生存するために不可欠な生命や身体の自由の保障，法の下の平等，衣食住の充足などが含まれている。また，その人らしく生きるために思想や言論の自由，集会・結社の自由，教育を受ける権利，働く権利なども含まれている。

1948年の国連総会において世界人権宣言が採択され，人権保障のための国際的努力が続けられてきた。日本においては憲法第3章で，それら国民の権利と義務を保障している。

2000年に「人権教育及び人権啓発の推進に関する法律（人権教育・啓発

推進法）」が制定され，この法律に基づいて2002年，文部科学省は「人権教育・啓発に関する基本計画」を策定した。時代を担う児童（幼児を含む）生徒が，いじめや暴力，虐待などの人権侵害を受けることがないための取り組みをはかってきたが，今もなお深刻な人権侵害が生じている。

日本民族の均一性を重視しがちな性向や非合理的な因習的意識を打破し，「みんなちがってみんないい（金子みすゞ）」という言葉に示される多様性の尊重が，近年特に求められているといえよう。「共生社会実現」が希求されているにもかかわらず，ヘイトスピーチなどの排外的集団行動も各地で頻発し，民族間の軋轢が生じ，国際問題にもなりかねない状況となっている。

生活保護受給者への人権侵害である「なめんなよジャンパー」事件，津久井やまゆり園障害者殺傷事件，障害者強制不妊手術など，甚だしい人権侵害も次々と起こっている。

人権教育

文部科学省の基本計画では人権教育の現状に関して，「教育活動全体を通じて人権教育が推進されているが，知的理解にとどまり，人権感覚が十分身についていない等，指導法の問題，教職員に人権尊重の理念について十分な認識が必ずしも行きわたっていない」と指摘している。そこで，効果的な教育実践や学習教材について情報収集や調査研究を行い，その成果を提供していくことを明示している（初等中等教育局児童生徒課；2009年）。

また，公共交通機関や司法・警察等の職員に対して，障害者理解を促進するための教育研修も，2020年の東京オリンピック・パラリンピックをめざして行われるようになってきた。しかし，視覚障害者・聴覚障害者・内部障害者などへの配慮は不十分で，ホームからの転落死傷事件が続き，災害時の対応などが手つかずだということは，東日本大震災の障害者死亡数が健常者の２倍にも上ったことからも明らかである。

（東川悦子）

071 マスメディア（報道）と障害

障害者権利条約に記載された「報道機関」の役割

障害者権利条約の８条「意識の向上」では，「障害者に関する社会全体（各家庭を含む）の意識を向上させ，並びに障害者の権利及び尊厳に対する尊重を育成する」ため「すべての報道機関が，この条約の目的に適合するように障害者を描写する」よう奨励している。さらに「あらゆる活動分野における障害者に関する定型化された観念，偏見及び有害な慣行」と戦うこととある。マスメディアの役割は極めて大きいのだが，この点での理解は残念ながら未熟なままである。

メディアはともすると偏見・差別を助長する側になる。障害を忌避する感覚，障害のある人を可哀そうと思う気持ちなど，障害に対する固定観念や偏見などの否定的な意識は社会に厳然として存在するため，社会一般の漠然とした思いを代弁したつもりで意識せずに表現したことが，“定型化された観念”そのものであることも多い。事件との関係が明確でないにもかかわらず，精神科通院歴を報道するなどの例が指摘される。また，マスメディアがマジョリティの関心事を競って扱う反面，障害のある人，マイノリティーに対しては無関心となる。らい予防法，優生保護法といった人権に反した法律が90年代後半まで存続した背景には，メディアが社会に問うてこなかったこともあるだろう。

描かれる対象から発信する当事者に

障害のある人たちは報道の対象としてさまざまに描かれてきた。厳しい現実を訴える場合もあれば，困難を乗り越えて生きる姿を紹介する人間性あふれる場合もある。1978年から毎年夏の特別番組として日本テレビで放送されている「24時間テレビ」は障害に対する人々の理解を深め福祉を前進させるチャリティー番組として大きく貢献してきた。

一方で，車椅子ユーザーでジャーナリストのオーストラリア人女性ステラ・ヤングが，障害がある人が頑張っている姿から“感動をもらう”“励まされる”というパターン化した存在として描かれることに当事者として違和感を訴え「感動ポルノ」という訳語で伝えられた。描かれる対象としても“他のものとの平等”とはどういうことかが問われている。

そういう点からも，取材，制作する発信者として当事者の存在が強く求められる。点字毎日（1922年創刊），目で聴くテレビ（1998年創設。認定NPO法人CS障害者放送通信機構）など当事者向けメディアで活躍する当事者はいるが，今後，一般メディアで障害ある当事者が発信し日常の中で障害ある人たちが活躍する姿が描かれることが重要となってくるだろう。（迫田朋子）

072 障害者施設反対運動

障害のある人の**グループホーム***・通所施設等を開設しようとすると，「障害者は危険だ」「地価が下がる」等として周辺地域住民から反対運動が起こることがある。

精神または知的障害のある人が利用する施設の場合に起こる場合が多い。反対にあった施設側の挫折・葛藤等を含めて施設と地域の緊張状態を「施設コンフリクト」と呼ぶこともある。反対運動は社会福祉施設が始まった当初からあり，件数こそ少なくなったが，全国各地で根強い反対運動が依然として発生しており，実際に建設断念に追い込まれる被害事例も後を絶たない。

反対運動の原因として，特に精神障害・知的障害等に対する社会一般の無知・無理解・偏見・差別意識等が挙げられる。**障害者差別解消法***成立の際，衆参両議院の付帯決議には「グループホーム……等を含む，障害関連施設の認可等に際して周辺住民の同意を求めないことを徹底……住民の理解を得るために積極的な啓発活動を行うこと」と国や行政の責任を明記している。

憲法22条は，居住，移転の自由を基本的人権として何人にも保障しており，これら反対運動は憲法に抵触する人権侵害行為に他ならない。（藤岡　毅）

第8章

アクセシビリティ

073 アクセシビリティ

意味

障害者権利条約は，アクセシビリティ（accessibility）を３条「一般原則」で位置付け，４条「一般的義務」で「締約国は，障害に基づくいかなる差別もなしに，全ての障害者のあらゆる人権，及び基本的自由を完全に実現することを確保し，及び促進することを約束する」とし，９条を設けてその名称を「アクセシビリティ」とした。そこでは，「自立して生活し，及び生活のあらゆる側面に完全に参加することを可能にすることを目的として」「他の者との平等を基礎として」「物理的環境，輸送機関，情報通信（情報通信機器及び情報通信システムを含む)」，並びに公衆に開かれまたは提供される他の施設及びサービスへのアクセスを確保することを規定している。インクルーシブな社会実現に向けて，アクセシビリティは中核的な考え方であり指針である。

ところが「アクセシビリティ」を政府訳は「施設及びサービス等の利用の容易さ」とした。これは訳語として不充分である。アクセシビリティは，建物，交通，製品，情報通信やさまざまなサービスを支障なく利活用できる度合いであり，社会に完全かつ平等に参加・参画するための前提条件である。

さまざまな生活の場にアクセシビリティは保障されなければならない

たとえば，建物，道路，輸送機関その他の屋内外の施設（住居，医療施設や学校，職場，余暇活動の場，駅舎，トイレなど）ではさまざまなバリア（障壁）は撤廃されなければならない。情報や通信（ICT・情報通信技術や緊急時の情報保障など含む）においてもアクセシビリティは確保されなければならない。とりわけICTへのアクセス保障は，障害のある人や高齢者に限らず情報社会といわれる21世紀の人権保障としても重要である。

学校は，輸送機関サービス，校舎，ICTがアクセシブルでなければ，教育を受ける権利（権利条約24条）を行使することができない。働く場がアクセシブルでなければ，労働と雇用の権利（権利条約27条）を享有することができない。職場環境，交通機関と支援サービスの改善が必要である。職場でのコミュニケーションは，手話，点字などアクセシブルでなければならない。

さらに，「政治的及び公的活動への参加（権利条約29条）」「文化的な生活，レクリエーション，余暇及びスポーツへの参加（権利条約30条）」においてもアクセシビリティは必要不可欠なものとして保障されなければならない。

一般的意見第2号　アクセシビリティ

国連障害者権利委員会*は，権利条約の実現をめざし，その推進のため「一般的意見」をまとめている。その第２号（2014年）は「アクセシビリティ」で，次のことを強調している。

「歴史的には，障害者運動において，物理的環境と公共輸送機関への障害のある人のアクセスは，世界人権宣言13条と，市民的及び政治的権利に関する国際規約12条で保障されている，移動の自由の前提条件であると主張されてきた。同様に，情報通信へのアクセスは，世界人権宣言19条と，市民的及び政治的権利に関する国際規約19条第２項で保障されている，意見と表現の自由の前提条件であると考えられている」「アクセシビリティは，障害特有のアクセス権の再確認又は社会的側面と見なされるべきである。権利条約には，アクセシビリティが重要な基本原則（障害のある人による，さまざまな市民的，政治的，経済的，社会的及び文化的権利の効果的かつ平等な享有に不可欠な前提条件）の１つとして盛り込まれている。アクセシビリティは，平等と非差別に照らして検討されなければならない」「障害のある人は，すべての物品，製品及び公衆に開かれ又は提供されるサービスに対し，これらへの効果的かつ平等なアクセスを確保し，障害のある人の尊厳を尊重する方法による，平等なアクセスを持たなければならない」「アクセシビリティ提供の義務は，平等な権利を尊重し，保護し，達成するというこの新たな義務の，不可欠な部分である」「締約国は，国内のアクセシビリティ基準を採択し，公表し，監視する義務がある」

また，障壁（バリア）をなくす点では共通するアクセシビリティと合理的配慮を比較して，多数の障害者のためのものと個別の障害者のためのもの，事前の措置と求められてからの措置，そして必ずやるべきものと過重な負担があれば免除されるもの，と説明した。

（薗部英夫）

074 ユニバーサルデザイン

起源と日本における広がり

アメリカのデザイナーのロナルド・メイス（Mace R 通称：ロン・メイス）によると「すべての人を対象とした製品・建築，空間のデザイン」とされ，これらの人々に対して利用を妨げない普遍的なデザインを指向した「デザイン思想」である。よって，具体的な目標や寸法などを数字で表していないことから，設計指針や規格，法律などにはなじまない。1970年代から1980年代に提唱したとされている。

日本では1995年頃から紹介され，新しいデザイン思想の潮流として急速に広まった。その背景には，後述の「ユニバーサルデザインの７原則」という短いことばでその中身を表現した親しみやすさがあったと考える。使用者の年齢や身体的，精神的能力の違いに対応できるように商品のデザイン段階で考慮すれば，一般商品として広まり，結果的に流通市場が大きくなりコストダウンにつながり，さらにはそれが市場に広がる利点がある。

７原則とその問題点

しかし，ある原則を充たせば別の原則も同時に充たされるというように，ある「原則」は，ある「原則」の上位概念という序列がある。７原則ならば，７つは相互に独立していて関係性をもたないはずが，そうではないことから混乱が生じている。この批判において，原則１「誰にでも公平に利用できること」がすべてを説明していて，これが本質ではないかという考えがある。すなわち残りの６つは，そのためにすべきことが書かれているが，序列がある，そして中には特定の障害者を連想するなどが指摘できる。

結局その７原則をまとめると，物（空間）を設計・製作，そして使用するにあたって，

①誰もが公平な使用ができるものであること（本質，前提条件）

そのためには

②個人の好みや能力に応じて使えること（ユーザビリティの向上）

③たとえ使用法を間違っても安全なこと（安全の原則），となる。

とはいえ，下位概念の２．３．は20世紀における工業の近代化の過程で発展した生産工学や人間工学分野で確立した古典的原則論にすぎない。

また「バリアフリー（・デザイン）」との違いについて，「バリアフリー」は特定のユーザーのための特化したデザインであり，ユニバーサルデザインは上位包括的であり優れているとされた。この考えは今日でも多くの者が認識している。

しかし1950年代に提唱された「バリアフリー」の起源を知れば，これ自体も普遍的なデザインを求めていることがわかる。日比野正己は，これについて『バリアフリー・デザインを「障害者など特定のデザインである」と歪曲するなら礼を失する』と強く批判している。

理念と現実の狭間で

しかし現実には設計者やデザイナーは理念的な性能規定よりも，どういうものをどのような仕様や寸法で作ればよいのか，という具体的な仕様規定に関心がある。仕様規定はマニュアル化であり，結果として特定の人のデザインになってしまうことへのアンチテーゼであったはずである。しかしその結果「理念」だけでは設計できない，設計者の要求に応えられていないというジレンマに相互が陥っている。

（八藤後猛）

075 バリアフリー法

法概説

目的には，高齢者や障害のある人の自立と積極的な社会参加をうたっている。

「高齢者，障害者等の移動等の円滑化の促進に関する法律」（バリアフリー法）（2006施行）は，高齢者，障害者等の移動及び建築物等の施設の円滑な利用のために，旅客施設，建築物等の構造及び設備の基準の策定を求めたものである。具体的には，建築物以外にも，道路，旅客施設である鉄道やバス，空港施設とそれらの車両，航空機等の構造・設備，さらに都市内の駐車場，都市公園など対象は幅広い。

市町村が定める重点整備地区において，計画段階から高齢者，障害者等の利用当事者の参加を得ることなどが盛り込まれている。自治体が主体になることが特徴である。

この法は，前身である「高齢者，身体障害者等が円滑に利用できる特定建築物の建築の促進に関する法律」（ハートビル法）（1994施行）から対象建築物の範囲を広げた改正法であり，実質的にはハートビル法が日本で初めて建築物を規定した全国統一基準としての法律となる。

法制定までの経緯

建築物等へのバリアフリー化は1960年代からの当事者主体の運動の成果として1973年から厚生省（当時）が「身体障害者福祉モデル都市事業」を制度化した。これは「福祉環境整備基準」のように，自治体ごとに福祉環境整備指針を策定し，指定した事業に対する補助金交付を中心施策としたものであった。この制度は事業名を変えながらも，ハートビル法制定直前の1993年まで20年間続いた。

所管官庁は厚生省（当時）であり，福祉のまちづくりは福祉施策として位置付けられていた。経年的な特徴は，当初は対象を車椅子使用者等を中核とした「身体障害者」であり，対象となる都市規模も人口20万人以上と大都市であった。福祉環境整備基準は，東京都町田市における「ハンディキャップを持つ人のための施設整備基準」（1974）をはじめとして，東京都，横浜市，京都市，神戸市などの大都市で作られ，この内容はその後続く自治体へ大きな影響を及ぼした。

その後，対象物も施設へのアクセスから道路，公共交通機関へと拡大し，視覚障害のある人へと対象者も広がっていった。

条例化の動き

その間，「神戸市民の福祉をまもる条例」（1977）において，神戸市がこれを初めて条例化した。そして1990年，神奈川県が県建築安全条例において，建築物への制限を付加した。これは建築基準としての強制力があったことから，ハートビル法に向けた法制定へ大きな役割を果たしたと考えられる。

（八藤後猛）

076 共用品

日本で，共用品（障害の有無や年齢の高低等に関わりなく共に使える製品・サービス）という言葉が生まれたのは1991年４月６日。職種，年齢等が異なるメンバー20名が，共用品の普及を目的に集まり，市民団体E&C（Enjoyment & Creation）プロジェクトを立ち上げた第１回の会合から「共用品」が使われ始めた。E&Cは，視覚に障害のある人たちの不便さを定性及び定量調査し，抽出された課題分野ごとに班を作り，解決策を検討した。プリペイドカードを触ってその種類を識別するための規格は，1996年に「JISX6310プリペイドカード一般通則」となり，共用品の日本産業規格（JIS）第１号となった。その後は，共用品の範囲を他の障害並びに高齢者等へと広げ，E&Cは作業量の増加に伴い1999年４月，発展的に解消，財団法人共用品推進機構として再スタートを切った。財団は国際標準化機構（ISO）と連携し，共用品関連のJISを国際規格にする役目を担っている。共用品の国際ガイドは2001年に日本提案で制定され，その時「共用品」は「アクセシブルデザイン」と英訳された。2022年３月現在JISは43，国際規格は18制定されている。共用品の市場規模は2021年度３兆283億円と推計され，調査開始時1995年度から約６倍の伸びになっている。（星川安之）

077 アクセシブルミーティング（AM）

2014年，国際標準化機構（ISO）は，日本から提案された「アクセシブルミーティング（AM）」を，国際規格として発効した。同規格ではAMを「高齢者及び障害のある人々が会議に参加できるように，支援者，支援機器などを配置及び活用して，安全かつ円滑に運営する会議」と定義している。基になった規格は，2010年に発効された同名の日本産業規格（JIS）である。当事者の声を聞かずに製品を作ったために不具合が生じ，後から莫大な費用をかけ修正するといった例は，過去に多く見受けられた。新たに製品・サービスを作る際，また改良する際など，企画段階から障害のある人たちが参加し，ニーズや身体特性を知ることで，多くの不具合は回避できる。幅広い利用者のニーズや身体特性を知る方法の１つとして，AMを実施することは有効である。AMとは，①障害のある人が理解できる仕様の案内文，②アクセス可能な会場，③使用する資料のアクセシビリティ化，④会議中，参加者に発言者の話が伝わる工夫，⑤誰もが意見を伝えられる工夫，といった要素が整った会議のことである。この規格は，規格を作成する会議を念頭に置いて作られているが，さまざまな機関の会議にも応用することができる。

（星川安之）

078 バリアフリートイレ（多機能トイレ）

歴史と背景

1973年に厚生省（当時）による「身体障害者福祉モデル都市事業」により普及した。当時の名称は「身障（者）用トイレ」「車椅子トイレ」と呼ばれていた。1990年代半ば以降から，利用者を特化しない「だれでもトイレ」「ユニバーサルトイレ」といった表記がされた。その後2003年度国交省「高齢者，障害者等の円滑な移動等に配慮した建築設計標準」の表記による「多機能トイレ」が一般名称となった。2020年度国交省は多機能トイレの適正利用という名の下で「高齢者障害者等用便房（バリアフリートイレ）」と改称した。

現在の国交省建築設計標準における内法寸法は200cm × 200cmと1980年代以降変わっていない。設備配置は，2010年度の建築標準設計において確立された。

問題点と多機能トイレの今後

公共交通機関のバリアフリー整備が進んだ2007年頃を境に，ベビーカー使用者等による多機能トイレ利用者数が急増したため，車椅子使用者等との間で問題となった。今日では，性同一性障害のような少数者，気持ちを落ち着かせるために長時間滞在する人の利用など，利用者がより多様化し，軋轢が顕在化した。

これを受けて国交省は2021年３月名称をバリアフリートイレと改称し，なるべく利用を控えるよう呼びかけた。しかしこれにより再び排除される人が出てくるといった「後退」への反発もある。（八藤後猛）

079 サイトライン

2020東京オリンピック・パラリンピック開催が決定した2013年９月を契機として，2015年７月，国交省「高齢者，障害者等の円滑な移動等に配慮した建築設計標準」において『劇場，競技場等の客席・観覧席を有する施設に関する追補版』に記載された。これは，米国法では当初からあった劇場，競技場の客席からの視線確保を規定したものである。

利用者は単に施設にアクセスできればいいというものではなく，観客らが立ち上がっても，なお視線（サイトライン）が確保されるよう規定したものである（図）。（八藤後猛）

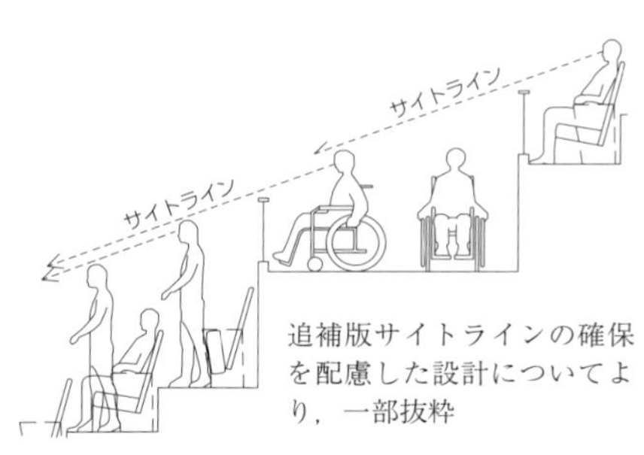

図　サイトライン

080 国際パラリンピック委員会アクセシビリティガイド

開催都市がインクルーシブな大会を実施するために準備すべき施設やサービスに関して委員会がその理念を示し，技術的なガイドラインを提示したものである。開催国にこれを強制するのではなく，国情や文化に照らし合わせて独自のデザインを創造することを求めている。

しかしこれを実質的な国際基準とすると，日本の設計標準との顕著な違いは，全体に設定寸法が一回り大きいことである。とくに宿泊施設の客室やトイレスペースと水回りの設備面では，対応が求められた。そこで国交省は2019年3月に「ホテル又は旅館における高齢者・障害者等の円滑な移動に配慮した建築設計標準 補追版」によって客室基準を見直した。　（八藤後猛）

第9章

交通・移動

081 移動権と福祉のまちづくり

背景

日本の「福祉のまちづくり」の原点は，東京オリンピック・パラリンピック（1964）に遡る。1960年代，車椅子使用者は生涯にわたって病院か施設で生活することが普通であった。しかし外国の選手たちは普通に地域で暮らしていて，社会環境が「障害」をもたらしているという認識の下，移動権獲得という目標が明確化した。1973年に仙台市で開かれた「第一回車いす市民全国集会」は，その後の福祉のまちづくり運動への一石を投じた。こうした移動権に関する活動は1970年代には全国各地で起こり，乗車拒否をされたことを発端とした川崎駅前バス占拠（1977）のような抗議行動が各地で見られた。

移動権の確立

移動権に影響を及ぼしたのが国連欧州会議（1958）であり，「建築的障壁が障害者の行動を著しく阻害していることを共有認識とする」ことが採択され，バリアフリーデザインを実践していく必要性が確認された。

こうした「移動権」の概念は「国際障害者年行動計画」(国連1979年決議)において，建築によるノーマライゼーションの実現が明確化され，日本においても「バリアフリー」という用語とともに「移動権」という概念が知れ渡った。

その後1980年代には「移動権」は単に利便性追求ではなく，地域で生活する，教育を受ける，就労するといった基本的な権利を行使する最低限必要な社会基盤と考えられるようになった。

理念と現実とのギャップ：特に技術面において

しかし当時は技術的に，既設鉄道駅のエレベーター設置は不可能と考えられていた。そこで障害者の移動は，代替する手段や経済的支援策等が実施され，身体障害者の運賃割引，シルバーパス（老人無料パス），車椅子単独乗車の追認（1973），盲導犬の持ち込み許可（1973）などが実施されたにすぎない。

行政では，交通弱者対策運輸政策審議会（1981）が，移動権確保のための公共交通のあり方を考える大きな一歩となった。とはいえ，1982年に始まった障害者専用列車「ひまわり号」の存在は，当時であっても特別仕立ての団体専用列車以外，障害者が鉄道を利用すること自体相当な困難であったことを物語っている。真の移動権確保はその後「ハートビル法」（1994施行），交通バリアフリー法（2000）制定までの二十余年にもわたり棚上げされてきた。

なお，視覚障害者に関しては「移動権」という概念より，頻繁に起こっていたホーム転落事故のように，日常生活の安全が脅かされているという認識の下「生活権」や「人権」といったより上位概念で運動が進められた。

（八藤後猛）

082 知的，発達，精神障害者の移動と公共交通

環境整備に関する法律の対象者拡大

ハートビル法（1994）における対象者は高齢者・身体障害者等とされていたが，改正された**バリアフリー法***（2006施行）では，対象者は高齢者・障害者等となり，知的障害者，精神障害者，発達障害者を含む，すべての障害者を対象とすることが初めて明示された。

これを受けて国交省はこれらの人々について，その障害の状況や行動特性の把握と課題抽出により，公共交通機関や建築物，道路，公園等における施設整備や人的対応の検討に着手した。ヒアリング調査などから「知的障害者，精神障害者，発達障害者に対応したバリアフリー化施策に係る調査研究検討委員会報告」（2008年３月）において，公共交通等におけるまちづくりへの具体的なニーズが掘り起こされた。

公共交通等まちづくりの技術的指針

これをきっかけに，調査から把握した主な心理や行動の傾向は，交通事業者等に広く周知されることになった。また，この結果をもとに国交省では「知的障害，発達障害，精神障害のある人のための施設整備のポイント」が好事例とともに出された。一例を表に示す。

当初，こうした人々への特別な対応が求められると考えられていた。わか

表　施設整備のポイント（例）

主な心理や行動の傾向	対応する施設整備のポイント
周囲への確認が十分できない，あるいは興味があるものへ反応して急に飛び出し，車の通行に敏感に反応する	・歩行者と車の動線を交差しない ・歩道と車道を植樹帯や柵等で分離
歩道を通行する自転車に驚いてパニック，接触	・自転車通行部分と歩道の区分

暗いと不安になる	・十分な明るさを確保する
広い空間で自分のいる位置や目的場所の特定，さらに進行方法を認知することが難しい	・照明を進行方向に合わせて設置 ・視覚障害者誘導用ブロックを，よりどころとして歩け，不安が軽減する ・歩道のない道路の歩行領域を色により明確にする ・連続した明快で簡潔な動線や，わかりやすい空間構成 ・便所の男女別の配置を統一
閉鎖的な空間が苦手	・エレベーターの出入口の戸へのガラス窓の設置
音などに過敏で，大きな音でパニックになって急に飛び出す	・駅プラットホームにおける転落防止ホームドアの設置

ったことは既知の技術以外に特別に新たにやらなければならない設計方法は1つもないということである。こうした人々への配慮設計を進めていくことは，すべての人々への利便と安全，安心につながることがわかった。

（八藤後猛）

083 移動支援

障害者の外出介助を行ういわゆるガイドヘルパー制度である。公的サービスとしての外出介助には，障害者総合支援法に基づく，国が行う介護給付の同行援護（視覚障害者用），行動援護（行動に著しい困難のある知的・精神障害者用）と市町村自治体が行う地域生活支援事業の移動支援がある。国事業は，全国一律の支給基準（対象者や介助内容等）があり，報酬単価（支援費）も同額である。しかし，市町村事業は，自治体が支給基準も報酬単価も独自に決めているため，地域間格差が非常に大きい。

また，これらの外出サービスの目的は「社会生活上必要不可欠な外出，社会参加のための外出」となっており，「通勤，営業活動等の経済活動に係る外出，通年かつ長期にわたる外出及び社会通念上適当でない外出を除く」とする規定があるため，通学や通勤に利用できないという問題がある。近年では，通学時の利用を認める動きが広がっているが，通勤時の利用はほとんど認められていない。障害団体は，障害者の生活に関わるすべての社会参加を認めること，また利用時間の制限・抑制をしないよう求めている。

公的なガイドヘルパー派遣制度は，視覚障害者の要求運動が契機となり，1974年に制度化されたのが始まりである。

（家平　悟）

084 身体障害者補助犬（盲導犬，介助犬，聴導犬）

身体障害者補助犬（以下，補助犬）

は，盲導犬（視覚障害者の安全で快適な歩行をサポート）・介助犬（肢体不自由者の日常生活動作をサポート）・聴導犬（聴覚障害者に必要な音を教え音源へ誘導）の３種の総称である。補助犬は，2002年５月に成立した身体障害者補助犬法に定められた言葉で，法の目的は「良質な補助犬の育成，補助犬使用者の施設利用の円滑化をもって，身体障害者の自立及び社会参加の促進に寄与すること」にある。この法律の柱は，①良質な身体障害者補助犬の育成（訓練事業者に対して），②アクセスの保障（社会に対して）であり，国が定めた指定法人で認定を受けたペアのみ社会参加が認められる。また，補助犬使用者は，認定証・健康管理手帳の携帯，補助犬の衛生・行動管理が義務化されている。身体障害者補助犬育成事業は，2006年から障害者自立支援法における都道府県地域生活支援事業のメニュー事業の１つとして位置付けられ，2016年からは身体障害者補助犬育成促進事業に拡大。地域における理解促進，良質な補助犬の充実をはかることにより，補助犬ユーザーの社会参加がより一層促進されることを目的としている。　（橋爪智子）

085 視覚障害者誘導用ブロック

誕生から普及へ

通称「点字ブロック」という名称で社会にも定着しているが，この名称は「一般財団法人安全交通試験研究センター」の商標である。したがって，現在では国交省の表記による「視覚障害者誘導用ブロック」，もしくは省略して「誘導ブロック」が一般名称として使用される。

三宅精一（1926 ～ 1982）により考案され，1967年３月岡山県立岡山盲学校付近の国道に初めて敷設された。鉄道駅プラットホームへの敷設は，1970年国鉄（当時）阪和線我孫子駅である。

1973年，国鉄山手線高田馬場駅において視覚障害をもつ上野孝司さんのホーム転落死亡事故がきっかけとなり，誘導ブロックは社会的に強い関心がもたれるようになった。この事故では，盲人用にすでに一部の駅では普及していた「点字ブロック」をはじめとした，転落防止策をとらなかった責任が国鉄にあるとして損害賠償を求めた。裁判は1985年に和解したが，これをきっかけとしてJRや私鉄各社にも急速に広がった。

規格乱立と利用者の戸惑い

急激に普及したため，さまざまな種類形状のブロックの出現と，ホーム端からの敷設距離さえ統一されず，極めて危険な状態であった。そこで2001年，日本産業規格（JIS T9251－2001規格）において，大きさ30センチメートル四方以上のもの，形状は，①警告ブロックとして（点状突起高さ5mm，25個以上）と，②誘導ブロック（４本以上の線状突起）が規定された。

日本発の誘導ブロックは，国際標準化機構（ISO）において2012年にJIS規格相当の①警告ブロックと，②誘導ブロックの２種が採用され，世界標準になっている。

問題点

普及後間もない1970年代から，すでに道路敷設において歩行困難者や車椅子使用者から，転倒の危険や道路走行がしにくいなどの声が上がった。この事実は，多くの人々のニーズに応える困難さの典型例としてよく引用される。

色彩は，開発当初から弱視者にも配慮して黄色が基本色であった。しかし1980年代初頭から，建築物のデザインや都市景観を損ねると建築設計者や都市プランナー，特に観光地から指摘された。このような背景から，黄色以外の歩道周囲の景観に合わせたグレーや茶色，さらに突起を金属プレートとしたものが広まり始めた。しかし機能が十分発揮できない，このような設備が必要な人がいる事実を社会から隠蔽するといった理由から，視覚障害者当事者団体には強く反発する声もある。

今後

2016年８月に，東京メトロ銀座線青山一丁目駅で，盲導犬と歩いていた男性がホームから転落死亡した事故において，1970年代のホーム上の事故とは異なった視点による衝撃が社会に広がった。ホームドアの設置がなければこの種の事故はなくならないといった見解が主流となってきた。誕生から50年を経て，誘導ブロックの限界を示したものといえよう。　（八藤後猛）

086 移動用機器と公共交通

2000年代から高齢者人口の増加とともに「ハンドル形電動車椅子」使用者が急増した。しかし，当初国交省のガイドラインにおいて想定されていないため，鉄道利用においてしばしば乗車拒否があり，問題となっていた。

そこで国交省では2009年３月より人的要件として，介護保険制度により利用が必要と判定されている者に対象者を限定して利用を認めた。さらに2012年１月には車椅子自体も，大きさ等の制限に適合することを示すステッカーが貼られている場合の乗車が認められた。

とはいえその後も規格外の車椅子使用者や，特に在日外国人，外国人旅行者はこの要件をそもそも充たすことができず，乗車拒否トラブルは絶えなかった。

そこで国交省は2018年４月に，使用者の人的要件並びにステッカー要件を撤廃し，大きさも大幅に緩和して多くのハンドル形電動車椅子利用者が鉄道を利用できるようにした。この背景には，2020年の東京オリンピック・パラリンピックに向けた対応が求められたことがある。

しかし，リクライニングの大きい電動車椅子やストレッチャー型車椅子は，ハンドル形電動車椅子ではないという理由で拒否される可能性があり，課題を残している。これについて国交省は，**障害者差別解消法***の観点からも各鉄道事業者に対応を求めている。

（八藤後猛）

087 精神障害者の運賃割引制度

障害者手帳*による鉄道やバス等の公共交通機関の運賃割引制度は各交通事業者の身体，知的障害者旅客運賃割引規則により定められているが，ほとんどの事業者は精神障害者を対象としていない。当事者や家族の団体等は長年，運賃の負担が精神障害者の社会参加を阻んできたとして他障害と同水準の運賃割引を求めてきたが，西日本鉄道株式会社（本社：福岡市）が，民間鉄道大手16社で初の精神障害者向け運賃割引を2017年４月より実施した。団体等は国の対応も求めつつ，引き続き民間最大手のJRをはじめ未実施の事業者への働きかけを強めている。

（吉田早希）

088 障害者の自動車運転

道路交通法では，障害や疾病の有無による区別はなく，一律の自動車運転免許制度である。しかし，法の運用では，安全な車両運行が行える状態の範囲が厳密に定められている。身体に障害のある人については，免許種別，車種，構造，補装具の使用などの条件付き適格が明確となっていた一方で，精神疾患や知的障害のある人は一律に運転欠格（絶対的欠格事由）とされてきた。2002年の道路交通法改正でこの制度が廃止され，障害や病気があっても個々人の状態によって運転免許の交付が判断されるようになった（相対的欠格事由）。

2011年に栃木県で発生した児童６人が死亡したクレーン車事故をきっかけに，2014年に改正道路交通法が施行され，運転に支障が生じる症状の自己申告が義務化（罰則化）となった。同じく自動車運転死傷処罰法の施行により，運転に支障のある状態であることを承知で運転をして，重大事故を起こした人への刑事罰が定められた。これらの法の運用では，統合失調症，てんかん，再発性失神，低血糖症，双極性障害，睡眠障害などが対象として明記され，障害や病気への誤解と偏見を助長することが課題である。また，医薬品の添付文書で自動車運転等に注意喚起をしている薬剤を服用する人については，主治医等の指導を前提として，全面禁止とはなっていない。

（田所裕二）

089 介護タクシー，福祉タクシー

国交省には２つの福祉タクシーの定義がある。１つは一般タクシー事業者が，車椅子が乗るような福祉自動車を使用して行う運送事業と，もう１つは車両が福祉自動車ではないが，障害者等の運送に業務を限定して許可したタクシー事業者が行う運送のことをいう。

以下に，時代の変化に沿ったタクシーなどの主要な変化を示しておく。

タクシー券：1970年代には，一般タクシーを利用して，多くの自治体で

比較的重度の障害者の移動支援としてタクシー券を支給する制度が普及していった。

介護タクシー：2000年から介護保険を使った介護タクシーサービス（通院，検診，リハビリ，日常生活に必要な買い物，預貯金の入出金，選挙など）が始まり，予約して利用するリフト付きバンタイプが運行されてきた。

福祉有償運送：2006年からは道路運送法79条によるタクシーの半額程度，１種免許で運転することが可能なNPO法人の運行する福祉有償運送が制度化され，全国で運行されるようになった。

UD（ユニバーサルデザイン）タクシー：2012年優れたUDタクシーについて国が認定を行う制度が創設された。その後オリンピック・パラリンピックの準備で開発されたトヨタや日産のUDタクシーが車椅子使用者に利用可能となった。なお乗務員研修などの課題も指摘されている。　（秋山哲男）

090 スペシャル・トランスポート・サービス（STS）

日本では道路運送法79条で承認された福祉有償運送（主としてNPO法人の運行），同法４条の介護タクシー（介護専用のリフト付きバン），施設送迎（移動困難な人を対象とした障害者・高齢者施設の送迎）の３つがある。

米国には，**障害をもつアメリカ人法***（ADA，1990年）に定義された移動困難な障害者を対象とし，公共交通の運賃の２倍を超えない範囲で利用できるパラトランジットがある。これはADAの規定で利用資格がある人が使えるもので，公的財源で運行されているUD（ユニバーサルデザイン）タクシー，リフト付き車両等である。　（秋山哲男）

091 ノンステップバス

道路からバス床面まで数段の大きな段差があるバスに対して，この床面を下げたバスの総称。1980年代に欧州で生まれ，その後，日本で床の高さ35cmのバスが1997年に初めて運行された。国交省は2000年の交通バリアフリー法で低床バス（床面高さ65cm以下）の導入を義務付け，2010年までに，バス総車両数の20～25％を目標とし，2010年27.9％を達成し，2018年時点において58.8％となっている。さらに，安全性及び利便性の高い標準仕様ノンステップバスの認定制度を創設し，2014年から開始した。東京都交通局は1999年度から更新するすべての車両をノンステップバスとして，2012年度末にすべての都営バスのノンステップバス化が完了した。

（秋山哲男）

092 サイン計画

多くの路線が入り組んでいる交通拠点駅において，視覚障害者（色覚障害者を含む），知的障害者のみならず，高齢者をはじめとした多くの人々が表示のわかりにくさを指摘していた。この解決のために1990年代頃からだれもがわかりやすいサイン計画の研究が進んだ。これらの成果をまとめた，「見やすくわかりやすい交通拠点のサイン計画の手引き」（交通エコロジー・モビリティ財団　2009年３月）が作成され，次のようなガイドラインを提示している。

- サインそのもの：パネルの大きさ，色彩計画の留意点，文字書体，文字の大きさ，多言語化にあたっての留意事項
- サイン設置場所：通行者の視線と設置高さ，誘導サインにおける矢印デザインと適切な誘導のための設置場所
- サイン配置計画：駅入り口から目的ホームまで，もしくはホームから別ホームへの乗り換えのために，これらのサインをどのように分散するか，もしくは集中させるか

これによって，鉄道各社のサイン計画の改善，統一は2010年頃から急速に進んだ。

同様に2010年頃から「音サイン」という概念も発展している。音色や方向などによって，人々を誘導したりホーム上の階段位置等の場所を知らせるなど，実用化されている。（八藤後猛）

093 歩行空間ネットワークデータ

歩行空間ネットワークは，「地図データ」や「施設データ」及び「公共交通ネットワークデータ」などの情報を活用し，連携することで，障害者や高齢者まで幅広い人々の，身体状況や移動手段及びニーズに応じたシームレスな屋内外移動を支援する。

車椅子利用者のバリアや視覚障害者の利便性が高い情報として，段差・幅員・階段，歩道の有無や片斜面，車椅子が使用できる駐車場，ガードレール，舗装の種類，交通量をはじめ，視覚障害者誘導用ブロック，信号，音響サインなどのランドマークなどを含む。（村山慎二郎）

第10章

情報とコミュニケーション

094 意思疎通（支援）（障害者総合支援法）

意思疎通とは

障害の有無に関わらず，人が人として生きるためには，「意思疎通」が必要不可欠である。「意思疎通」とは，情報を一方的に流すことではない。自分の言いたいことを言えること。そして，相手の言うことを聞けること。その上で，お互いの相互理解を図ることである。

障害者権利条約

障害者権利条約では，意思疎通（communication）を「言語，文字の表示，点字，触覚を使った意思疎通，拡大文字，利用しやすいマルチメディア並びに筆記，音声，平易な言葉，朗読その他の補助的及び代替的な意思疎通の形態，手段及び様式（利用しやすい情報通信機器を含む）」（2条　定義）としている。

障害者基本法

2011年に改正された障害者基本法では，「全て障害者は，可能な限り，言語（手話を含む）その他の意思疎通のための手段についての選択の機会が確保されるとともに，情報の取得又は利用のための手段についての選択の機会の拡大が図られること」（3条）が明記された。

障害者総合支援法*

障害者自立支援法*では，「コミュニケーション事業」として，聴覚障害者に手話通訳や要約筆記を行うこととされていたが，2013年に障害者総合支援法が施行され，「コミュニケーション事業」から「意思疎通支援事業」（図1）となった。

意思疎通の支援の内容は，手話通訳や要約筆記に限らず，盲ろう者に対する触手話や指点字，視覚障害者に対する代読や代筆，身体障害者へのコミュニケーションボードや失語症者への会話支援なども含まれるようになった。また，知的障害や発達障害のある人への意思疎通支援も取り組みが広がりつ

図1　意思疎通支援事業の支援者養成と派遣の概要（厚生労働省）

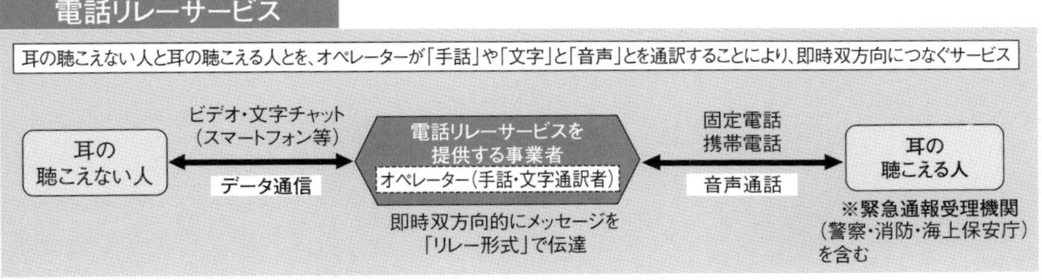

図2　遠隔手話通訳サービス及び電話リレーサービス

つある。

意思疎通支援の現状と課題

市町村で手話通訳者，要約筆記者の派遣事業が必須事業となったものの利用対象者や派遣される手話通訳者の資格等が明確になっておらず，地域格差が大きくなっている。

2020年，新型コロナウイルスの発生により，手話通訳者等の同行が困難な状況があるため，遠隔手話サービスや電話リレーサービスを利用した聴覚障害者の意思疎通支援体制の強化事業が実施された（**図2**）。タブレットやスマートフォンを通じて，遠隔手話を行うことができるサービスを提供することを目的に，聴覚障害者情報提供施設や民間企業がサービスを提供することとし，補助率は定額とされている。2020年６月には，「聴覚障害者等による電話の利用の円滑化に関する法律」

が成立した。コロナ禍の中，聴覚障害者が健聴者と等しく情報を得るためにも事業の充実が望まれるが，多くの課題も残されている。まず，事業を担う人材確保と質の担保，手話言語を音声言語や書記日本語に置き換えるだけでは解決できない場合の対応，民間企業が参入することにより，事業が拡大する一方で公的責任の後退が懸念されること，などである。

障害のある人もない人も同じように意思疎通を行うために，基礎的な環境整備と共に，個々のニーズに応じた合理的配慮を行う必要がある。単にツールの開発や人材を派遣することではない。日々のテレビや新聞，インターネットで配信される情報や音声として流れる情報すべてが提供され，知る権利が保障されること。その上で，取捨選択できる環境づくりが求められている。（佐々木良子）

095 情報アクセシビリティ

情報アクセシビリティの意義

アクセス（access）の語源はラテン語で「接近」の意味である。英語では，場所や物へ近づく，接近する状態をいい，**アクセシビリティ***はアクセスできるための利活用，参加・参画を意味する。「情報アクセシビリティ」は「新聞の情報を知りたい」「手話や**要約筆記***，字幕が必要だ」など視覚や聴覚障害のある人々の切実な要求に基づく長年の運動により実質化されてきた。また，21世紀とともに急速に発展，普及したパソコンやインターネットなどICT（情報通信技術）によって，「情報アクセシビリティ」は，現代の新しい人権として位置付けられている。

ICTの発展，普及

障害者にとってパソコンやインターネットは有益な道具である。しかし，「手が不自由なためキーボードやマウスが使えない」「画面情報を音声で聞きたい」「何をどうしたらいいかわからない」など，その操作や習得には障害を理由としたさまざまなバリアがある。

しかし，パソコンの画面上のデータを読み上げる音声合成装置によって，一般企業で働く視覚障害者がいる。電子メールは，検索した情報は音声で聞け，必要があれば**点字***に変換できる。在宅でICTを利活用しながら働く肢体不自由の人もいる。一方，重度で寝たきり状態の障害者も必要な支援によって，当事者しか体験できない貴重な情報を自身のホームページやSNSで社会に発信する。重症児の母親がホームページをつくり，子育て体験情報を発信するなど，同じ悩みや特別なニーズをもった人たちの積極的な取り組みもある。携帯電話やスマートフォンでのICT活用も定着している。メール機能は，聴覚障害者同士や聴者と聴覚障害者とのコミュニケーションの道具ともなる。

世界と日本の動き

「障害者の機会均等化に関する基準規則」（国連決議，1993年）は，「政府は社会のすべての領域での機会均等化の過程でアクセシビリティの総合的な重要性を認識すべきである」「どのような種別の障害を持つ人に対しても，政府は，（中略）情報とコミュニケーションを提供するための方策を開始すべきである」とし，「アクセシビリティ」が強調され，障害者権利条約に結実した。権利条約では９条「アクセシビリティ」で，情報・通信のアクセシビリティを位置付けるとともに，21条「表現及び意見の自由並びに情報の利用の機会」で，障害者には他の市民と平等に，自ら選択した意思疎通の形態での，表現及び意見の自由の権利があるとした。この権利には情報を求め，受け，伝える権利が含まれるとし，そのために必要な措置を締約国に求めている。

その措置には，一般向けの情報を利用しやすい様式と機器で，適時に追加費用なしで提供すること，公的な活動において手話言語・点字その他の手段を使いやすくすること，国としてマスメディアや民間団体に，インターネットを含め障害者が利用可能な情報サービスを提供するよう要請すること，等が含まれる。

日本は，郵政省電気通信審議会で「情報アクセス，情報発信は新たな基本的人権」と明快に打ち出し（1995），「IT 基本法（2000）」において，デジタルデバイド（情報格差）の是正を規定した。その後，障害者基本法改正（2011）において，「22条　障害者が利用しやすい電子計算機及びその関連装置その他情報通信機器の普及，電気通信及び放送の役務の利用に関する障害者の利便の増進，障害者に対して情報を提供する施設の整備，障害者の意思疎通を仲介する者の養成及び派遣等が図られるよう必要な施策を講じなければならない」とした。障害の種別や程度によらずICTを利活用して，社会参加と真に豊かで自立した生活が可能になるための現代の人権と位置付けたのである。

課題

ラジオ，テレビ，衛星放送，携帯電話・スマートフォン，固定電話，ATM 端末，映画，ビデオ，コンピューター，タブレット，ネットワークハードウェア及びソフトウェア等は，さまざまな情報アクセス技術を網羅しているが，それらが障害のある人に十分届いていない。たとえば，字幕放送は普及しつつあるが，解説放送や手話言語放送は普及していない。国会中継や政見放送における手話・字幕も不充分であり，災害発生時の緊急速報も課題である。また，点字や手話言語，要約筆記など情報や意思疎通のための制度も進んではきているものの，必要な支援と比べてはるかに不足している。

誰もが必要な情報に接し，情報を発表したり，交流することができる権利は，知的障害のある人々を含め，すべての人たちに保障されなければならない。通信機器や操作方法も障害者に使いやすいものは誰もが使いやすいものである。そのため開発段階からの障害者の参画が求められる。

権利条約の実現に向けては，情報アクセシビリティ分野での強制力のある法制度の確立，利活用のためのリテラシー教育や支援者・開発者の育成も必要である。　（薗部英夫）

096 ウェブアクセシビリティ

インターネットサービスを通して，高齢者や障害者など心身の機能に制約のある人でも，年齢的・身体的条件にかかわらず，誰もが提供されている情報にアクセスでき，その情報を利用できること。

2004年6月，日本工業規格（JIS，現，日本産業規格）でウェブアクセシビリティに関する規格ができた。ウェブページ（ホームページ）により情報提供しようとする場合，この規格に沿ってウェブページを作成することにより，誰もがアクセスできる（アクセシブルな）ページとなる。たとえば，規格に沿ったページであれば，スクリーンリーダーを利用することで情報を適切に読み上げることができ，キーボードのみ，あるいはマウスのみの操作でも閲覧することができるといったように，特殊なページを必要としないユニバーサルな環境となり，災害時などでの迅速で効果的な情報発信につながるはずである。

総務省では国及び地方公共団体等の公的機関に対して，規格に対応したウェブページの作成を支援するため「みんなの公共サイト運用ガイドライン」を策定している。これは障害者差別解消法への対応（事前的改善措置として計画的に取り組み，検証手段としてユーザー評価を導入する等）として2016年に改定された。インターネットなどの情報通信分野は，新たなサービスが時々刻々と生まれていることから，規格やアクセシビリティ・ガイドライン等は数年単位での改定が求められている。そして情報提供者は規格やガイドラインを遵守し，アクセシブルな情報発信に努めなければならない。

（伊藤英一）

097 放送のバリアフリー

テレビにおける情報保障の取り組み

半世紀以上にわたって国民の情報源として利用されてきたテレビ放送は，映像と音声が合成された情報として提供されており，映像もしくは音声を視聴できない障害者の場合，それを十分に利用できない。そのため，放送法4条2項において聴覚障害に対しては字幕放送を，視覚障害に対しては解説放送を設けるよう規定（努力義務）している。

字幕放送には映像に文字が埋め込まれたオープンキャプション（テロップ）と，音声情報を字幕データとして別に提供するクローズドキャプションの2種類がある。解説放送（音声解説，副音声）は音声多重放送のチャンネルを利用し，場面の解説を音声情報として提供している。また，手話言語通訳者を映像にはめ込んだ手話言語放送もある。

しかしながら，これらは努力義務であり，すべての放送で情報保障が実施されているものではない。また海外のニュース番組や映画には，オープンキャプションとして日本語翻訳が表示されるものの，音声は現地語であることが多く，音声だけでは理解できない場面もある。

放送技術の進歩に伴う情報保障の経過

テレビジョン放送は1950年代に日本放送協会（NHK）が（地上波テレビ）放送，1960年代にカラー放送，1980年代に衛星（BS）放送，1990年代にBSハイビジョン放送を開始した。当時はアナログ方式であったため，周波数帯域の制限により音声多重化放送までであった。そのため，パソコン通信を利用しボランティア的にテレビ放送を字幕化（字幕RT）する試みもあった。

2000年代にはBSデジタル放送，地上デジタル放送を開始したことにより，音声や文字の多重化放送が容易となり，字幕放送や解説放送を提供するための技術的なハードルはほとんどなくなった。1998年から衛星（CS）放送において字幕と手話言語による「目で聴くテレビ」のサービスが始まった。しかしながら，一般の放送では字幕や解説を付与することの可能な番組であってもすべてに対応しているわけではない。

災害時等における取り組み

台風や地震などの災害が生じた際，番組映像の外側にさまざまな情報がオープンキャプションとして表示されるようになり，最新の情報を随時得る環境が整備されつつある。また，エリアメールにより，その地域固有の緊急情報が瞬時に配信されるようになった。しかしながら，文字よりも手話言語の方が理解しやすい，あるいはその逆の場合もあり，自由に様式を選択できる環境にはなっていない。

一方，個人としての用途としてはスマートフォンの音声認識アプリを利用することで，ネットラジオ等の音声を「文字」として見ることができる等，工夫次第では効果的な手段となり得る。

（伊藤英一）

098 読書のバリアフリー

読むことが困難な障害

2013年６月「視覚障害者等による著作物の利用機会促進マラケシュ条約」が採択され，2019年１月同条約が日本において発効した。障害があっても著作物を読めるように環境の整備を求めたものである。

印刷された著作物を読むことの困難としては，墨字へのアクセスが困難な視覚障害以外の多様な困難さにも目を向ける必要がある。文字の読みに困難のある学習障害（ディスレクシアなど），書籍のページをめくることに困難のある肢体不自由などである。知的障害のある人などのための「わかりやすい版」（Easy Read Version）の普及も必要である。

電子化された著作物であれば，当事者の利用環境（パソコンやスマートフォンなど）を整備することで読むことは可能となるが，日本では著作権法の制限によりすべての著作物にアクセスできるとは言えず，著作物を借りることのできる図書館のすべてがアクセシブルな環境になってはいない。

こうした中で2019年に読書バリアフリー法（視覚障害者等の読書環境の整備の推進に関する法律）が制定・施

行され，2020年には国の基本計画も策定された。

情報保障としての取り組み

全盲など墨字を扱うことが困難な視覚障害の場合，点字や対面朗読，録音図書（デイジー等を含む），読み上げソフト（合成音声によりテキストデータを読み上げる）や点字ピンディスプレイなどを利用する。また，ロービジョン（弱視）の場合，拡大読書機やルーペ，拡大印刷，白黒反転表示などを利用する。ディスレクシア（識字障害，読字障害）の場合，対面朗読や読書スリットの利用，録音図書，読み上げソフト（画面上に文章を表示し，合成音声で読み上げながらその箇所を反転表示する）などを利用する。

書籍が保持できない肢体不自由の場合，録音図書やページめくり機などを利用する。また，加齢による視力や認知機能の低下に対しても同様な支援が必要となる。どの障害であっても電子書籍であれば，機械的に読み上げたり，拡大したり，反転表示したり，簡単なスイッチ等でページをめくることも可能となる。しかしながら，電子化されるのは文字であり，著作物に附された図版や画像等を文字化するのは説明作業が必要であり，機械的には難しいのが実情である。

図書館の取り組み

2009年６月及び2018年５月の著作権法一部改正により，障害者等のための複製等を点字図書館以外の公共図書館や大学図書館，国会図書館，学校図書館へ拡大し，また拡大図書やテキストデータ化など録音以外の方法も可能となり，さらに視覚障害者だけでなく学習障害者や肢体不自由者にも拡大された。全国視覚障害者情報提供施設協会が運営する「サピエ図書館」は点字図書データや録音図書データが収蔵され，インターネットでいつでもどこからでも利用できるが蔵書は一部でしかない。（伊藤英一）

099 情報利用のための用具の給付制度

情報利用の用具購入については，日常生活用具給付等事業（情報・意思疎通支援用具）と補装具費支給制度（重度障害者意思伝達装置等）がある。点字ディスプレイや補聴器等の専用機の他に，近年はパソコンやタブレットといった汎用機の活用ケースも多く，周辺機器やソフトウェアなどは給付対象になる。中には高額な用具もあるので，情報アクセスやコミュニケーションを保障する大事な制度である。購入前後での用具の適合・評価ができる人材の不足や，支給決定の市町村格差が指摘されている。（堀込真理子）

100 手話言語

「手話言語」は手の形，位置，動きを基に，顔の表情も活用する独自の文法体系をもつろう者が使用する生活言語である。

障害者権利条約２条「定義」に手話が「言語」として位置付けられ，日本においても2011年改正の障害者基本法３条に「言語（手話を含む)」と明記されたことで初めて手話が言語として法的に認知された。

ろう者は昔から手話言語を使用してきたが，長い間法的にも社会的にも言語として認められず，「手まね」と蔑まれ，排除された歴史がある。それと同時にろう者は聞こえないことで社会のさまざまな場面で不利益を被り，差別を受けてきた。このことを改善するためにろう者自身が差別をなくす運動を続け，多くの国民にろう者と手話言語への理解を広げてきた。こうした流れの中で，ろう者と音声情報，聞こえる人をつなぐ手話言語通訳者が誕生し，ろう者の生活や社会参加に欠かせない存在になっている。

近年は手話言語を「獲得する」「学ぶ」「使う」「守る」，手話言語で「学ぶ」ことを保障するために「手話言語法」の制定を国へ求めている。この動きを受けて全国の自治体で「手話言語条例」を制定する動きが急速に広がり，ろう者や手話言語に対する認識が大きく高まりつつある。（中西久美子）

101 点字

点字は，視覚障害者が用いる文字である。縦３点，横２点の６点の組み合せによってできている。その組み合せによって，世界の各言語のほか，楽譜，化学記号なども表現できる。

19世紀になるまで，視覚障害者が独力で読み書きできる文字はなかった。フランスのパリ盲学校の生徒だったブライユ（Braille）が考案し，1825年に発表した。フランスが文字として公認したのは，ブライユの死後1854年のことである。

日本の点字は，ブライユの点字をもとに石川倉次（くらじ）（官立東京盲唖学校教師）が考案した。これが1890年11月１日に採用され，その日が「日本点字制定の日」になっている。

選挙の投票では，1925年，普通選挙法の改正とともに点字による投票が認められた。点字の市民権が認められた最初である。一般には鉄道の券売機など至る所で点字を見かけるなど，認知度はかなり浸透している。しかし，現在に至っても点字には制約がある。たとえば，選挙における投票やリコール請求署名以外のほとんどの公文書は，点字では受け付けられない。点字の署名では金融機関からお金を借りることもできない状況にある。視覚障害者にとって，点字は，権利の上で多くの課題が残っている。（内田邦子）

102 要約筆記

聴覚障害者に対し，音声情報を文字により通訳する方法。聴覚障害者の中には中途失聴や難聴等で手話言語をコミュニケーション手段としない人も多い。要約筆記には手書きとパソコン入力による方法があり，会場全体に投影する全体投影と利用者の隣で提供するノートテイクがある。

1960年代から，ろう者の集まりに参加する中で手話言語を解さない人がいることに気付いた健聴の手話関係者が，書いてサポートを始めた。その後，投影機器（OHP）利用による方法が編み出され，難聴者は文字を介した会議の成立を実感。そこから，厚生省（当時）に要望し，1981年に要約筆記奉仕員養成事業，1985年同派遣事業が障害者社会参加促進事業に組み込まれた。

2000年社会福祉法改正により，手話通訳（省令により要約筆記も含む）として，第二種社会福祉事業に規定され，聴覚障害者の権利擁護のための事業となっている。

障害者自立支援法施行時に地域生活支援事業のコミュニケーション支援事業となり，市町村で派遣が必須となった。障害者総合支援法（2012）では地域生活支援事業として市町村での要約筆記者派遣，都道府県での要約筆記者養成，広域派遣への連絡調整等が意思疎通支援事業として明記されている。

（三宅初穂）

103 盲ろう者向け通訳・介助員

障害者総合支援法の地域生活支援事業（都道府県事業）に位置付く専門性の高い意思疎通支援を行う者の中で，視覚と聴覚に重複して障害を有する盲ろう者に対する意思疎通支援と移動支援を合わせて行う者をいう。国家資格等は定められていないが，2013年に厚生労働省から標準的な養成研修カリキュラム（必修42時間，選択42時間）が示されている。また，2018年から同行援護事業の報酬の中に，盲ろう者向け通訳・介助員が盲ろう者を支援した場合の加算が創設された。これにより盲ろう者向け通訳・介助員の養成・派遣の事業にも理解が広がることが期待されている。

（山下正知）

第11章

災害と障害

104 災害と障害者

災害による死亡率の格差

2011年3月11日に発生した東日本大震災から半年後，NHKは主要な被災自治体を対象に聞き取り調査を実施し「東日本大震災で被害にあった障害者数」（死亡者の実態。行方不明者は除く）の発表をした。これによると総人口の死亡率1.03％に対し，障害者の死亡率は2.06％であった。この後，初の行政調査として宮城県が「東日本大震災に伴う被害状況等について」（2012年2月28日現在）を発表。宮城県沿岸部の大震災による死亡率は，総人口で0.8％，障害者手帳所持者で3.5％と報告した。

死亡率を総人口と障害者手帳所持者で比較すると，NHKの調査で約2倍，宮城県の調査で約4.3倍と，それぞれ障害者の死亡率が高くなった。ここでの「障害者」とは，身体障害者手帳，療育手帳，精神保健福祉手帳の所持者であり，手帳を所持していない障害者は含まれていない。さらには難病による障害や発達障害，高次脳機能障害のある人たちの中には手帳を所持していない者も多く，ここで挙がっている数値は東日本大震災で被害にあった障害者数の一部分であると考えなければならない。

その後も，河北新報社の調査なども発表されるが，いずれにしても障害者の死亡率が総人口の死亡率と比して格段に高くなっている。なお，調査結果からは，宮城県女川町での障害者の死亡率は15％台であることなど，自治体による差異が大きいこと，そして聴覚障害者の死亡率がもっとも高くなっているなど，障害種別による差異も大きいことが明らかになった。

高い死亡率の背景

障害者の死亡率の異常な高さは，明らかに障害に伴う不利益があったことを示している。

死亡率が高くなった理由として，①

既存の各種の防災対策や震災対策に「障害者」が意識されておらず，有効性を欠いていたこと。②もともと，働く場，住まい，相談を含む人的な支援体制など，障害者を対象とした社会資源が十分でなかったことなどが挙げられる。平時の障害者に対する支援策の水準と災害緊急時等の障害者の死亡率（被害の度合い）は相関していると考えられる。

なお，障害があることでの不利益は，災害直後のライフライン途絶下での生活や，避難所や応急仮設住宅での暮らしなど，震災発生後のあらゆるステージに関係していた。

障害者団体による支援活動

日本障害者協議会（JD）も加盟する**日本障害フォーラム（JDF）***は，各地に支援センターを設置し，関係団体との連携をはかり，自治体とも調整しながら組織的で体系的な支援活動を展開してきた。主な支援活動としては，①初動期の安否確認，②避難所での生活支援（必要物品などの搬送を含む），③障害者事業所の再開支援（清掃，修復など），④避難所から仮設住宅などへの移転支援並びに修復箇所の点検，⑤仮設住宅などからの移動支援（病院や買い物など），などが挙げられる。

避難支援ガイドライン

国の**中央防災会議***が策定した「災害時要援護者の避難支援ガイドライン」（2005年３月）は，東日本大震災時にはほぼ機能しなかった。また，「個人情報の保護に関する法律」（2003年５月施行）は，障害のある人たちの初動期の安否確認や今日に至る生活支援の障壁となり，結果的に民間団体の支援活動を大幅に抑制することとなった。

このような教訓を踏まえた2013年の災害対策基本法の改正を受け，内閣府は「災害時要援護者の避難支援ガイドライン」を全面的に改定し，新しく「避難行動要支援者の避難行動支援に関する取組指針」（2013年８月）を作成した。

また，同様に機能しなかった福祉避難所については，東日本大震災の教訓を考慮し，「避難所における良好な生活環境の確保に向けた取組指針」（2013年８月）を受けて，「福祉避難所設置・運営に関するガイドライン」（2008年６月）を実質的に改定・修正する形で，福祉避難所の確保・運営ガイドライン（2016年４月・内閣府）を作成した。

被災障害者への生活支援

「大規模災害と障害」という観点から，災害が起きた際の被災障害者への生活支援について，国と自治体を中心に，また民間との連携の下で，少なくとも次の諸点の検討が必要となっている。①仮設住宅（みなし仮設住宅含む）のさらなる快適性の確保，②移動支援（仮設住宅から通院，買い物，知人訪問など），③雇用・就労支援（雇用の場の確保，作業所での仕事確保など），④自営業支援（はり・灸・マッサージの休業等への支援）。

復興政策への障害者参加

災害からの復興に際しては，国及び自治体における復興政策への障害者の実質参加が重要になってくる。岩手県陸前高田市は，2013年３月策定の「陸前高田市障がい者福祉計画」「第３期陸前高田市障がい福祉計画」策定に当たり，障害当事者を中心としたワーキンググループを立ち上げ，「ノーマライゼーションという言葉のいらないまちづくり」に障害当事者が参画をする形をとった。策定委員会をはじめとするさまざまな場に参画する機会を得，自分たちの声が新たなまちづくりの中で形作られることを実感できた障害当事者たちは，その後もそれぞれが一市民としてまちづくりに関わり続けている。（中村英治）

105 東日本大震災からの復興

2011年３月に起こった東日本大震災の復興に当たり，当時の菅直人内閣は，東日本大震災復興構想会議を立ち上げた。会議は５月10日に復興のための７原則を発表し，６月25日の第12回会合で「復興への提言～悲惨の中の希望」を発表して，事実上その任務を終えた。提言は，（1）地域づくりと復興プラン，（2）生活や産業の再生，（3）原発事故の被災地復興，（4）国内全体の再生と災害への備えから構成されている。政府は，この提言を受けて，６月28日に復興対策本部を立ち上げ，７月29日には復興基本方針が策定された。2012年２月に復興庁が設置されたことにより，復興推進委員会に衣替えした。

避難者の状況

復興庁が2018年１月にまとめた震災による避難生活者は，約７万5,000人。この２年で10万人以上減ったが，まだプレハブ型仮設住宅での生活を余儀なくされている被災者が約２万人いる。親戚，知人宅に身を寄せている避難者も約２万人に上る。福島県は，2017年３月末をもって，避難指示区域外から全国に避難している「自主避難者」への住宅無償提供を打ち切り。このタイミングで避難先の各市町村が自主避難者の多くを「避難者」に計上しなくなったこともあり，公的な数字としての避難者数は大きく減った。

震災後の避難生活による体調悪化，自殺などによる「震災関連死」は，この２年で200人余り増え，3,647人となった。

避難者の住宅の受け皿の１つとなる「災害公営住宅」は計画の90%，移転して自宅を再建するための宅地も80%が完成した。陸前高田市では，瓦礫はなくなり，土地のかさ上げも進んでいる。防潮堤も完成しつつあり，本来であれば，かさ上げした場所へ住宅が建ち並ぶはずだったが，依然空き地がひろがっている。高齢化・経済的な事情でいまだ仮設住宅，災害公営住宅に身を寄せる人がいるのが現状である。それらの人たちには，障害のある人も多く含まれる。

原発事故による避難者

福島県の場合，福島第一原子力発電所事故による放射線物質の放出・拡散により，原発周辺の双葉町，大熊町，浪江町の一部などが現在も避難指示区域に指定されている。震災直後は11の自治体に及んだが，2014年４月から徐々に縮小し，避難指示が解除された地域では住民が戻る動きも出ている。しかし，長い避難生活を経て，

「もう故郷に戻らない，戻れない」元住民も多い。障害のある人たちを支える事業所や病院，そこで働く人々など，社会資源・人手不足はいまだに大きな問題となっている。（中村英治）

106 災害時要援護者

2005年，国は初の「災害時要援護者の避難支援ガイドライン」を定め，それまでの「災害弱者」を「災害時要援護者」と呼称変更した。そして災害時要援護者を「必要な情報を迅速かつ的確に把握し，災害から自らを守るために安全な場所に避難するなどの災害時の一連の行動をとるのに支援を要する人々。一般的に高齢者，障害者，外国人，乳幼児，妊婦等」とした。

このガイドラインでは災害時要援護者名簿の作成を全国の自治体に求めたが，名簿作成は義務ではなく，また希望者のみを名簿に記載する手上げ方式等であったため，多くの障害者等が名簿に記載されなかった。その結果，2011年の東日本大震災では，障害者の死亡率は全住民の２倍に上り，犠牲者の過半数は65歳以上である等，この名簿は要援護者の救済には十分機能しなかった。

この教訓を踏まえ2014年４月，国は災害対策基本法を一部改正し「避難行動要支援者の避難行動支援に関する取組指針」を定め，災害時要援護者を「要配慮者」及び「避難行動要支援者」と呼称変更し，避難行動要支援者名簿作成を全国の自治体に義務付けた。しかしさまざまな課題を含み自治体間格差は大きいままである。（小山　貴）

107 災害発生時の情報伝達

自然災害や緊急事態の発生時，障害者は情報を得ることやコミュニケーションが困難なため，救援活動から取り残されるリスクが高い。また，避難所のバリアフリー化の不備や通信の寸断によって，一層の困難を余儀なくされる。

東日本大震災

東日本大震災における情報通信の状況としては，固定電話は，最大約100万回線（NTT 東日本）が不通（東北地方の回線契約数は約270万契約），携帯電話・PHSは，最大約２万９千基地局（５社）が停波（東北・関東地方の基地局数は約13万７千500局）。さらに震災直後は各社が通信規制を実施した。放送では，東北，関東地方で最大時120カ所のテレビ中継局が停波した。その中で，震災直後から放送事業者のインターネット配信，公共機関や市民のソーシャルメディアを通じたリアルタイムな情報発信が行われるなど，インターネットが災害時に強いことが示された。

個別ニーズへの対応

しかし，災害発生時の障害のある人への情報伝達は，こうした通信手段を確保するだけでは不十分で，障害種別ごとの配慮や一人ひとりの状況に応じた個別の配慮が必要である。このことは2013年８月に内閣府（防災担当）

が取りまとめた「避難行動要支援者の避難行動支援に関する取組指針」でも，「高齢者や障害者等にも分かりやすい言葉や表現，説明などにより，一人ひとりに的確に伝わるようにすること」「同じ障害であっても，必要とする情報伝達の方法等は異なることに留意すること」等の配慮や，生活支援機器等多様な手段の情報伝達への活用に言及している。こうした取り組みが緊急時に有効に機能するためには，ICT（情報通信技術）を活用することで障害特性に相応した様式や機器によって，追加の費用なしに情報を提供する仕組みの検討等が必要である。

テレビ放送

また，テレビ放送による情報保障は重要な手段であるが，聴覚障害のある人にとっては手話言語と字幕の付加が欠かせない。障害団体の働きかけ等により，東日本大震災後の官邸からの記者会見の一部に手話通訳が付くようになったことは画期的だったが，まだまだこうした番組は圧倒的に少なく，これをさらに広げる必要がある。

放送局による情報保障のための取り組みとして，NHKが大災害の発生時に障害のある人や高齢者への情報提供を目的に，「災害時障害者のためのサイト」を立ち上げている。このサイトでは日頃からどのように災害に備えればよいかのヒントも障害別にまとめている。（中村英治）

108 中央防災会議

中央防災会議は，災害対策基本法を設置根拠に，内閣総理大臣をはじめとする全閣僚，指定公共機関の代表者及び学識経験者により構成されており，防災基本計画の作成及びその実施の推進，非常災害の際の緊急措置に関する計画の作成及びその実施の推進，防災に関する重要事項の審議（防災の基本方針，防災に関する施策の総合調整，災害緊急事態の布告等）等を行う。

2011年10月には，中央防災会議において新たな専門調査会として「防災対策推進検討会議」が設置され，東日本大震災における政府の対応を検証し，その教訓の総括を行うとともに，首都直下地震や東海・東南海・南海地震等の大規模災害や頻発する豪雨災害に備え，防災対策の充実・強化をはかるための調査審議を行った。この検討会議は2012年７月に最終報告を決定・公表した。

障害のある人は，内閣府が開催する「**災害時要援護者***の避難支援に関する検討会」や「避難所における良好な生活環境の確保に関する検討会」等個別の課題を検討する場には委員として参加したが，内閣の重要政策に関する会議の１つとして位置付けられる中央防災会議及びその専門調査会には参加していない。（中村英治）

109 国連防災世界会議

国際的な防災戦略を策定する国連主催の会議である。第1回は1994年に横浜で，第2回は阪神・淡路大震災から10年後の2005年に神戸で開催され「兵庫行動枠組」が策定されたが，その中では障害者に関する記述が1カ所しかなく，国際会議で災害と障害に関し議論されることはなかった。

しかし2011年3月11日に発生した東日本大震災では，障害のある人の死亡率が住民全体の2倍であったことが明らかになり世界中に衝撃をもたらした。

これまで十分な対策が取られることがなかった結果でもある「死亡率2倍」への反省と教訓から，障害当事者を交えての「インクルーシブ防災」が国際的に議論されることとなり，2014年には東日本大震災の被災地である仙台で「障害者も参加する防災アジア太平洋会議（仙台会議）」が開催された。

このような流れの変化から，2015年に仙台で第3回国連防災世界会議が開催され，本会議以外でも仙台や陸前高田で障害者と防災に関するサイドイベントが多数開催された。また最終日に採択された「仙台防災枠組2015－2030」では障害者に関する記述が5カ所に増え，障害当事者も防災の担い手として位置付けられた。ここに新たな歴史が開かれたのである。

（小山　貴）

第12章

意思決定

110 意思決定支援

地域生活支援と「自己決定の尊重」

日本では1990年代後半に，社会福祉基礎構造改革や「措置から契約へ」という流れとも関連し，「施設解体宣言」が注目され，障害のある人の地域生活支援が大きな課題となる。地域での自分らしい暮らしを実現するために「自己決定の尊重」が叫ばれ，**ケアマネジメント***のあり方などが問われた。また，判断力に支障がある知的障害者や精神障害者，認知症高齢者などを支援するために，新しい**成年後見制度***が高齢者の介護保険との「車の両輪」などと言われ，2000年にスタートした。

成年後見制度と障害者権利条約12条

2006年12月，国連で障害者権利条約が採択されると，12条「法律の前にひとしく認められる権利（「法の前の平等」などとも言う）」との関連で，各国の成年後見制度が批判されることになった。そもそも，「最善の利益」と称して代理決定を認めることは許し難い人権侵害である，という指摘である。「判断能力がない」と決めつける医学モデルではなく，いかにして自己決定を促すかという社会モデル発想で，「支援付き意思決定（supported decision making）」という概念が議論された。

日本では障害者基本法の改正で23条に「意思決定支援」として位置付けられた。また，障害者総合支援法42条・51条，児童福祉法21条，知的障害者福祉法15条にも設けられ，後見人のみならず，相談支援や福祉サービスを提供する事業者等に意思決定支援への配慮を求めることになった。

意思決定支援の概念と実践の拡がり

日本弁護士連合会は，2015年の総会で「成年後見制度から意思決定支援制度へ」というシンポジウムを開催し，「自己決定権は個人の尊厳の核心」だと主張した。

厚生労働省は2017年３月に，障害者福祉に関する「意思決定支援ガイドライン」を出し，次のように定義した。「意思決定支援とは，自ら意思を決定することに困難を抱える障害者が，日常生活や社会生活に関して自らの意思が反映された生活を送ることができるように，可能な限り本人が自ら意思決定できるように支援し，本人の意思の確認や意思及び選好を推定し，支援を尽くしても本人の意思及び選好の推定が困難な場合には，最後の手段として本人の最善の利益を検討するために事業所の職員が行う支援の行為及び仕組みをいう」しかし，この「最善の利益」を理由とする代理決定を問題視する立場も多い。

ガイドラインでは具体的な事例も示し，日常生活の中で「何を食べるか，何を着るか」といった選択を重ねることが，「どこで誰と暮らすか」などの社会生活における意思決定を促すことになるという点に注目している。日々の生活において選択の機会を与えられなかったのがこれまでの障害者の生活であり，特に管理や保護が重視される入所施設等での生活には制約が大きかったといえよう。

この後，終末期医療（2018年３月），認知症支援（2018年６月），成年後見制度による支援（2020年10月）など，さまざまな意思決定に関するガイドラインが出され，子どもに関しても，「意見表明支援」として検討されている。

エンパワメント連鎖と地域再生

このような視点を踏まえ，本人主体で，「思いに寄り添う」支援が各地で展開されている。

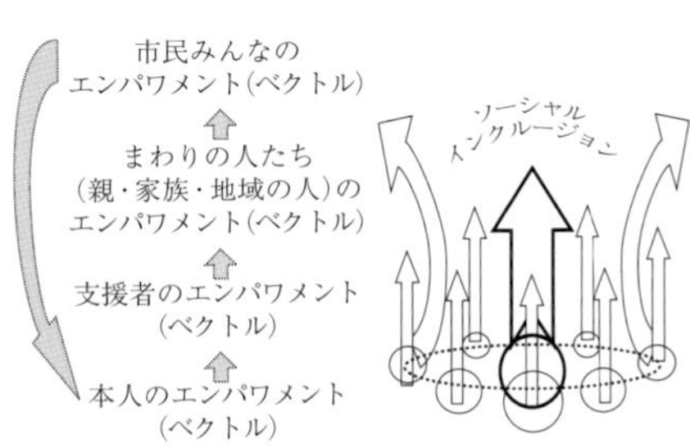

図　本人中心で（希望に基づいて）支援展開することによるエンパワメント連鎖（地域社会再生への希望）（清水　2014）

そして，徹底して本人中心の支援を展開すると，本人が力を高め，自分らしい生き方を実現するだけではなく，本人に関わる支援者や親・家族，地域の人々も力を付け，地域の福祉力が高まっていくという。兵庫県西宮市で重度の障害者の地域生活を支える清水明彦は，これを「エンパワメント連鎖」と呼び，障害者を中心にした支援が「地域社会再生への希望」をもたらすと主張している（**図**）。まさに，ソーシャル・インクルージョンの「居場所・役割・ささえあい」であり，障害のある人が地域で暮らすことが，「共生社会の実現」につながっていくことを示唆している。（石渡和実）

文　献

・清水明彦：意思決定支援に困難を抱える人を支え合う社会を目指して；大阪弁護士会主催パネルディスカッション清水発表資料，2014. 3.

111　成年後見制度

新しい成年後見制度

2000年４月１日，介護保険制度が施行され，高齢者福祉が「措置から契約へ」と転換すると，「車の両輪」と言われる新たな成年後見制度がスタートする。判断能力に支障がある認知症，知的障害者，精神障害者が契約で不利にならないための権利擁護の制度である。

これは，1898年制定の民法に定められた禁治産制度・準禁治産制度が，本人をまもるより，財産争いなどで使われがちな状況を改めようとするものであった。新しい理念として，①自己決定の尊重，②ノーマライゼーション，③残存能力の活用，が掲げられた。可能な限り本人の意思を尊重し，地域で，最期まで納得できる生き方を貫くことを支援しようとするものである。しかし，「最善の利益」のために取消権を用いるなど，本人の決定を翻すこともできることが，「成年後見制度のジレンマ」などと言われていた。この矛盾を社会に突きつけることになったのが，障害者権利条約12条「法の前にひとしく認められる権利」である。

新しい成年後見制度では，軽度の人をまもるための補助制度，事前に後見人を決めておく任意後見制度が登場し，新しい制度の「目玉」と言われた。そして，財産管理ではなく，本人の視点に立っての生活支援，身上監護の重視が強調された。しかし，日本では，新制度発足から20年余り，「判断能力がない」とされる後見類型の利用が８割ほどを占める状況は変わっておらず，見直しが提起されている。

意思決定支援*と成年後見制度利用促進法

権利条約12条では誰もが「法的能力」を有するという視点に立ち，本人の意思決定支援のあり方が問われることになった。日本成年後見法学会や後見人として活動している弁護士，司法書士，社会福祉士などの専門職の間でも，当事者の意見を踏まえて法改正へ向けた精力的な検討が重ねられた。

日本では，2016年に「成年後見制度の利用の促進に関する法律」が成立した。この法律は単なる「利用促進」ではなく，高齢者や障害者にとって，「意味のある，使い勝手のよい制度」とすることをめざしている。不正防止はもちろんのこと，専門職後見人が７割以上を占める状況から親族後見人や市民後見人を増やし，本人の意思を尊重した確実な生活支援ができる体制を整備する。さらに，行政責任を明確にし，住民が協力して「地域連携ネットワーク」を構築する。こうした流れも，「共生社会の実現」をめざす一環であると理解できよう。（石渡和実）

112 法的能力

日本の民法は，自らの法律行為の結果を判断する能力を「意思能力」として「意思能力のないときの法律行為は無効」と定め，また「意思能力」は時により事柄により異なるので，成年後見制度では本人の法律行為を一律に制限する「行為能力」概念を設けている。

一方，障害者権利条約12条は，障害者が「他の者との平等を基礎として法的能力を享有する」とし「障害者がその法的能力の行使に当たって必要とする支援」を国に求めた。

また国連障害者権利委員会一般的意見は,「行為能力」を含む「法的能力」を制限する代替決定制度から,本人による支援拒否権を含む「本人の意思・選考に基づく支援付き意思決定制度」に転換するよう求めている。またそれには本人の意思・選考に基づく法定代理も含まれると考えられる。

日本ではこの間,障害者基本法に「意思決定の支援」が明記され,各種の「意思決定支援ガイドライン」が定められた。しかし本人の意思・選好を支援者が否定する「最善の利益」概念が導入されており,障害者の法的能力行使の支援とはなっておらず,抜本的な制度改革が求められよう。

(柴田洋弥)

第13章

警察や裁判所などでの人権

113 司法手続等の権利

司法手続とは，裁判所が関与する法的手続をいう。裁判や調停など，裁判所で行われる手続はもちろんのこと，逮捕や差押えなど裁判所が令状を出して警察官などが行う手続や，裁判所が出した判決に基づいて執行される手続も含む。

人権や基本的自由が侵害された時，それを正し，被害があればそれを回復させる有効な手段として，司法手続がある。真に人権や基本的自由が保障されるためには，利用しやすい司法手続の保障が不可欠である。そして，特に刑事事件において国が刑罰を科したり，その他不利益処分をするなど，人権を直接的に制限する場面も多いため，その重大性から，手続上も適正に行なわれることが保障されなければならない。

障害のある人の人権や基本的自由が侵害されるなどの被害にあった時，障害のある人が障害のない人と同じように司法手続の利用ができることは当然である。また，障害の有無にかかわらずすべての人に適正手続が保障されなければならないことは言うまでもない。

しかし，司法手続は元来障害のある人のことを念頭に置いていなかったので，実際に障害のある人が利用しようとしても，非常にハードルが高くて利用しづらかったり，実質的に適正手続の保障がなされなかったりということが数多く見受けられる。

障害者権利条約（司法手続の利用の機会）

そこで，障害者権利条約は，13条に司法手続の利用の機会の条項を設け，１項で，障害のある人がすべての法的手続において，手続上の配慮及び年齢に適した配慮が提供されること等により，障害のない人と同じように司法手続が利用できるようにすることを求めている。特に「手続上の配慮」が明記されているが，これは，司法手続において**合理的配慮***の提供がなされないということは，一般に与えられている法的保護を障害のある人には与えないことを意味することになるので，とりわけ重要である。

さらに，２項で，司法に係る分野に携わる者に対して適切な研修を促進することを求めている。司法関係者の障害に対する無知や偏見が，重大な権利侵害を引き起こすためである。司法関係者の中でも特に警察官と刑務官が例示されている。これは，歴史的に見て，供述特性への警察官の無理解や偏見が多くの冤罪を生み，刑務官による障害特性への無理解や偏見が虐待につながってきたことの反省に立ってのことである。

第１回政府報告（2016）

政府は，国連の障害者権利委員会（以下権利委員会）に対して概ね次のように報告して，日本において障害のある人に対する司法手続の保障はなされているとしている。①障害者基本法29条で司法手続における配慮等が定められている。②裁判所ではバリアフリー化の整備が進み，各裁判手続において適切な意思疎通がなされるようさまざまな工夫がされている。③訴訟法には，手続上の配慮を規定した条文が存在するし，裁判官や裁判所職員に対しても十分な研修を行っている。④捜査機関においてもさまざまな配慮を行っているし，意思疎通に関して適切な措置を講じており，警察学校や各警察署において適切な研修を行っている。⑤検察庁でもバリアフリー化をはかり，研修や指導を行っている。⑥日本司法支援センター（以下，「法テラス」）は，民事法律扶助として出張相談を行っているし，障害のある人等社会的に弱い立場にある人たちに対しては，法テラスが積極的に法的サービスを提供している。また，関係職員に対し，障害のある人に必要な配慮や接遇等を学ぶ研修を実施しているほか，「高齢者・障害者への接遇マニュアル」を作成し，周知をはかっている。

現状

ところが現状は，障害のある人にとって，司法手続はまだまだ利用しやすいものとはなっていない。司法手続のあらゆる場面で有形無形の社会的障壁が存在しており，それを除去する合理的配慮（手続上の配慮）が不十分であるためである。障害のある人が真に差別なく司法手続を受けられるようになるためには，裁判規範性をもった障害のある人への差別を禁止する法律が必要である。しかし，障害者差別解消法は行政機関の差別を禁止しているが，裁判所は対象となっていない。

また，裁判所や検察職員，警察官，法テラス職員らに行われている研修が極めて不十分であるために，裁判官や検察官，警察官等による障害のある人の供述特性に対する理解不足や障害特性への無理解，合理的配慮の提供不足が生じている。そのために民事訴訟において，障害のある人に不利な判決が出されたり，重度の知的障害のある人が法テラスを利用できなかったりしている。

刑事訴訟においては多くの冤罪が起き，重罰化や累犯化が起きている。その影響もあり，**矯正施設***の中に障害のある人の占める割合が非常に高くなっている。また，警察官や刑務官等が障害に対する理解を十分に有していないことにより，障害のある人が必要以上に被害や不利益を被っている。

そこで，障害者団体等は，権利委員会に，障害のある人が置かれている現状を記したパラレルレポートを提出した。

初回の日本政府報告に関する質問事項

2019年9月，権利委員会は，事前審査を行い，障害者団体等から障害のある人が置かれている実態を聴取した。その結果，同委員会は，日本政府に対して，①手続上の配慮の提供がなされているか，②法曹三者，警察官及び刑務官等に対する研修が適切になされているか，③精神や知的障害のある被疑者が捜査段階で差別されないようどのような措置を講じているのかとの質問を公表した。

この問題に対する関心の高さがうかがえる。（辻川圭乃）

114 障害者にかかわる裁判

障害者の権利保障と裁判

障害者権利条約は，障害に基づくいかなる差別もなしに，すべての障害者のあらゆる人権及び基本的自由を完全に実現することを確保し，及び促進すること等を定める。

権利条約が定める障害者の人権及び基本的自由は，権利条約によって新たに創設されたものではなく，障害者が元来もっている権利が改めて確認されたものである。これらの権利は，日本では憲法，障害者基本法や各種個別法により保障されている。

これらの権利が絵に描いた餅になってはならず，個々の障害者が当事者となる個別事例においてきちんと実現されなければならない。そのための手段の1つが裁判である。裁判には時間がかかるが，裁判を行うこと自体が権利保障のための運動の一環となったり，裁判で望ましい判決が出ると，類似の事例にも影響が波及し，障害者全体の権利保障水準が向上することにもつながる。

代表的な裁判に**障害者自立支援法違憲訴訟***などがあるが，ここでは具体例として，①介護保障訴訟（和歌山石田訴訟及び和歌山 ALS 訴訟），②安永訴訟を取り上げる。

介護保障訴訟

介護保障訴訟とは，**障害者総合支援法***に基づき，個別事情に即した必要な支給量（ヘルパー利用時間数）を求める裁判である。本稿ではリーディングケースとなる2つの訴訟を紹介する。

和歌山石田訴訟

和歌山石田訴訟は，脳性マヒのある原告が，障害者自立支援法施行を機に自治体から支給量を月101時間も削減されたことを契機として，本来必要な1日24時間の公的介護を求めた事案である。大阪高裁2011年12月14日判決は，障害者の個別具体的な障害の種類，内容，程度その他の具体的な事情に照らして，支給量を決定すべきとする「介護支給決定における必要即応の原則」に立ちつつ，原告に必要な支給量をゼロから積算して認定し，提訴前の支給量（月377時間）を大きく上回る，月578時間（1日当たり約18時間）以上の支給決定を義務付けた。

「就寝時間にあたる夜間を通して見守り介護を認めなければ，1審原告は睡眠時間を確保し体調を維持することは困難と考えられる」などとして，夜間について巡回ではなく常時の介護の必要性を認めた点も特筆される。

和歌山 ALS 訴訟

和歌山 ALS 訴訟は，70歳代の人工呼吸器を利用する ALS 患者が，介護保険と合わせて1日約12時間の支給量しか認められていなかったため，1日24時間の公的介護を求めた事案である。

自治体の主張は，「妻の就寝時間相当分として1日当たり8時間の**重度訪問介護***の支給を認めた」というもので，高齢の妻に睡眠時以外は常に介護をせよと言うかのような，過大な負担を負わせるものであった。和歌山地裁2012年4月25日判決は，和歌山石田訴訟の高裁判決と同様，「介護支給決定における必要即応の原則」を採用し，介護実態や本人及び妻の心身の状況等の個別事情を勘案した結果，月542.5時間（介護保険と合わせて1日21時間）以上の支給決定を義務付けた。

安永健太さん事件

2007年9月25日，佐賀県内で当時25歳だった知的障害，自閉症スペクトラム障害（ASD）のある安永健太さんが，5人の警察官に取り押さえられた直後，心臓突然死した事案である。

検察の不起訴処分に対する遺族の付審判請求が認められ，関わった警察官の刑事責任が追及されたが，無罪が確定している（2012年9月18日，最高裁）。

遺族は佐賀県の責任を追及する国家賠償訴訟を提起し，最高裁まで争ったが，佐賀県の責任は認められず，裁判は終了した（2016年7月1日，最高裁）。

障害がある人も地域社会で自立して生活する権利が保障されている（権利条約19条）。裁判は，健太さんが亡くなったことに対する責任追及であるとともに，障害のある人が地域で安心して暮らすことのできる社会を勝ち取る運動という側面も有していた。

遺族は，訴訟の中で，国際的に取り組まれてきた障害者の権利保障のためのさまざまな活動の流れを受け日本においてもさまざまな取り組みが行われてきたことや，警察庁自身が2004年2月に作成し，全国の警察に配布していた「障害をもつ方への接遇要領」の存在を指摘した。その上で，警察官には社会の中にはコミュニケーションに障害ないし困難を抱えた市民が数多く存在していることを前提に，適切な対応をすべき注意義務があり，健太さんを取り押さえた警察官はこの注意義務に反していたと主張した。

第一審である佐賀地方裁判所は，警察官らの行為に何ら問題はなかったとして，遺族の請求を棄却していたが，福岡高裁は，警察官にはその職務の相手方の言動等から知的障害等の存在が推認される場合にはその障害特性を踏まえた適切な対応をすべき一般的注意義務があると判断した。もっとも結論的には，本件の具体的事情を前提とすると，かかる義務を怠ったとまで評価することはできないとして第一審と同様に，遺族の控訴を棄却した。

（長岡健太郎・國府朋江）

115 裁判外紛争解決の仕組み

裁判外紛争解決とは

紛争を裁判以外の方法で解決しようとすることを，「裁判外紛争解決（代替的紛争解決）（Alternative Dispute Resolution）」といい，「ADR」と略される。国民生活センター，消費生活センター，交通事故相談センターなど，紛争の内容に応じたさまざまな専門機関がある。

争いごとの解決手段として裁判が適切ではないこともあり，たとえば，厚生労働省には医療事故について解決をはかる，ADR機関連絡調整会議が設置されている。

裁判外紛争解決と相談支援専門員*

障害のある人が紛争に巻き込まれた場合，訴訟を起こすか，ADRで解決をはかるか，などの判断は非常に難しい。差別への対応などでも指摘されることであるが，相談支援専門員が最初の相談相手という役割を果たせることが望ましい。地域の身近な頼れる存在として，福祉サービスの利用だけでなく，面倒な紛争等についても，まずは受け止められることが重要である。そして，相談内容に応じて，解決に向かうことができる専門職や相談機関につなげることが求められる。

障害者なんでもADR（和歌山県）

2017年８月，和歌山弁護士会が「障害者なんでもADR」を開設した。2016年４月に**障害者差別解消法***が施行されたので，差別について弁護士や社会福祉士が相談に応じ，和解や仲裁をめざすという。障害者差別解消法では，解決をはかる調整機関が特に位置付けられていないので，和歌山ではこのADR機関を設置したのだという。もちろん差別対応だけではなく，さまざまな紛争の相談にも応ずる。他の地域でも，このようなADR機関の設置が期待される。

オンブズマンと苦情解決システム

1990年代後半，各地で福祉オンブズマン活動が展開される。入所施設をはじめ，福祉サービスの質を向上させるために，利用者の率直な声を受け止め，それを職員に伝えて質の高い支援を実現することをめざす。利用者主体を原則とし，閉鎖的と批判されていた施設サービスのあり方を大きく変える契機となった。

オンブズマン活動の成果を，福祉サービス一般へと拡大するために，2000年５月の社会福祉法の改正において，苦情解決システムが位置付けられる。このようなシステムも，福祉の現場で実際に活用できる紛争解決の手段といえよう。

（石渡和実）

116 矯正施設

犯罪や非行を行った人を入所させて，その目的に沿ったプログラムを行う施設をいう。刑務所，少年刑務所，拘置所，少年院，少年鑑別所，婦人補導院がある。広義では非行傾向のある少年・少女の矯正を意図した教育施設である児童自立支援施設を含む。

少年院や児童自立支援施設には発達障害のある子どもが多く入所しており，発達障害を意識した教育プログラムが設けられている。成人対象の刑務所等でも障害のある人が相当数入所している。播磨社会復帰促進センターには特化ユニットがあり，精神障害や知的障害のある人への作業療法が行われている。また，少年刑務所でも発達障害のある人に対して認知行動療法を用いたアンガーコントロールなどの取り組みが始まっているが，全体としては障害理解や合理的配慮の提供は不十分である。特に刑務所における精神障害のある人への医療が極めて不十分であることは問題である。

障害者権利条約15条は，拷問などの非人道的な刑罰を禁止しているが，受刑中の障害のある人に対して適切な医療や合理的配慮が提供されていないことは，非人道的な刑罰に当たる。

（西村武彦）

第14章

生命と人権

117 障害者に関する人権問題と権利擁護

人権の意義と歴史的発展

人権とは，人が人であること自体から当然に認められる権利をいう。価値の究極の担い手は個々の人間であり，民族や国家という全体や集団は，あくまでも個人のためにのみ，その存在意義があるという考えに立脚する。

人権思想は，歴史的な試練を経て形成された概念である。たとえば，アメリカにおける「独立宣言」(1776)，フランスにおける「人間及び市民における権利宣言」(1789) などを経て，その普遍性を獲得していくことになった。

日本では，明治維新前後にこの人権思想は輸入されていたが，成文化された人権保障規定の成立は，第２次世界大戦終結後，1946年に成立した**日本国憲法***を待つことになる。日本国憲法においては，12条から40条までの個別具体的かつ詳細な人権規定を有しており，これらの人権は，公共の福祉に反しない限り，すべての人に保障される。

人権保障の意味

日本国憲法も含めた近代的な立憲主義的憲法において人権保障規定が置かれることの意義は，国家に対して，市民の人権を侵害させない，もしくは国家の積極的施策により人権の内容を実現させることを保障するところにある。

日本国憲法において包括的な人権規定とされる「幸福追求権」(憲法13条後段) の意義は，人格的自律の存在として自己を主張し，そのような存在であり続ける上で必要不可欠な権利・自由をいうものとされている。これらの権利・自由が主として国家から制約された場合，当該問題は人権問題と認識される。

権利擁護の意義

「権利擁護」は，必ずしも明確な概念ではないが，「判断能力が不十分な人々（認知症高齢者，知的障害者，精神障害者など）または判断能力があっても従属的な立場に置かれている人々等の立場に立って，必要な福祉サービス・医療サービス等の利用を援助し，財産を管理し，あるいは虐待を防止するなど，総じてこれらの人々の権利行使を擁護すること」などの定義付けがなされている（河野正輝，2006）。

前項で述べた人権問題に限らず，今日の昼食は何を食べたいのか，休みの日にどこに出掛けたいのかという日常生活の問題も権利擁護の範疇である。判断能力が不十分であったり，従属的な関係に置かれた障害者にとっては，この自己決定の自由を行使することすら困難な場合もありうる。これら自己決定権の行使が自律的に行われないことを当事者の自己責任とするのではなく，社会制度の不足・欠如によるものとしてとらえ，本人の意思の代弁や社会福祉の諸制度利用の支援などにより，そのニーズを実現していくことになる。

権利擁護の手段

権利擁護の手段としては，いわゆる裁判所による訴訟，行政に対する不服申立てとは別の手段が注目されることが多い。たとえば，**成年後見制度***，各種虐待防止法，運営適正化委員会による苦情解決制度（社会福祉法85条），各地の社会福祉協議会における日常生活自立支援事業などが挙げられる。民間の取り組みとしては福祉オンブズパーソンがある。福祉オンブズパーソンは，福祉サービスを利用する者の代弁者として，利用施設・事業者・行政に対して苦情を申立てて解決をはかる仕組みである。日本では，1990年代前半から行政型福祉オンブズパーソンが，1990年代後半からは民間型福祉オンブズパーソンが組織され，権利擁護活動に従事している。

障害者と人権問題

「人権」を前述の定義から見るならば，すべて人は，障害の有無にかかわらず，当然に人権を有する以上，障害者だけがもつ（またはもたない）人権というものは本来観念できないはずである。

しかしながら，障害者が，世界のすべての地域において，社会の平等な構成員としての参加を妨げる障壁及び人権侵害に依然として直面していることは事実であり，障害者権利条約においてもこのことは確認されている（前文k）。

これは，権利擁護の必要性と類似の構造があり，障害を理由として社会参加から排除されたり，社会的障壁の存在によって，社会参加が阻害されるという事象が，障害者にとって特有の人権問題として認識されるものである。障害者に特有の「人権」はないが，特有の「人権問題」があるともいえる。

なお，「人権」の定義にとらわれずに，本人に対して権利擁護が必要である状態，すなわち本人の自己決定が阻害されている状態をもって「人権問題」であると広義に使用される場合もある。

（向川純平）

文　献

・河野正輝：社会福祉法の新展開．pp.183，有斐閣，2006.

118 障害者虐待防止法

成立経緯

2011年6月に成立し，2012年10月に施行された。家庭において，また職場や施設において多数の虐待事件が発生してきた経緯から，法制定の必要性は長く認識されていたが，児童虐待防止法（2000年施行），高齢者虐待防止法（2006年施行）に遅れて，ようやく議員立法により制定された。

障害者虐待防止法の目的は，虐待を防止することによって障害者の権利及び利益を擁護すること，及び養護者支援である。

概要

法は，何人も障害者を虐待してはならない旨の規定を置くとともに，「障害者虐待」を受けたと思われる障害者を発見した者に速やかな通報を義務付け，障害者虐待防止等に係る具体的スキームを定める。

また法は，「障害者虐待」を虐待の主体に着目して以下の3つに分類している。

（1）養護者（家庭等で介助に携わる者）による障害者虐待

（2）障害者福祉施設従事者等（障害者施設や障害福祉サービス事業所の職員）による障害者虐待

（3）使用者（障害者を雇用する会社の雇用主等）による障害者虐待

そして，「障害者虐待」は，**表**の5つの類型に分類されている（法2条）。

通報義務

上記（1）から（3）のいずれの虐待についても，虐待を発見した者には通報義務が課せられている。

市町村は，すべての虐待について通報先となっている。そして，使用者に

表　障害者虐待の5類型

類型	具体例
①身体的虐待	・殴る・蹴る・押す等の暴力によって身体に傷やあざ，痛みを与えること ・身体を縛ったり，過剰に投薬したりすることによって身体の動きを抑制すること
②性的虐待	・性的な行為を強要すること ・わいせつな言葉を発すること
③心理的虐待	・脅し，侮辱などの言葉を浴びせること ・仲間はずれや無視，嫌がらせなどによって精神的に苦痛を与えること
④放棄・放置（ネグレクト）	・食事や排泄，入浴，洗濯など身辺の世話や介助をしないこと ・必要な福祉サービスや医療や教育を受けさせないこと
⑤経済的虐待	・本人の同意なしに（あるいはだますなどして）財産や年金，賃金を使ったり勝手に運用すること ・本人が希望する金銭の使用を理由なく制限すること

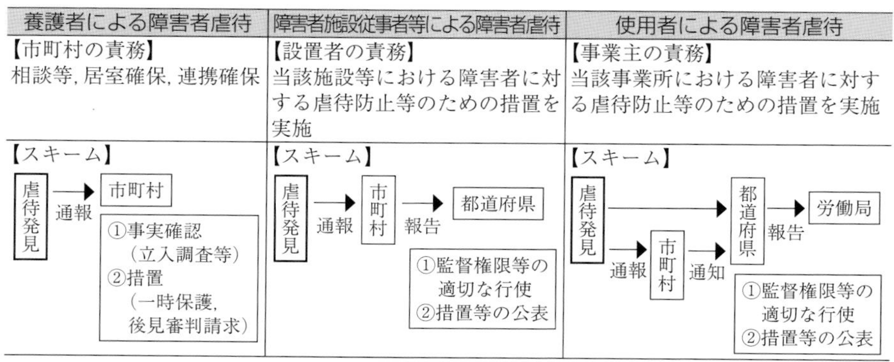

養護者による障害者虐待	障害者施設従事者等による障害者虐待	使用者による障害者虐待
【市町村の責務】 相談等, 居室確保, 連携確保	【設置者の責務】 当該施設等における障害者に対する虐待防止等のための措置を実施	【事業主の責務】 当該事業所における障害者に対する虐待防止等のための措置を実施
【スキーム】 虐待発見 →通報→ 市町村 ①事実確認（立入調査等） ②措置（一時保護, 後見審判請求）	【スキーム】 虐待発見 →通報→ 市町村 →報告→ 都道府県 ①監督権限等の適切な行使 ②措置等の公表	【スキーム】 虐待発見 → 都道府県 →報告→ 労働局 虐待発見 →通報→ 市町村 →通知→ 都道府県 ①監督権限等の適切な行使 ②措置等の公表

図　通報先，通報後の対応の仕組み

よる障害者虐待の場合は，市町村とともに都道府県も通報先になる。

通報・報告を受けた市町村，都道府県，労働局は，事実確認を行い，適切な権限行使により，虐待防止及び保護等を行う。

通報先及び通報後の対応の仕組みは図のとおりである。

学校・保育所・医療機関

学校，保育所，医療機関においても多数の虐待事件が起きており，虐待防止法の対象とされることが望まれていたが，これらの場面における虐待では，通報義務の仕組みが採用されなかった。

就学する障害者，保育所等に通う障害者及び医療機関を利用する障害者に対する虐待への対応について，その防止等のための措置（研修，普及啓発，相談体制整備，虐待に対処するための措置等）の実施を学校の長，保育所等の長及び医療機関の管理者に義務付けたのみである。

虐待防止センター

市町村・都道府県の部局または施設が，障害者虐待対応の窓口等となる「市町村障害者虐待防止センター」・「都道府県障害者権利擁護センター」としての機能を担っている。

課題

障害者虐待防止法は，附則により3年後の見直しが定められた。しかし施行から3年を大幅に経過するが，学校，保育所，医療機関における虐待を通報義務の対象とする改正へ向けた動きは聞かれない。

また運用面において，通報から48時間以内に安否確認をする等の体制が未整備であり，通報されながら虐待認定されない件数が多い等の課題がある。（黒岩海映）

119 結婚・妊娠・出産・子育ての権利

障害者が子どもを持ち，育てることの権利（自己決定権）

障害者権利条約23条「家庭及び家族の尊重」は，障害のある人が両当事者の同意に基づいて家族を形成することを認めるよう締約国に求めている。また25条「健康」では，障害のある人がジェンダーを考慮した保健サービスにアクセスすることを確保するためのすべての適切な処置をとることを求めており，(a) 項において保健サービスには性と生殖に関する健康（リプロダクティブ・ヘルス）が含まれていることも明記されている。

しかし，複合差別実態調査では，「夫の両親姉妹から結婚を大反対された。理由は，目が悪いのに普通の人との結婚は高望み，戸籍が汚れるから入籍はだめ……」「以前は周りから『早く結婚して子を産め』といわれたが，障害をもってからいわれなくなった。そして，妊娠した時，障害児を産むのではないか？　子どもを育てられるのか？　といった理由で，医者と母親から堕胎を勧められた」「育児に関して，周囲から無能扱いされる」といった声が寄せられている。

旧優生保護法の存在

1948年に成立し，半世紀近く存在した優生保護法は，子どもを産むべき人と，産んではいけない人を国が規定し，主に障害者に対して優生手術が行われた。障害者にとって身近な地域の福祉機関，医療機関，そして教育機関も巻き込み，地域ぐるみで行われたのである。

「障害者は子どもを産むべきでなく，生まれないほうがいい」「障害者は子どもを育てられない」という偏見を多くの人々の中に植え付け，1996年に母体保護法に変わった後も，「障害のある人が妊娠／出産したら，本人が大変」という「善意」の名の下に，現在も受け継がれているのである。

制度上の不備と相まって

前述の実態調査の中に，「自分の生活にも不足な介助を受けての子育てに不安があった。子どもへの介助があれば，子どもをもてたかも知れない」という声もあった。障害者が育児困難となる理由の一つに，育児支援の欠如が挙げられる。

現行の障害者総合支援法では，本人の支援のみに限定され，家族支援は対象となっておらず，2009年に出された厚労省通達により，一部認められたのみである。

結婚するか否か，子どもを持つか持たないかの自己決定が権利として位置付けられ，適切なサポートを受けられることが求められる。

2022年12月，北海道江差町のグループホームが，20年以上前から知的障害のあるカップルに不妊措置を行っていたことが発覚した。同年8月に出た，権利条約日本政府報告に対する国連の総括所見は，不妊や中絶の強要の禁止，包括的性教育の推進を勧告している。国や自治体のみでなく，障害者の身近にいる人たちの勧告履行が急務である。　（藤原久美子）

120 優生思想

優生思想の本質と広がり

優生思想は，優生学（eugenics）を根拠とする考え方である。優生学は，「種の起源」などで有名なダーウィン

(Darwin C) のいとこにあたる同じく英国のゴルトン (Galton F) によって1883年に提唱された。その概要は，「あるべき社会は，遺伝学に基づき優秀な者が残り，劣等な者は消えるべきとし，かつこれを一つの社会集団や民族単位で追求する」である。優生学は進歩的な学問とされ，19世紀後半から20世紀前半にかけて，北半球を中心に世界を覆うことになる。やがて学問の域を超え，為政者の多くが優生思想を国家建設の中核の一つに据えた。

優生思想の蔓延の理由は，世界史に位置付けることでよく見えてくる。とくに大きく影響したのが，20世紀前半の２つの世界大戦である。また，世界大戦と前後して勃発した各国での政変とこれに続く内戦，世界中を震撼させた同時経済恐慌なども優生思想の醸成に深く関係している。為政者の多くが，これらの先に描く社会は共通していた。それは，「強い者」の待望であり，「弱い者」の排除だった。

優生思想の広がりの初期段階で各国がこぞって力を注いだのは，断種政策である。関連立法がもっとも早かったのは1907年の米国（インディアナ州）で，最も犠牲者が多かったのは断種法を1933年に制定したドイツ（36万人～40万人）だった。それだけでは手ぬるいと，ナチス・ドイツは「T4作戦」という形で障害者の大量殺害に手を染めることになる。

日本の優生政策

日本では太平洋戦争（1941～1945）を前にして事態が動き出す。「強い国民」の育成を主目的とした1938年の厚生省（当時）の新設は，同時に同省内に予防局優生課を設けた。そして，「悪質なる遺伝性疾患を有する者の増加を防遏する」とする国民優生法（1940～1948）の制定へとつながる。

猛威をふるったのは，その後継であり，「不良な子孫の出生を防止」を目的とした優生保護法（1948～1996）になってからである。同法の成立時は戦争が終わっていた。しかし，戦争と無関係とは言えない。敗戦によって領土が縮減し，600万人を超える民間人と軍人が外地から引き揚げてきた。食糧事情は逼迫する。同時に，焦土化した国土の復興策が優先された。こうした中で，障害者は，「役立たず」として排除の対象になるのである。

優生保護法による被害者は，精神障害者と知的障害者を中心に24,993人（厚労省調べ）に上る。加えて，半世紀以上にわたって効力をもった国民優生法と優生保護法は，今に残る誤った障害者観の流布と浸透に大きな影響をもたらした。

（藤井克徳）

1-2-1 旧優生保護法下の強制不妊手術問題

旧優生保護法下の強制不妊手術

旧優生保護法（1948年，議員立法にて全会一致で成立）に基づき，「優生上の見地から，不良な子孫の出生を防止する」ことを目的に，「遺伝性疾患」（後に，法改正により，「非遺伝性疾患」，「らい疾患」まで拡大）のある者を対象として，優生手術（不妊手術），人工妊娠中絶が行われた。同法に規定されていたのは，「生殖腺を除去することなしに，生殖を不能にする手術（精管，卵管の結紮手術等）」であったが，それ以外にも違法な睾丸摘出手術，子宮摘出手術，放射線の照射等が行われていた。厚生労働省によると，全国で約２万5,000件の優生手術が行われた（強制によるものが約１万6,500件，同意によるものが8,500件とされているが，「同意」によるものもほとんどは実質的には強制といえる）。人工妊娠中絶については約５万9,000件である。1996年，疾患等に基づく優生手術及び人工妊娠中絶に関する条項を削除した母体保護法に改正された。

国家賠償請求訴訟と一時金支給法

2018年１月に仙台地裁において，強制不妊手術を受けた被害女性が国家賠償請求訴訟を起こしたのをきっかけに，全国11地域における38人の原告が訴訟提起するまでに広がっている。裁判で訴えているのは，人間の尊厳，子どもを産み育てる権利・産み育てるかどうかを選択する権利である。地裁では優生保護法の違憲性を認めるも除斥期間による請求棄却が続いたが，2022年２月22日大阪高裁の勝訴判決から，東京，札幌，大阪の各高裁，熊本，静岡，仙台の各地裁で勝訴判決が出ている（2023年８月10日現在）。

2019年４月には，議員立法により「旧優生保護法に基づく優生手術等を受けた者に対する一時金の支給等に関する法律」が国会で成立し，公布・施行された。前文には「我々は，それぞれの立場において，真摯に反省し，心から深くおわびする」と記されている。一時金支給の対象者は，旧優生保護法が存在した間（1948年９月11日～1996年９月25日）に優生手術，その他生殖を不能にする手術，放射線照射等を受けた者で請求時に生存している者に限られる（妊娠中絶，配偶者・家族，遺族等は含まれない）。一時金支給額は一律320万円。請求期間は法律の施行（2019年４月24日）から５年とされたが，国の法律が人間の尊厳を傷付けた人権侵害の重大性と被害回復の必要性から期間制限をなくすことが求められている。（藤木和子）

122 出生前（着床前）診断

出生前診断とは，妊娠が確認されてから出生までの時期に胎児の状態を検査して診断することをいう。妊婦から採血し，その血液中の遺伝子を解析することにより，胎児の染色体や遺伝子を調べる非侵襲的検査（いわゆる新型出生前診断〈NIPT〉）でスクリーニング検査を行い，陽性が疑われるものについては母体の腹部に針を刺して羊水を採って調べる羊水検査を行い，確定診断となる。

また，着床前診断とは，体外受精に際して，受精卵が子宮に着床して妊娠が成立する前に，受精卵の染色体や遺伝子に異常がないかどうかを検査して診断することをいう。2013年４月からNIPTが導入されたことを契機に，母体への負担が少なく，分娩前に胎児の染色体異常が判明するという点で，大きな関心を集めている。

NIPT導入時は，安易な実施が懸念

されたため，日本医学会により厳格な指針と遺伝カウンセリングの実施体制が整っていることなどの施設基準が定められた。しかし，実際は，日本医学会認定外の施設によるNIPTも多く実施されており，遺伝カウンセリングなどの十分な情報提供がなされないまま，診断と中絶がなされているという指摘がある。

実際，報道[1]によると，新型出生前診断が導入された2013年４月から2015年12月までの間に，妊婦からの採血によるNIPTの対象となっている３疾患（21トリソミー〈ダウン症〉，心臓疾患などを伴う18トリソミー及び13トリソミー）のいずれかで陽性反応が出た469人（全体の1.7％）のうち，後に異常なしと判明するなどした者を除くと346人であった。その96.5％に当たる334人が中絶したのに対し，異常が分かっても妊娠を継続した女性が12人いた。

障害者本人やその家族に対する偏見が根強く，胎児に障害があると知って出産することについては経済的・心理的・**社会的障壁***が大きいからこそ，中絶を選択する割合が多いといえる。しかし，他方で染色体異常があることを理由に中絶する行為が，命の選別としての意味合いを持つことも否定できない。こうした重要な選択にあたり，まずNIPTを受けるに際し，胎児の両親への十分な情報提供体制を充実させること，そして胎児に障害のある可能性が高くても出産できるよう，経済的・心理的・社会的障壁を取り除くような子育て支援を充実させることが必要である。　（青木志帆）

文　献

1）2016年４月25日付毎日新聞。調査はNIPTコンソーシアムによるもの。

123 障害者の消費者トラブル

障害のある人から以下のような相談が寄せられている。「訪問販売で高額なサプリメントを買ってしまった」「パソコンでウェブページを見ていたら画面に突然アダルトサイトの登録完了画面が現れて高額な登録料を請求された」「インターネットで買い物し，代金を振り込んだのに商品が届かない」「身に覚えのない借金の返済を求める最終通告書というはがきが届いてお金を振り込んでしまった」など，これらを消費者トラブルという。

障害のある人が消費者トラブルに遭うケースは年々増加している。全国の消費生活センター（消費者トラブルの相談窓口）等に寄せられた障害のある人関連の相談は，2016年度で9,187件と，過去10年で倍増している。独立行政法人国民生活センターが全国の消費生活センターに対して実施した調査によると，2016年度に障害のある人からの相談を受け付けたことのあるセンターは全体の73.6％。うち，80.3％のセンターが精神障害のある人からの相談を，58.1％が知的障害のある人の相談を受けていた。

精神障害や知的障害のある人は，情報を信じやすかったり，安易に申し込みをして住所や氏名などの個人情報を漏らしてしまうことが消費者トラブルにつながることが多い。また，トラブルに気付かなかったり，気付いても消費生活センター等の相談窓口までたどり着かない人が多いこと，トラブルの正確な情報（資料や記録など）が残っていないことが多いことにも留意する必要がある。

最近では，インターネットで買い物やサービスを利用する障害のある人も多く，ここから消費者トラブルにつながることも多々ある。インターネット上のトラブルは，相手が特定しにくいために被害回復が困難な場合が多いこと，対面での取引ではないため，知的障害等で判断能力がないことを理由とする契約の解除・返金が認められにくいことが大きな特徴である。

障害のある人の消費者トラブルに関する調査は未だ十分になされてはいない。しかし，消費者トラブルの手口は巧妙化・多様化しており，被害に遭う場面，可能性は拡大している。

2011年の障害者基本法改正で，新たに「消費者としての障害者の保護」（26条）が規定されたこと，及び2016年に**障害者差別解消法***が施行されたことからも，障害のある人の「消費者」としての利益の擁護・増進は喫緊の課題である。障害のある人やその支援者に対する消費者教育の充実や支援体制の構築が望まれる。（高野亜紀）

文献

・消費生活センターにおける障がい者対応の現況調査．独立行政法人国民生活センター，2018.
・平成29年度障がい者の消費行動と消費者トラブルに関する調査報告書－精神障がい者，知的障がい者，発達障がい者の消費行動を中心に．消費者庁，2018.

第15章

障害者福祉と自立

124 障害者福祉の歴史と法制度

日本における障害者福祉施策は，本格的には戦後，日本国憲法下で始まった。18歳未満の障害児を対象とした児童福祉法に始まり，その後身体障害者福祉法，精神薄弱者（現知的障害者）福祉法が成立していく。初期は職業的更生，援護または保護が目的とされたが，高度経済成長期には家族介護の限界から法改正によって重度者の入所施設制度が整備された。こうした処遇のあり方に変更を求めたのが1981年の**国際障害者年***だった。ノーマライゼーション思想の導入やそれ以前からの自立生活運動の普及によって，重度の障害があっても地域で生活することの重要性が認識されるようになった。国際障害者年とその後の10年の取り組みによって通所施設の設置が進められるが，障害者福祉予算が大幅に増えることはなかった。

表　日本の障害者福祉施策の歴史

年	出来事	内容
1947	児童福祉法	
1949	身体障害者福祉法	目的は更生。身体障害者手帳，更生・授産施設，補装具
1950	精神衛生法	精神障害者の医療，保護，精神障害の発生予防
1954	身体障害者福祉法改正	更生医療給付制度，ろうあ者更生施設
1960	精神薄弱者福祉法	目的は更生と保護。更生施設，授産施設
	身体障害者雇用促進法	
1965	精神衛生法改正	通院医療費の公費負担
1967	児童福祉法改正	重症心身障害児施設，精神薄弱児施設・肢体不自由児施設の年齢要件緩和

	身体障害者福祉法改正	障害範囲拡大，身体障害者相談員，身体障害者家庭奉仕員派遣，内部障害者更生施設，身体障害者更生援護施設年齢要件緩和
	精神薄弱者福祉法改正	精神薄弱者援護施設類型化，精神薄弱者援護施設年齢要件緩和
1970	心身障害者対策基本法	
1972	身体障害者福祉法改正	障害範囲拡大，身体障害者療護施設
1979	障害児教育義務制実施	
1980	「国際障害者年推進本部」設置	
1984	身体障害者福祉法改正	身体障害者更生援護施設再編，障害範囲拡大，身体障害者更生施設入所者費用徴収規定
1986	国民年金法改正	障害基礎年金制度
1987	障害者の雇用の促進に関する法律	
	精神保健法	
1990	老人福祉法等の一部を改正する法律	福祉関係八法改正
1993	身体障害者の利便の増進に資する通信・放送身体障害者利用円滑化事業の推進に関する法律	
	精神保健法改正	地域生活援助事業，社会復帰促進センター，欠格条項見直し
	障害者基本法	
1994	高齢者，身体障害者等が円滑に利用できる特定建築物の建築の促進に関する法律（ハートビル法）	
1995	精神保健及び精神障害者福祉に関する法律	精神障害者保健福祉手帳制度等
	障害者対策推進本部「障害者プラン～ノーマライゼーション７か年戦略～」	
1998	精神薄弱の用語の整理のための関係法律の一部を改正する法律	「精神薄弱」を「知的障害」に変更
1999	精神保健福祉法の一部を改正する法律	
2000	社会福祉の増進のための社会福祉事業法等の一部を改正する等の法律	支援費制度（身体障害者福祉法，知的障害者福祉法，児童福祉法等の改正）
	高齢者，身体障害者等の公共交通機関を利用した移動の円滑化の促進に関する法律（交通バリアフリー法）	
2001	障害者等に係る欠格事由の適正化を図るための医師法等の一部を改正する法律	
2002	身体障害者補助犬法	
2003	心神喪失等の状態で重大な他害行為を行った者の医療及び観察等に関する法律	
2004	障害者基本法の一部を改正する法律	都道府県・市町村の障害者計画策定の義務化等
	発達障害者支援法	
2005	障害者雇用促進法の一部を改正する法律	
	障害者自立支援法	
2006	高齢者，障害者等の移動等の円滑化の促進に関する法律（バリアフリー法）	
2010	障害者自立支援法等の改正	利用者負担の見直し，障害者の範囲の見直し，

		相談支援の充実，障害児支援の強化等
2011	障害者虐待防止法	
	障害者基本法改正	
2012	障害者総合支援法	
2013	障害者差別解消法	地域社会における共生等，障害を理由とする差別の禁止
		法の目的の変更
	精神保健福祉法改正	
2014	障害者権利条約批准	
2016	障害者総合支援法改正	自立支援給付・障害児通所支援の充実等
2019	読書バリアフリー法	視覚障害者，発達障害者等の読書環境整備
2020	聴覚障害者電話利用円滑化法	電話リレーサービスの創設
2021	障害者差別解消法改正	民間事業者の合理的配慮提供の義務化
2022	障害者総合支援法改正	就労選択支援，移行型グループホーム
	障害者雇用促進法改正	20時間未満就労者の雇用率算定
	精神保健福祉法改正	入院者訪問支援事業，医療保護入院見直し
	難病法改正	登録者証の発行

2000年に入り**社会福祉基礎構造改革***によって，障害分野においても公的責任を支えていた措置制度から利用契約制度に移行した。2003年に支援費制度が実施され，2006年には障害者自立支援法として施行され，３障害横並びの制度となった。措置時代と比較して事業所当たりの補助金は削減され，利用者の自己負担も強化された。そうした中，国際的には障害者権利条約が採択され，日本でも批准に向けて障害者基本法の改正，障害者自立支援法の障害者総合支援法への改正，障害者差別解消法の制定など国内法を整備した。

この過程で，従来，福祉の法的対象とされてこなかった発達障害，難病やてんかんのある人々もその対象に含まれるようになった。しかし入所施設や精神科病院に長期に入所・入院している障害者の地域への移行は遅々としている。また障害者施策に係る予算もOECD諸国の中で低位に位置したままである。今後，権利条約の理念が生かされ，地域で障害のある人が学び，働き，生活する環境を一層整えることが求められており，その具体策は「**骨格提言***」にまとめられている。

（杉本豊和）

125 支援費制度

社会福祉基礎構造改革*の一環として身体障害者福祉法，知的障害者福祉法及び児童福祉法の改正により実施された障害福祉サービスに係る制度体系である。2003年度から実施され３年間続いた。

障害者の自己選択・自己決定の実現を名目に導入され，身体障害児・者と知的障害児・者が，市町村から情報提供やサービス選択のための相談支援を受け，利用するサービスの種類ごとに支援費の支給を受け，事業者との契約に基づいてサービスを利用する制度である。

契約制度化に伴い民間企業やNPOが障害福祉の事業者に含まれた。居宅介護やデイサービス，短期入所などの居宅サービスと，更生施設や療護施設，授産施設などの施設サービスの二本立てとなっていた。新たに導入された障害程度区分は受けられるサービスの種類と量を決める区分であった。また，精神障害等については，すでに利用制度であり支援費の適用外となる等の問題があった。

この制度移行によって，居宅介護等の利用者が増加し，予算の不足が深刻化したことから，介護保険制度との統合の検討も行われたが，**障害者自立支援法***が新たに制定された。（井上泰司）

126 障害者自立支援法

措置制度からの転換をはかるために導入された「支援費制度」が財政的に行き詰まりを見せる中，厚生労働省は急遽「改革のグランドデザイン」を提案し，①障害者の福祉サービスの「一元化」，②障害者の就労の推進，③地域の限られた社会資源を活用するための「規制緩和」，④公平なサービス利用のための「手続きや基準の透明化，明確化」，⑤増大する福祉サービス等の費用を皆で負担し支え合う仕組みの強化をうたった。障害者自立支援法は，利用したサービスの量や所得に応じた「公平な負担」，国の「財政責任の明確化」を名目に制定された障害福祉の基本的施策であり，2006年４月から一部施行，同年10月から全面施行された。対象は，身体・知的・精神の各障害児・者である。給付内容は，居宅介護，短期入所，入所施設等の介護給付費及びリハビリテーション，就労移行支援等の訓練等給付費，自立支援医療などとなっている。国の基本指針，市町村・都道府県の障害福祉計画の策定や，市町村・都道府県による地域生活支援事業の実施を規定している。定率の利用者負担制度を巡っては，違憲訴訟が起こるなど，当事者・関係者からの批判があり，2012年６月**障害者総合支援法***に改正された。

（井上泰司）

127 障害者総合支援法

「障害者の日常生活及び社会生活を総合的に支援するための法律」（2012年成立）。以下2016年改正法について紹介する。

経過

2006年施行の障害者自立支援法に対して，障害を自己責任とする仕組みを問題として71人の障害者が**障害者自立支援法違憲訴訟***を起こした。2009年の総選挙で成立した新政権は訴訟団に和解を申し入れ，2010年１月「障害者自立支援法原告団・弁護団と国（厚生労働省）との基本合意文書」が締結され，2013年８月までに障害者自立支援法の廃止と基本的人権の行使を支援する新たな福祉法を実施する約束がなされた。他方，障害者権利条約の批准に必要な国内法の見直しが求められていた。

こうして2010年１月に「**障がい者制度改革推進会議***」が発足，その下に設けられた「総合福祉部会」は2011年８月にいわゆる「**骨格提言***」をまとめた。厚生労働省はこの提言を最大限生かしたものが障害者総合支援法だと説明したが，現実には難病患者の一部を支援対象に含めるなどの改正にとどまり，障害者団体などからは「基本合意」も「骨格提言」もほとんど無視されたとの批判が出た。2016年の改正（2018年度施行）も，巡回・随時訪問型サービス（自立生活援助）の新設などの一部改正にとどまった。

利用の仕組みとサービス体系

障害者総合支援法は，年齢を問わず**障害者手帳***の所持者・対象者及び一部の難病に伴う障害者を対象にして，市町村が利用者の申請に基づいて障害支援区分認定を行い，その結果と「サービス等利用計画」案を踏まえて支給決定を行い，利用者が事業者と契約してサービスを利用する制度である。利用者の世帯（本人および配偶者。障害児の場合は保護者の世帯）の負担能力に応じて上限10％の利用料負担を事業者に支払い，残りは国と自治体が税財源から支出し，事業者に支払われる。

サービス体系は財政面からは**図**のように区分することができる。まずすべてのサービスは国・都道府県の財政責任の強さに応じて自立支援給付（義務的経費の対象）と地域生活支援事業（裁量的経費の対象）に区分される。自立支援給付は，障害支援区分認定調査の要否で障害福祉サービスとその他に区分され，さらに障害福祉サービスは，将来介護保険に移行する予定の有無で介護給付と訓練等給付とに区分される。

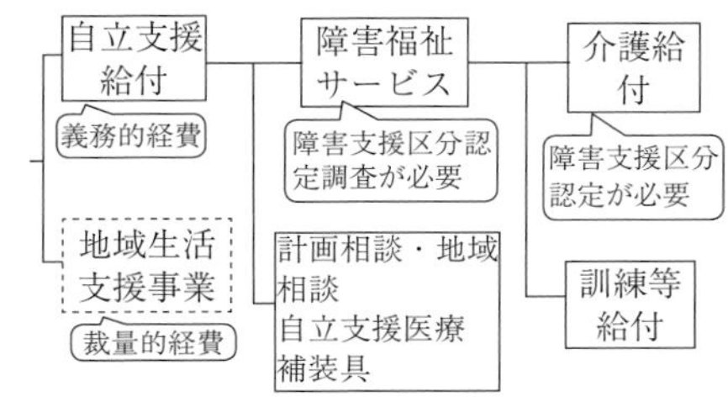

図　財政面から見た障害者総合支援法のサービス体系

サービスの種類面では次の**表**のように訪問系・日中系・居住系に区分することもできる。

なお，障害児については施設入所・通所のサービスは児童福祉法で，居宅介護などの訪問系サービス，短期入所，相談支援，自立支援医療，補装具，移動支援などは本法で規定している。

課題

障害者自立支援法の廃止と憲法の基本的人権の行使を支援する新たな福祉法制の実施という約束は，国（厚労省）と訴訟団との間での文書による合意事項であり，その上14の地方裁判所が国による履行が信頼できると判断したからこそ，訴訟の中断を承認した和解文書である。さらに骨格提言はこの約束の履行と障害者権利条約に沿う法のあり方を求めた政府への回答である。障害者自立支援法への賛成団体も

表　障害者総合支援法の主なサービス

	自立生活援助	訓練等給付	地域移行した障害者への巡回・随時訪問型支援
訪問系	居宅介護	介護給付	居宅で入浴，排泄，食事の介護等
	重度訪問介護		常時介護を要する障害者に，居宅と外出時の介護を総合的に行う
	行動援護		著しい行動障害のある障害者に危険回避や移動中の介護
	同行援護		重度視覚障害者への外出支援・情報提供
	短期入所		介護者の疾病等による短期入所介護
日中系	療養介護		医療と常時介護を要する障害者に病院等で機能訓練，介護等
	生活介護		入浴，排泄または食事の介護，創作活動，生産活動の機会
	自立訓練	訓練等給付	心身機能訓練または生活訓練　有期限
	就労移行支援		就労のための訓練等　有期限
	就労継続支援		就労困難な障害者に就労機会を提供
	就労定着支援		就職した障害者への就労継続のための支援　有期限
	地域活動支援センター	地域生活支援	創作的又は生産的活動，社会交流の便宜
居住系	施設入所支援	介護給付	主として夜間，介護を提供
	共同生活援助（グループホーム）	訓練等給付	共同生活の住居で相談や日常生活の援助
	福祉ホーム	地域生活支援	低額な料金で居室等を利用
その他	自立支援医療		育成医療，更生医療，精神通院公費負担
	補装具		義肢，装具，車椅子等
	相談支援	地域生活支援	相談，情報提供，助言，連絡調整，サービス利用計画等
	移動支援		障害者の外出を支援

反対団体も含め，障害者・家族，事業者，学識経験者，自治体関係者などを含め，厚労省と内閣府が共同で選出した多様な意見と立場の55人の委員が，基本合意と権利条約をベースとすれば今後の日本の障害者福祉法制はこれ以外にあり得ないという合意を1年半の議論を経て形成したものである。

障害者総合支援法は骨格提言と比べて，目的・理念・権利規定，対象者の定義，支援ニーズの認定と相談支援・権利擁護，病院や施設からの地域移行プログラム，国・自治体の財政負担の仕組み，サービス事業者への支払い方式や従事職員の待遇，サービス体系のシンプル化などの面で大きな課題を抱えている。

（佐藤久夫）

128 利用者負担

旧来の措置制度の中では，基本的に生存権保障の立場から受給者の権利を担保するために現物給付を前提としていたので利用料負担はなかった。その後の諸制度の改定等の中で，徐々に利用者負担制度の導入がはかられるようになった。利用料負担の政策的意図は，①受益に応ずる負担，②歳入の確保，③需要の抑制の行政効果があり，その機能としては，①公平性（実質的平等の確保），②自立・自助の助長，③限られた資源の効率的合理的配分が強調されている。介護保険法で負担原則が制度上盛り込まれたこともあり，障害者自立支援法制定時においても，費用を広く国民全体で分かち合う観点から，障害福祉サービス，自立支援医療，補装具の各サービスに係る費用の９割以上を公費（自立支援医療については，保険を含む）で負担する一方，利用者にも所得に応じて最大でも１割までの負担を位置付けてきた。こうした負担は，サービス利用料にとどまらず，医療等でも給食費等の自己負担制度への転換等，個人負担部分が徐々に拡大される傾向にある。　（井上泰司）

129 応益負担と応能負担

一般的に「応益負担」とは，受けたサービス量（利益）に応じて費用を負担する仕組みであり，「応能負担」とは，個人または家族の能力（収入）に応じて費用を負担する仕組みである。措置制度以来，福祉サービスは支援を受ける人の収入によって自己負担金が設定されていた。

しかし，**障害者自立支援法***では，障害者が受けたサービスを「益」として，定率で自己負担金を請求されることとなった。こうした措置に対し，障害福祉サービスの提供は，障害のない人と同等に生きるための制度であり，「応益論」は成り立たないとの声が広がった。国は「応益負担」を「定率負担」と言い換えたが，「この制度は，基本的人権の侵害にあたる」として，その撤廃を求め，障害者自立支援法違憲訴訟等行政訴訟が展開されることとなった。こうした中で，再三の軽減措置が行われ，現在は，基本的に個人もしくは夫婦所得に応じた軽減措置や補足給付等が制度化され，基本的に障害福祉制度においては，「応能負担」の制度となっている。しかし，自立支援医療での軽減措置の実現や配偶者及び障害児の親の収入認定等の課題が残されている。　（井上泰司）

130 補足給付

低所得者対策として，介護保険や障害福祉サービス等で導入された制度。利用者負担には，サービスに対する定率負担と食費・光熱水費などの実費負担とがあり，補足給付は後者の負担を軽減する。各施設では月額53,500円（2020年度）を上限に食費・光熱水費が設定されているが，それを支払ってもなお手元に25,000円（障害基礎年金１級の者は28,000円）残るように不足額を補助する。サービス利用料負担軽減策とともに重要な制度であるが，費用負担制度に関する課題は多い。なお，グループホームを利用する低所得者への家賃補助も補足給付である。

なお2020年の経営実態調査などをふまえ，基準費用額は53,500円から2021年から54,000円に改定されるなど一定の改定も行われている。

（井上泰司）

131 介護保険優先原則

介護保険優先原則とは，障害者総合支援法７条に規定される給付調整制度である。障害者は65歳，または40歳から64歳の間に介護保険法の16特定疾病で要介護状態等になった場合，障害福祉制度より**介護保険制度***が優先され，制度移行が求められる。

これらの制度は理念・対象・財源等が異なるため，制度移行によって，①非課税世帯障害者への利用料負担の発生，②サービスの量と質の低下，③環境の変化への不適合等の問題が生じる。そして，これらは，所得保障も資産形成の機会も不十分な障害者の生活水準をさらに低下させる。

また，制度移行をしない場合，障害福祉サービスの更新を認めない自治体もあり，支援が打ち切られたケースもある。障害者は支援や合理的配慮なしに，他の者と同様の生活を維持することは困難である。この問題は民事訴訟に発展し，2018年12月原告障害者の勝利が確定した（浅田訴訟）。

厚生労働省は高齢者の負担軽減策・共生型サービス等で問題の是正をはかるとしているが，優先原則を前提とするため同原則は固定化される。こうした問題を生む優先原則は基本合意及び障害者権利条約に反しており，同規定の撤廃・選択制の導入等が求められる。

（山崎光弘）

132 障害支援区分

支援費制度施行後，給付費が増大したが，全国共通の利用ルールが明確でなかったことから，障害者自立支援法の制定にあたって，支給決定プロセスの透明化が求められた。そこで審査会の意見聴取などとともに，支援の必要度をはかる客観的な尺度として「障害程度区分」が導入された。しかしながら，介護保険の要介護認定の手法を活用したため，知的障害者や精神障害者の程度区分認定の二次判定での見直し率が極めて高く（身体20.3％ 知的43.6％ 精神46.2％，2010年10月～2011年９月），障害の特性を十分反映した認定制度になっていない点や，程度区分認定によって使えるサービス等の制限があるなどの点から批判が高まった。その後名称が「障害支援区分」に変更され，位置付けも旧来の「障害者等に対する障害福祉サービスの必要性を明らかにするため当該障害者等の心身の状態を総合的に示すもの」から，「障害者等の障害の多様な特性その他心身の状態に応じて必要とされる標準的な支援の度合を総合的に示すもの」へと変更された。内容面では調査項目の見直し，選択肢の統一，評価方法の見直しや新判定方式の再構築が行われ，また支給決定にあたってサービス利用計画等が組み込まれ，2014年４月から実施された。ただし，こうした変更によっても支援の必要度をはかるためには，認定審査会が機能し，医師意見書等の併用にあたっての配慮など，十分な配慮が必要となっている。

元来福祉サービスの支援における必要十分の原則がうたわれてきており，こうした機能障害の重症度を測る全国一律の基準を設けることで，利用できるメニューや利用量の制限があるという問題点や，財政上の理由からサービス利用抑制に使われる可能性もある。本来的にはサービスは機能障害の重さではなく，必要度（ニーズ）に応じて提供されるべきものであり，支給決定前にサービス利用計画を実施し一定程度必要性にも配慮することとしたとはいえ，「**骨格提言***」で示されたニーズアセスメントを中心に行う支給決定のあり方からはかけ離れている。実際介護保険での介護認定の標準化や支給制限等が行われている実態等もあり，引きつづきこうした認定制度のあり方については，根本的な議論が必要である。（井上泰司）

133 義務的経費と裁量的経費

義務的経費は，国または地方自治体の一般歳出のうち，支出することが制度的に義務付けられている経費である。政策判断によって内容の見直しが柔軟にできる「裁量的経費」とは異なり，義務的経費は行政の裁量で削減することはできない。障害者自立支援法の施行により，それまで裁量的経費であったグループホームや居宅介護（ホームヘルプ）が義務的経費の対象となった。一方で，市町村実施の**地域生活支援事業***が法定化されたが，裁量的経費であるため，各市町村への配分等において格差がある上に，財源的制約もあり，移動支援等のサービスに関しては，大きな格差を生む背景となっている。

また，義務的経費である自立支援給付に関しても，「国庫負担基準」による制約が加わる。これにより訪問系サービスの種類ごと障害支援区分ごとに１人当たりの基準額が定められ，その市町村の利用者全体の合計額が国の負担上限とされる。市町村の内部での利用量のばらつきは認められるが，総額のうちこの上限を超えた分については負担しない。限りある国費の公平な配分のためと説明されるが，財政負担を恐れる市町村が必要な支援を控える背景の１つとなっている。（井上泰司）

134 国庫負担基準

2006年４月施行の障害者自立支援法（現在の障害者総合支援法）により障害福祉サービスにおける国の費用負担は２分の１として義務化された。しかし，厚生労働省は，「無条件ですべて負担することは困難であり，障害福祉に関する国と地方自治体間の役割分担を前提に，限りある国費を公平に配分し，市町村間のサービスのばらつきをなくす」ことを目的に，市町村に対する国庫負担基準（精算基準の上限を定める仕組み）を導入した。同基準は，居宅介護，重度訪問介護，同行援護，行動援護，重度障害者等包括支援のそれぞれに支援区分ごとの上限額を設定している。

同基準があるため，サービスをたくさん利用する人がいると市町村の持ち出しが多くなり，自治体の財政を圧迫する。ゆえに多くの市町村では，サービスを長時間必要とする人がいてもさまざまな理由をつけて長時間利用を認めない対応となる。また，介護保険対象者になると上限額がさらに激減するため市町村が介護保険制度への強制移行を行う１つの要因ともなっている。こうした基準に対し，多くの障害者団体は，国庫負担基準の撤廃を求めており，国が費用負担すべき２分の１をきちんと保障するよう求めている。

（家平　悟）

135 日額制と月額制

措置制度の時代では，福祉事業の提供は，公的責任三原則（公金支出責任，整備責任，運営責任）に基づき，福祉事業基準等が示され，そのための整備費補助がなされ，運営にあたっても，施設基準を維持するために各事業所に対する報酬が公的に保障される仕組みであった。報酬は基準に基づきその事業が制度趣旨に基づく支援を十分提供できるよう「人件費，管理費，事業費」等を設定し，毎月事業所に対して支給される仕組み（月額制）であった。

制度改革の中で，こうした仕組みが規制緩和され，各事業所の責任において，運営上の報酬活用の自由度を高めた。さらに，介護保険制度や障害者自立支援法以降は，こうした報酬が「現金給付方式及び利用契約制度（利用者本人に現金を支給し，利用者がそのお金で自由に個別事業所と契約して，サービス提供を受ける仕組み）」に転換され，「日割り報酬」に転換した。サービス利用にあたって，利用料の発生が伴う制度となったため，利用者からすれば，サービス利用をしてない時の支払いを行うことは負担となる。一方，事業者側からは，安定的な事業運営にあたって「月額制」を求める声が強く，制度的矛盾は大きい。

また，2019年からの新型コロナ禍では，こうした日割制度での矛盾が大きく，事業運営にも大きな影響を与えるなどこうした制度のあり方に対する改善要望も大きい。

（井上泰司）

136 常勤換算方式

指定障害福祉サービス事業所等の職員配置について，職員のそれぞれの勤務延時間数の合計を，常勤の職員が勤務すべき時間数で除することで，常勤の職員の人数に換算する方式である。非常勤での就労を希望する職員が働きやすくなる面はあるが，この方式の導入により，常勤職員の代わりに非常勤職員が多数導入されることとなり，職員の労働条件の悪化とそれに伴う人員不足，利用する障害者等にとっての支援の質の低下がもたらされた。

（井上泰司）

137 協議会（障害者自立支援協議会）

障害者自立支援法の制定後，地域において**相談支援事業***を適切に実施していくため，市町村，障害福祉圏域，都道府県に設置された。現在の法令上は「協議会」となっているが地域においてさまざまな名称が付けられている。当初は明確な規定が行われなかったが，幾度かの改訂に伴い法定化された。その機能は，①中立・公平性を確保する観点から，相談支援事業の運営評価等を実施，②具体的な困難事例への対応のあり方についての指導・助言，③地域の関係機関によるネットワークの構築等とされている。また，①必要な関係者の参画，②本人のニーズにそった支援，③短期目標と中長期目標の整理，④それぞれの役割分担の整理，⑤現状では解決困難な地域課題の確認，共有等がある。会の構成，運営のあり方，障害福祉計画への反映についても地域格差が大きい。（井上泰司）

138 都道府県・市町村障害福祉計画

障害者総合支援法に基づき，障害福祉サービス等の提供体制及び自立支援給付等の円滑な実施を確保することを目的として，国は基本指針を作成し，この指針に即して都道府県・市町村障害福祉計画を作成する。市町村障害福祉計画では，①障害福祉サービス，相談支援及び地域生活支援事業の提供体制の確保に係る目標に関する事項，②各年度における指定障害福祉サービス，指定地域相談支援又は指定計画相談支援の種類ごとの必要な量の見込み，③地域生活支援事業の種類ごとの実施に関する事項等を作成するものとしている。なお，この計画の策定にあたっては，施設入所者の地域生活への移行，精神障害にも対応した地域包括ケアシステムの構築，地域生活支援拠点等の整備，福祉施設から一般就労への移行，障害児支援の提供体制の整備等の基本指針に基づいて計画を立案することが求められる。また，障害福祉サービス事業の目標数値等が検討される。特にこうした計画にあたっては，前計画の到達数値の分析等，PDCAサイクルでの検討が求められている。

（井上泰司）

139 障害保健福祉圏域

市町村だけでは対応困難な各種のサービスを面的・計画的に整備することにより広域的なサービス提供網を築くため，都道府県の医療計画における二次医療圏や老人保健福祉圏域を参考に，広域市町村圏，福祉事務所，保健所等の都道府県の行政機関の管轄区域等を勘案しつつ，複数市町村を含む広域圏域として設定されるもの。障害保健福祉圏域では，市町村圏域だけでは対応が困難な場合に「障害者就業・生活支援センター」「地域生活支援拠点」「基幹相談支援センター」，入所施設等を整備し，広域的に活用できるようにすることをめざす。（井上泰司）

140 介護給付

障害者総合支援法の介護給付とは，個別のニーズに従って給付されるサービスであり，市町村の実施事業とされている。居宅介護，重度訪問介護，行動援護，同行援護，療養介護，生活介護，短期入所，重度障害者等包括支援，施設入所支援がある。

介護給付のサービスを利用する際には，障害支援区分によって，受けられるサービスと量が制約される。たとえば，居宅介護や短期入所は支援区分1以上という利用条件があり，生活介護は支援区分3以上（50歳以上は2以上），施設入所支援は支援区分4以上（50歳以上は支援区分3以上）でないと利用できない。（井上泰司）

141 居宅介護

居宅において，入浴，排せつ及び食事等の介護，調理，洗濯及び掃除等の家事並びに生活等に関する相談及び助言，その他の生活全般にわたる援助を提供すること。対象となるのは障害支援区分1以上（障害児にあってはこれに相当する心身の状態）である者，ただし，通院等介助（身体介護を伴う場合）を算定する場合にあっては，区分2以上に該当していることとともに，障害支援区分の調査項目のうち，「歩行」「移乗」「移動」「排尿」「排便」いずれか1つ以上の見守り等の必要があるものとされている。（井上泰司）

142 重度訪問介護

重度の障害者で常に介護を必要とする者に，居宅において，入浴，排せつ及び食事等の介護，調理，洗濯及び掃除等の家事並びに生活等に関する相談及び助言その他の生活全般にわたる援助並びに外出時における移動中の介護を総合的に行う支援である。対象者は，**障害支援区分***4以上の重度の肢体不自由，知的障害，精神障害があり常時介護を要する障害者であるとされている。市町村によっては1日24時間の支給決定をしているところと厳しく利用制限しているところとの格差は大きい。この事業を行う事業所の介護者不足などが課題とされている。2018年度より入院中の障害者への支援が認められることになったが，入院中の最重度の障害者のコミュニケーションを支援することで，患者（障害者）本人が必要とする支援内容を，医師や看護師等の医療従事者などに的確に伝えることに限定されている。コロナ禍でも，こうした制度の利用ニーズは大きく広がった。

また，このサービスについて通学や

就労等での活用について大きな議論もあり，他制度との関係での制度活用についてはひきつづき議論が必要となっている。（井上泰司）

143 重度障害者等包括支援

重度の障害者等に対し，居宅介護，同行援護，重度訪問介護，行動援護，生活介護，短期入所，共同生活援助，自立訓練，就労移行支援及び就労継続支援を包括的に提供する事業。対象者は，常時介護を要する障害者等であって，意思疎通をはかることに著しい支障がある者のうち，四肢のマヒ及び，寝たきりの状態にある者並びに知的障害または精神障害により行動上著しい困難を有する者。また，障害支援区分６（障害児にあっては区分６に相当する心身の状態）に該当する者のうち，意思疎通に著しい困難を有する者であって，以下のいずれかに該当する者である。Ⅰ類型は，重度訪問介護の対象であって，四肢すべてにマヒ等があり，寝たきり状態にある障害者のうち，以下のいずれかに該当する者。人工呼吸器による呼吸管理を行っている身体障害者（筋ジストロフィー，脊椎損傷，ALS〈筋萎縮性側索硬化症〉，遷延性意識障害等，最重度知的障害者）。Ⅱ類型は重症心身障害者等，障害支援区分の認定調査項目のうち行動関連項目（11項目）等の合計点数が８点以上である者。Ⅲ類型は，強度行動障害等に相当する者である。サービスを提供する事業者が少なく，全国的に利用者は少ない。（井上泰司）

144 短期入所

介護者の疾病その他の理由により，一時的に自宅での生活が困難になった障害児・者を障害者支援施設，児童福祉施設その他の施設等への短期間入所させ，入浴，排せつ及び食事その他の必要な保護を行う支援である。福祉型（障害者支援施設等において実施）及び医療型（病院，診療所，介護老人保健施設において実施）がある。グループホーム等での対応も可能であるが，緊急時の対応等については報酬上の問題もあり課題が多い。（井上泰司）

145 療養介護

対象はALS（筋萎縮性側索硬化症），筋ジストロフィー等により，常時介護を必要とする障害者である。主として日中に病院で行われる機能訓練，療養上の管理，看護，医学的管理の下における介護及び日常生活上の支援である。また，療養介護のうち医療に係るものは，療養介護医療として提供される。（井上泰司）

146 生活介護

障害者支援施設等において，主とし

て日中に入浴，排せつ及び食事等の介護，創作的活動または生産活動の機会の提供，日常生活上の相談及び助言その他必要な支援を提供する事業である。対象は介護を要する者で，障害支援区分３以上（50歳以上の場合２以上）とされている。

ただし，区分が上記に満たなくても，生活介護と施設の入所を組み合わせて利用できる場合もある。

また，こうした事業の支援の質の向上のため，2019年，支援する上での基本的な姿勢や守るべきもの，役割などを示した「自己点検チェックのためのガイドライン」が示されている。

（井上泰司）

147 施設入所支援

施設に入所する障害者に，主として夜間において，入浴，排せつ及び食事等の介護，生活等に関する相談及び助言，その他の必要な日常生活上の支援を行う事業である。対象者は，生活介護を受けている者で，障害支援区分が４以上（50歳以上の場合は３以上）の者等である。この夜間のサービスと生活介護などの日中のサービスを合わせて行う施設を障害者施設という。やむを得ず，通所等が困難な者及び，旧法上から継続して入所している者の利用も認められている。近年は，施設定員の削減や地域移行強化が叫ばれている中にあっても待機者がいるなど，そのあり方が課題となっている。

（井上泰司）

148 訓練等給付

訓練等給付は，障害のある人が可能な限り自立して地域の中で生活するために，提供される訓練的な支援であり，利用にあたって障害支援区分の認定を必要としない。以下の６つの事業がある（④と⑤は2018年度から実施）。①自立訓練・宿泊型自立訓練（機能訓練・生活訓練）：自立した日常生活または社会生活ができるよう，原則２年間身体機能または生活能力の向上のために必要な訓練を行う，②就労移行支援：一般企業等への就労を希望する人に，原則２年間，就労に必要な知識及び能力の向上のために必要な訓練を行う，③就労継続支援（Ａ型＝雇用型・Ｂ型＝非雇用型）：一般企業等での就労が困難な人に，働く場を提供するとともに，知識及び能力の向上のために必要な訓練を行う，④就労定着支援：一般就労に移行した人に，就労に伴う生活面の課題に対応するための支援を行う，⑤自立生活援助：一人暮らしに必要な理解力・生活力等を補うため，定期的な居宅訪問や随時の対応で支援する，⑥共同生活援助（グループホーム）：夜間や休日，共同生活を行う住居で，相談，入浴，排せつ，食事の介護や日常生活上の援助等を行う。

（井上泰司）

149 自立訓練

自立訓練事業には,「機能訓練」と「生活訓練」がある。「機能訓練」は,身体障害のある人や難病患者に施設や居宅で,理学療法,作業療法,コミュニケーション訓練,その他必要なリハビリテーション,生活等に関する相談及び助言その他の必要な支援を行う事業である。「生活訓練」は,身体・知的・精神障害のある人に,入浴,排せつ及び食事のために必要な訓練,生活等に関する相談及び助言,その他の必要な支援を行う事業である。また,2年を原則とした宿泊型自立訓練もあり,地域移行をめざす精神障害のある人の利用が多い。　（井上泰司）

150 グループホーム

地域で共同生活を営む障害のある人に主として夜間において,相談その他の日常生活上の援助を行う支援である。

2014年から共同生活介護（ケアホーム）が共同生活援助（グループホーム）に一元化された。障害支援区分にかかわらず利用が可能となり,これまでどおり日常生活上の援助,相談等を行うとともに,利用者の個々のニーズに応じて入浴,排せつまたは食事の介護を提供することとなった。また,グループホームでの入浴,排せつまたは食事介助等の介護支援については,事業者が直接提供するか外部委託するかを事業者が選択できる仕組みが導入された。さらに,一人暮らしをめざす障害のある人のためにアパートで暮らす等のサテライト型住居（原則３年間）が創設された。なお,2018年報酬改定に伴い,日中サービス支援型グループホーム（定員20名,３：１配置基準等）が設置され,暮らしの場の大規模化への疑問が出されている。また,グループホームの数は依然として不足しており,重度障害のある人の生活を支えるための体制も確保されていない。

ただ,夜間体制の整備については職員の労働条件の問題（休息時間の確保等）などもあり加算等の検討がすすんでいる。

2022年の障害者総合支援法改正で,支援内容に一人暮らし等を希望する人に対する支援や退居後の相談等が含まれることとなった。　（井上泰司）

151 補装具

障害者が日常生活及び社会生活を送るために障害による困難を補う用具である。これにより必要な移動等の確保や,働きやすさ及び暮らしやすさ,学齢期の学びやすさ等を保障することを目的としている。具体的には,義肢,装具,座位保持装置,盲人安全つえ,義眼,眼鏡,補聴器,車椅子・電動車椅子,歩行器,歩行補助つえ,重度障害者用意思伝達装置など。利用対象者の拡大,対象となる機器の種類の拡大,補助額上限の実態に合わせた拡充，アフターケアの充実などが求められている。

また，65歳以上の場合，車椅子など介護保険との関係調整の課題などがある。（井上泰司）

152 日常生活用具

市町村が行う地域生活支援事業の必須事業の１つ。障害者等の日常生活がより円滑に行われるための用具を給付または貸与する事業。対象者は，日常生活用具を必要とする障害者，障害児，難病患者等。用具の要件として，障害者等が安全かつ容易に使用できるもので，日常生活品として一般に普及していないもの，などとされている。主な例は電気式痰吸引器，点字器，盲人用時計，ストーマ装具，透析液加温機，特殊寝台，移動用リフト，紙おむつ，聴覚障害者用情報受信装置，頭部保護帽，電磁調理器，火災警報器などで，市町村により異なる。（井上泰司）

153 地域生活支援事業

障害児・者が，自立した生活を営むことができるよう，地域の特性や利用者の状況に応じ，柔軟な形態かつ効果的に実施することを目的に設けられた各種の事業である。都道府県事業と市町村事業の２つがあり，いずれも必須事業と任意事業がある。主な市町村の必須事業には，理解促進研修・啓発事業，相談支援事業，成年後見制度利用支援事業，成年後見制度法人後見支援事業，意思疎通支援事業，手話奉仕員養成研修事業，日常生活用具給付等事業，移動支援事業，地域活動支援センター機能強化事業などがある。裁量的経費であるため，自治体の財政規模等により地域間格差が生じている。

さらに，通学・就労支援等に関しての新たな制度枠などの拡充もあるが，これらの運用にも市町村間の格差があるため，制度全般での位置づけの検討も課題となっている。（井上泰司）

154 地域活動支援センター

地域活動支援センターは，地域生活支援事業の１つで，市町村の必須事業。住民にもっとも身近な市町村を中心として，①創作的活動，②生産活動の機会の提供，③社会との交流の促進などの便宜を供与し，障害者等の地域生活支援の促進をはかることを目的として実施される事業である。

無認可**共同作業所***の法定事業への移行先として位置付けられたが，その補助金の水準は極めて不十分で，就労継続支援事業等の個別給付事業との格差が大きい。（井上泰司）

155 相談支援事業

障害者・児やその家族等が有する課題について，障害者等からの相談に応じる事業である。必要な情報の提供及び助言，その他の障害福祉サービスの利用支援等，必要な支援を行うとともに，虐待の防止及びその早期発見のための関係機関との連絡調整，その他の障害者等の権利擁護のために必要な援助を行う。実際は多くの場合，自治体からの委託を受けて，相談支援専門員を配置する事業所が，一般相談や権利擁護を担う。他にサービス利用計画を行う指定特定型の事業所がある。

また，こうした相談支援事業を効果的に実施するためには，地域において障害者等を支えるネットワークの構築が不可欠である。市町村は相談支援事業を実施するにあたっては，自立支援協議会等を設置し，中立・公平な相談支援事業の実施のほか，地域の関係機関の連携強化，社会資源の開発・改善等を推進することが求められている。

今後は，子どもから障害者，高齢者等の分野を超えたワンストップ型相談支援が求められる中，事業所の財政的保障については何度かの改定等が行われたが，充分な改善には至っていない。今後の制度のあり方が注目される。

また，2022年障害者総合支援法改正で，基幹相談支援センターについては，地域の相談支援の中核的機関としての役割・機能の強化を図るとともに，その設置に関する市町村の努力義務とされた。（井上泰司）

156 サービス等利用計画／計画相談支援

計画相談支援は，市町村または指定特定相談支援事業者が実施する。福祉サービス支給の際に「サービス等利用計画」等を作成し，適宜モニタリングを行うなど，個別の障害者への支援が適切に行われていくためのサポートを**ケアマネジメント***により行う。

2015年4月より，障害福祉サービス，または障害児通所支援事業を利用する人は，申請時・更新時に「サービス等利用計画」または「障害児支援利用計画」の提出が必要となった。サービス等利用計画等は，地域生活の課題や困難を解決し，希望する地域での生活を実現するために「どのサービスをどのくらい利用したらよいか」などを相談支援事業者と一緒に考えながら作成するものである。18歳未満の場合は，障害児支援利用計画という。成長に伴い変化するライフステージに対して途切れることなく一貫した支援を行う意義もある。行政はサービス等利用計画（案）を勘案して，サービスの支給決定を行う。原則として，自治体が指定した事業者の**相談支援専門員***が作成するが，本人等がサービス等利用計画を作成することもできる（いわゆる「セルフプラン」）。

サービス等利用計画の作成については，市町村間で大きな格差がある。相談事業所では計画作成前の一般相談も必要であり，現行の基準体制では，報酬等の面で対応が極めて困難であり，相談支援事業所が実態にあって増えて

いない状況もある。（井上泰司）

157 地域相談支援（地域移行支援・地域定着支援）

精神科病院や入所施設から地域生活に移行するための地域移行支援とその後の生活を支える地域定着支援を地域相談支援と総称し，指定一般相談支援事業所が実施する。

2018年度から類似機能をもつ自立生活援助の事業も新設されている。地域相談支援は，必要とする障害者の数に比べ，利用が少なく，特に地域移行支援は2018年時点で月に600人弱となっている（利用期間は6カ月で1回のみ更新）。自治体が責任をもって，どこで誰と暮らしたいかを入所者・入院者に直接聞き，必要な住居や支援を地域に用意する制度にする必要があるとの意見も出されている。（井上泰司）

158 共生型サービス

厚生労働省は，2015年9月に「新たな福祉の提供ビジョン」を提案し，この中で多世代・多機能型事業の提言を打ち出した。そして，今後の地域包括ケアシステムの構築に当たり，高齢者と障害児・者が同一事業所でサービスを受けやすくするため，介護保険と障害福祉制度等に新たに共生型サービスを位置付けることとした。これは2017年の「地域包括ケア強化推進法」で制度化され，2018年度から報酬等が改定され実施された。

高齢者や障害者，子どもといった既存の制度の垣根を越えて，利用者を一体的に支える「地域共生社会」に向けた施策の一環であり，マンパワー不足が懸念される中，限られた人材を効率的に活用したいという思惑もある。また，障害者が65歳となり介護保険を優先して利用することになった場合，馴染みの事業所を離れて他に移らなければならないケースがあり，このサービスの導入によって，継続的支援が受けられるメリットが強調されている。ただし，障害福祉サービスと**介護保険制度***は本来，その目的や体制等の異なる面があり，こうした混合型サービスで，適切な支援につながるのか疑問視する声も多い。また，介護保険の利用料が発生する等の課題も指摘されている。（井上泰司）

159 発達障害者支援法

1990年代後半から発達障害者に対する施策を求める声が特に大きくなったことを背景として，2004年に発達障害者支援法が制定された。法の目的は，①発達障害者の心理機能の適正な発達及び円滑な社会生活の促進のためにできるだけ早期に発達支援を行い，②発達障害を早期に発見し，発達支援を行うことに関する国及び地方公共団体の責務を明らかにし，③学校教育における発達障害者への支援，発達障害者の就労の支援，発達障害者支援センターの指定等を定め，④発達障害者の自立及び社会参加に資するよう生活全般にわたる支援をはかる等としている。障害者権利条約の批准に伴う2016年改正で,「どこで誰と生活するかについての選択の機会」の確保,「関係機関及び民間団体相互の緊密な連携」「意思決定の支援に配慮」する,などの基本理念が加えられた。**発達障害***の定義では自閉症,アスペルガー症候群その他の広汎性発達障害(PDD),学習障害,注意欠陥多動性障害その他脳機能の障害で政令で定めるものとし,精神・知的以外の障害を対象としている。(杉本豊和)

160 身体障害者福祉法

18歳以上の身体障害者を対象とする身体障害者福祉法が1949年に成立し,日本で初めてその名称に「障害者福祉」を用いる法律が誕生した。貧困対策の一環としてではなく,新たに福祉の視点から障害者をとらえようとしたものである。しかしながら当初より,「更生を援助し,その更生のために必要な保護を行い,もって身体障害者の福祉を図ること」(1条)を目的としていたが,ここでいう更生は職業復帰に限定されていたことから,重度身体障害者は対象から除外された。さらに,障害認定の困難や予算上の制約等を理由に,知的障害・精神障害・内部障害を除外する等対象者を限定したものとなった。

現行法の目的は「自立と社会経済活動への参加」となっているが,2条で「自立への努力義務」規定があり,障害者基本法の理念と乖離している。身体障害者の定義を4条で定めているが,障害名を制限列挙し,知事から手帳の交付を受けたものだけに限定している。その他,身体障害者更生相談所,身体障害者福祉司,身体障害者手帳,身体障害者福祉センターや補助犬訓練事業等の身体障害者社会参加促進施設等の規定がある。(杉本豊和)

161 知的障害者福祉法

1947年に児童福祉法が制定され,知的障害児に対する援護・保護・指導や精神薄弱児施設が規定された。その後,精神薄弱児が18歳になった後の課題が表面化し,1960年,精神薄弱者福祉法が施行された。1998年に各種法律の「精神薄弱」という用語が「知的障害」に改められた。当初の法の目的は「更生を援助するとともに必要な保護を行い,精神薄弱者の福祉を図ること」(1条)というもので,現在の「知的障害者の自立と社会経済活動への参加を促進するため,知的障害者を援助するとともに必要な保護を行い,知的障害者の福祉を図ることを目的とする」(同)とほぼ変わりがない。

同法には知的障害の定義を示した条文がなく,手帳の規定もない。そのため知的障害者の手帳制度は都道府県事業となっている。本法は原則として18歳以上の知的障害者を対象としているが,児童相談所が認めた場合は15歳以上でも適応される。その他,

知的障害者更生相談所，知的障害者福祉司，知的障害者相談員の規定がある。（杉本豊和）

162 精神保健福祉法

精神保健及び精神障害者福祉に関する法律。私宅監置を廃止し都道府県に精神科病院の設置を義務付けた精神衛生法が，1987年に精神保健法となり，1993年の障害者基本法改正で福祉の対象に精神障害者が明確に位置付けられたことを受け，1995年，精神保健福祉法となった。法の目的は，①精神障害者の医療及び保護，②社会復帰及び自立と社会経済活動への参加促進，③精神障害の発生予防及び国民の精神的保健の保持増進となっており，福祉のみの法律ではない。全57条から成るが，９条～44条が医療に関する条項であり，保健と福祉の条項は45条～51条しかない。また22条では「精神障害者又はその疑いのある者を知った者は，誰でも，その者について指定医の診察及び必要な保護を都道府県知事に申請することができる」とし，差別を助長する内容として疑問視されている。５条（定義）では精神障害者を精神疾患のある人と同義とし，知的障害者を含めるなど，法の矛盾が著しい。その他，**精神医療審査会***，精神保健指定医，措置入院等の入院形態，精神保健福祉センター，精神障害者保健福祉手帳，精神保健福祉相談員，精神障害者社会復帰促進センター等に関する規定がある。（杉本豊和）

163 障害者手帳

障害者手帳は障害の種類や程度等を記したもので，都道府県・政令市から発行され，障害者サービスの利用資格の証明に使われる。身体障害者は1950年から，知的障害者は1976年から，精神障害者は1995年から手帳制度が設けられている。知的障害者の手帳は知的障害者福祉法に規定がないため，各都道府県事業となっており，名称も療育手帳，愛の手帳，みどりの手帳などさまざまである。精神障害者保健福祉手帳のみ有効期限があり，２年ごとに更新しなければならない。また手帳制度では重症度の判定が医学モデルによってなされ，等級によって受けられるサービスに差がある。受けられるサービスは経済的な支援が多く，鉄道・バス等の割引，有料道路の割引，所得税・住民税等の控除，預貯金の利子所得の非課税，生活保護の障害者加算，福祉手当の受給，生活福祉資金，障害者扶養共済制度の加入，NHK受信料の減免，携帯電話料金の割引，公営住宅の優先入居等がある。精神障害者保健福祉手帳の場合は，他の手帳に比べて交通運賃の割引が一部しか適用されていない。（杉本豊和）

164 更生相談所

更生相談所は，身体障害者福祉法（11条）と知的障害者福祉法（12条）

に規定されている。身体と知的の障害の種別ごとに都道府県（必置）・政令指定都市（任意）に設置され，医師等の専門職を配置し，主に市町村に対して専門的・技術的指導を行う公的機関である。それぞれに身体障害者福祉司，知的障害者福祉司が配置されている。業務内容は，身体障害者，知的障害者に対する市町村の更生・援護の実施に関し，市町村相互間の連絡調整，市町村に対する情報の提供その他必要な援助を行うこと及びこれらに付随する業務を行うことである。具体的には，①各市町村の区域を超えた広域的な見地からの実情の把握，②相談及び指導のうち，専門的な知識及び技術を必要とするものを行うこと，③医学的，心理学的及び職能的判定を行うことである。なお，身体障害者更生相談所に固有の業務として補装具の処方及び適合判定がある。また，障害者総合支援法の実施にあたって，市町村等はそれぞれの更生相談所から相談，指導，意見を聞くこと，必要な援助を受けることができると規定されている(22条，26条，51条，74条，76条)。

（杉本豊和）

165 日常生活自立支援事業

日常生活自立支援事業は，認知症高齢者，知的障害者，精神障害者等のうち判断能力が不十分な人が地域において自立した生活が送れるよう，利用者との契約に基づき，福祉サービスの利用援助等を行う事業である。地域によっては，あんしんサポートや地域福祉権利擁護事業とも呼ばれている。都道府県・政令指定都市・市町村の社会福祉協議会が実施している。対象者は，日常生活を営むのに必要なサービスを利用するための情報の入手，理解，判断，意思表示を本人のみでは適切に行うことが困難な人で，本事業の契約の内容について判断し得る能力を有していると認められる人とされている。入院中，入所中の人も利用できる。援助の内容は，主として，福祉サービスの利用援助，苦情解決制度の利用援助，住宅改造・居住家屋の貸借，日常生活上の消費契約及び住民票の届出等の行政手続に関する援助等で，日常的金銭管理（預金通帳の預かりも含む）及び定期的な訪問による生活変化の把握を行っている。規定の利用料を利用者が負担する仕組みとなっている。この費用負担が利用を妨げている等の課題がある。

（井上泰司）

166 事業者に対する第三者評価

「福祉サービス第三者評価事業」は，事業者が事業運営における問題点を具体的に把握し，サービスの質の向上に結びつけることができるよう，当事者（事業者及び利用者）以外の公正・中立な第三者機関が専門的かつ客観的な立場から事業所の運営管理や提供するサービスを評価する事業である。特に，2016年の**社会福祉法***の改定等を通じて，社会福祉法人のガバナンス強化とともに，質的向上のため第三者評価が位置付けられ，その内容公表等も義務付けられることとなった。2014年に厚生労働省は「福祉サービス第三者評価事業に関する指針」を見直し，①評価項目の整理・統合，②判断水準の検討，③評価項目の解説事項の整理を行い，公表ガイドラインの見直しを行った。公表の意義を明確化し，従前からの特に評価すべき事項等に加え，施設・事業所の概要，特徴的な取り組みを記載できるよう項目を追加した。

さらに，従来の施設機能の地域への還元や地域社会との交流に加えて，地域社会の福祉課題・生活課題の積極的な把握とその解決のための公益的な活動の評価項目が新設されている。「**我が事・丸ごと地域共生社会***」の政策の反映といえる。（井上泰司）

167 地域生活定着支援センター

矯正施設*退所者で，高齢または障害のために福祉的な支援を必要とする人を，退所後直ちに福祉サービス等につなげるための支援機関である。2011年度末に全都道府県に設置された。主な業務として，①コーディネート業務（対象者の退所後に必要な福祉サービスの斡旋や申請支援を行う），②フォローアップ業務（コーディネート後，社会福祉施設等を利用している人に関して，必要な助言等を行う），③相談支援業務（本人または関係者からの相談に応じ，助言その他必要な支援を行う）がある。なお，2021年度より以上の３業務に，④入口支援（刑事司法手続の入口段階にある被疑者・被告人等に対し，釈放後直ちに福祉サービス等を利用するための支援）が追加された。（赤平　守）

168 家族支援

障害者家族への支援は，まず障害を理解し，受け入れられるまでの心理的支援，通院等の経済的支援が必要となる。家族への就労保障がなされていない現状では，介護の中心になる介護者の就労は困難になり，家計そのものの見直しが必要になる。家族の高齢化や一人親家庭の場合など，その家庭が本人の障害年金等に依存する実態もある。そして，家族の暮らしは，障害のある本人を中心に大きく転換せざるを得ない。介護者がいつでも相談できる体制や，休息・休養できる制度や場所の確保も求められる。

日中活動の場は一定充実しつつあるが，その多くは家族介護を前提にしており，「親亡き後」等家族介護者がいなくなることが社会的課題になっている。「老障介護」の恒常化は，家族の急死等によってその日から住まいも介護者もなくなることを意味する。本人が成人となれば，家族を介護から解放し，社会的介護に切り替えるべきである。

将来を見通せず不安を抱えたまま生活せざるを得ない苦難からの解放こそが家族への最大の支援である。民法の扶養義務規定，障害者の配偶者と障害児の親の福祉サービス利用者負担，同居家族がいる場合の介護サービスの実質的低減などの大きな問題がある。

（中内福成）

169 パーソナルアシスタンス

ダイレクトペイメント（公的資金を直接障害者に支給する）と一体の概念で，障害当事者が自ら選んだ介助者（アシスタント）を雇用する制度である（personal assistance）。非専門職であることが多く援助内容の自由度が高い。本人が選んだ介助者なので，より利用者の意向を介助・支援に反映できることが利点である。障害者本人がヘルパーの賃金を管理する。本人による管理・運営を支援する機関も設けられている。イギリスをはじめ，スウェーデン，カナダ，オーストラリア等で制度化されている。日本では札幌市が一部類似の独自制度を実施している。

（杉本豊和）

170 デイアクティビティセンター

日本ではまだ構想・提案段階の通所の場である。1992年の全国社会福祉協議会全国授産施設協議会「授産施設制度改革の基本提言」の「作業活動センター」構想が端緒。主に重度障害者の就労の場として構想された。「**骨格提言***」の中で更に検討され，就労のみを主目的とした場ではなく作業活動支援，文化・創作活動支援，自立生活支援，社会参加支援，居場所機能等多様な社会参加活動を展開する場，及びそのための拠点とされる。作業活動に対しては工賃を支払い，利用料は徴収しない。医療的ケアを必要とする人や一般就労や就労支援施設への移行を希望する者も受け入れる。

（杉本豊和）

171 ワンストップ相談

イギリスの行政サービスから始まった概念である。１つの場所でさまざまなサービスを受けられるシステムであり，そこから派生して１カ所の窓口（もしくは１回の来所）でサービスの手続きが完結するシステムのことをワンストップ行政サービス（one stop governmental service）という。複数の部署にまたがる福祉や障害関係の行政窓口（手続き）について１カ所で完結するシステムが求められている。介護・福祉分野以外でも，空き家，相続，経営，創業，民泊，集落活性化，農業支援などのワンストップ相談が，民間・自治体で開設されている。

（杉本豊和）

172 我が事・丸ごと地域共生社会

我が事・丸ごと地域共生社会が登場した経過

ひっ迫する国の財政を再建するためとして社会保障予算の削減が続く中，制度の持続可能性を求めて，厚生労働省が提案した新しい福祉サービスのあり方が我が事・丸ごと地域共生社会である。したがって，この施策は財政抑制を動機としており，公的責任の後退につながるものである。

2015年９月に厚労省は「新たな時代に対応した福祉の提供ビジョン」を発表し，住民主体による地域課題の解決力強化・体制づくり等を進める我が事としての地域づくりと，公的福祉サービスの総合化・包括化等を進めるサービス・専門人材の丸ごと化，そして高齢者，障害者，児童等の福祉サービスを組み合わせて福祉サービスを総合的に提供するためのガイドライン等を示した。

これを受け，厚労省は2016年７月に設置した我が事・丸ごと地域共生社会実現本部において，我が事・丸ごと地域共生社会の実現を今後の福祉改革を貫く基本コンセプトに位置付けた。

我が事・丸ごと地域共生社会がめざすこと

我が事・丸ごと地域共生社会は，①他人事になりがちな地域づくりを地域住民が我が事として主体的に取り組む仕組みを作ること，②市町村における地域づくりの取組の支援と公的な福祉サービスへのつなぎを含めた丸ごとの総合相談支援の体制整備，③対象者ごとに整備された縦割りの公的福祉サービスを丸ごとへと転換するためサービスや専門人材の養成課程の改革を進めること等を主な内容としている。

これらは一見，好ましい改革のように受け止められるが，財政抑制と公的責任の後退という観点から見たときには以下のような問題点を指摘することができる。①については，従来は福祉制度の拡充により地域の課題に対応してきたが，これを住民による助け合いに置き換えるのではないか等の懸念がある。②については，障害分野の**相談支援専門員***と介護保険の**介護支援専門員***（ケアマネージャー）が，それぞれの相談支援の専門性を無視して強引に一本化されないか等の懸念がある。③については，障害のある人や子ども，高齢者を同じ場で受け止めることが共生社会の実現等とされており，やはり支援の専門性を踏まえない点や，障害のある人もない人も共に生きる社会という本来の共生社会のあり方とは異なる点等が懸念される。

この政策は地域包括ケア一括法（2017）や障害福祉と介護保険における**共生型サービス***等を経て，包括的な支援体制の構築や断らない相談支援等につながっている。（赤松英知）

第16章

教　育

173 教育を受ける権利

法的規定

日本国憲法*26条1項において「すべて国民は，法律の定めるところにより，その能力に応じて，ひとしく教育を受ける権利を有する」と規定されているように，教育は国民の権利である。年齢や性別を問わず，また学校教育に限定されない生涯にわたる権利として保障される。憲法25条との関連で，「生存権的基本権の文化的側面」と位置付けられている。国際的には世界人権宣言26条，国際人権規約（A規約）13条をはじめとする人権条約に基本的な権利として明定されており，障害者権利条約24条は，「教育についての障害者の権利を認め」，差別なく「障害者を包容するあらゆる段階の教育制度及び**生涯学習***を確保する」ことを明記している。

教育権保障の経過

日本国憲法制定当初，「すべて国民」に障害のある人も含まれるという認識は希薄であり，能力による差別が容認される解釈が主流であった。1960年代から70年代にかけて，権利の主体を明確にした学習権（right to learn）が論じられ教育権論が深化する（教科書裁判における1970年東京地裁杉本判決等）。こうした動向が，当時，障害を理由に不就学状態にあった子どもに教育を保障しようとする運動や研究と結合し，憲法26条は障害児の就学保障運動を推進する論拠となった。同時に障害児の教育権を保障する理論と要求運動は，憲法解釈に大きな影響を与えた。すなわち，「能力に応じて」は権利の無差別平等性を実質的に保障するための補充規定であり，「発達の必要に応じて」と読み込まれるべきであるとされ，「能力発達上の必要に応じた教育」を受ける権利が，教育法学界の通説となっている。

成果と課題

教育を受ける権利は，教育機会の平

等を軸として障害者の権利保障上重要な役割を果たしてきた。その第1は，障害児に教育を保障する義務を行政が果たすよう制度が整備されたこと（1979年度の養護学校義務制実施），第2に，義務教育だけでなく後期中等教育やその他の教育保障の根拠となったこと，第3に，障害の程度が大変重い場合も除外されないなど，教育対象拡大に影響を与えたこと，である。

今後，「教育の機会」の平等と同時に，質における平等を問うことが必要である。学校の施設設備，教育内容，合理的配慮の提供が十分かといった教育の実質的保障の課題がある。

（品川文雄）

174 インクルーシブ教育

理念・概念

1994年のサラマンカ宣言において提唱され，従前の統合教育（インテグレーション）に代わって世界的に広がった理念・概念。障害者権利条約24条「教育」においても，「あらゆる段階でのインクルーシブ（inclusive）な教育制度と生涯学習」が唱えられ，諸能力・人格等の最大限の発達や一般教育制度から排除されないことなどがめざされている。

日本では，障害のある子と障害のない子が共に学ぶことと理解されることが多いのに対し，ユネスコの『**インクルージョン***のためのガイドライン』(2005) 等によれば，障害のある人だけでなく，「民族的・言語的マイノリティ出身者，過疎地に住む者，HIV/AIDSの影響を受けた者」なども含めた「すべての学習者のニーズの多様性に着目し」学習への参加を保障するプロセスと定義されている。

国連障害者権利委員会「インクルーシブ教育を受ける権利に関する一般的意見第4号」(2016) でも，既存の教育システムを前提とし，障害のある子をそこに適合させようとする統合教育と，通常の教育そのものの「組織，カリキュラム及び指導・学習方略などの構造的な変更」を前提とするインクルーシブ教育は，明確に区別されている。

日本の取り組み

一方，日本で進められている「インクルーシブ教育システム」は，中央教育審議会の報告（2012）によれば，「障害のある者と障害のない者が共に学ぶ仕組み」であり，そこにおいては「同じ場で共に学ぶことを追求するとともに，個別の教育的ニーズのある幼児，児童及び生徒に対して，自立と社会参加を見据えて，その時点で教育的ニーズに最も的確に応える指導を提供できる，多様で柔軟な仕組みを整備することが重要である。小・中学校における通常の学級，通級による指導，特別支援学級，特別支援学校といった，連続性のある『多様な学びの場』を用意しておくことが必要である」とされている。

2013年度以降「インクルーシブ教育システム構築事業」「同推進事業」などが取り組まれているが，基本的には，交流及び共同学習，特別支援学校のセンター的機能，あるいは合理的配慮など，共に学ぶことに関わる特別支援教育の事業の一環として取り組まれている。

それでは本来の意味でのインクルーシブ教育に向けた取り組みとは言いがたく，通常の教育における学級編制・組織，教育課程編成，学校・学級運営のあり方そのものの見直し，改革が早急に取り組まれる必要がある。

（荒川　智）

175 教育における合理的配慮

適当な変更・調整が合理的配慮*

日本では，**障害者差別解消法***の施行（2016）により，公立学校における「合理的配慮」の提供が義務付けられ（私立学校では2024年までに義務化），教育現場での具現化が進められている。

中央教育審議会初等中等教育分科会「特別支援教育の在り方に関する特別委員会」による「共生社会の形成に向けたインクルーシブ教育システム構築のための特別支援教育の推進（報告）」（2012）では，合理的配慮について，「障害のある子どもが，他の子どもと平等に『教育を受ける権利』を享有・行使することを確保するために，学校の設置者及び学校が必要かつ適当な変更・調整を行うことであり，障害のある子どもに対して，その状況に応じて，学校教育を受ける場合に個別に必要とされるもの」であるとしている。さらに，「学校の設置者及び学校に対して，体制面，財政面において，均衡を失した又は過度の負担を課さないもの」としている。

そもそも学校の教室内における合理的配慮とは，個々の教師が障害等のある子どもに対して「気を配る」といった具体性を欠いたものにとどまるのではない。他の子どもとの平等を保障するために，教育環境や体制だけではなく，教育内容や方法を含め，具体的な変更・調整を講じるものである。また，合理的配慮は，個別具体的なものである。教育行政は障害種別ごとの具体例を示す一方で，合理的配慮はそれにしばられるものではないと述べているが，合理的配慮が具体例だけにとどまらないように，教育現場では個々の教育的ニーズに応じて，柔軟に合理的配慮を提供する必要がある。

合理的配慮と基礎的環境整備，行政の公的責任

教育行政は，障害児への支援を基礎的環境整備（施設・設備の整備，教員や支援員などの人的配置など，基本的な教育条件の整備）と合理的配慮に切り分けて示している。「特別な教育の場」に在籍する障害のある子どもたちが激増する現状に対し，基礎的環境整備の充実・拡大の方向は示さず，個別対応である合理的配慮でそれらを解消しようとしている。

合理的配慮は，障害児の教育権を実質的に保障するための手段の１つである。個別の教育権侵害の事実を解消するために，差し当たり合理的配慮の提供として出発したとしても，その内容に普遍性があるもの，その提供が長期にわたるもの，現に対応していなくてもその必要性が予見されるものは，基

礎的環境整備として，教育行政の公的責任を果たさなければならない。

（児嶋芳郎）

176 特別支援教育

特別支援教育は，学校教育法（以下，法）の改定（2007）によってスタートした。文科省は，特別支援教育を「障害のある（中略）幼児児童生徒一人一人の教育的ニーズを把握し，その持てる力を高め，生活や学習上の困難を改善又は克服するため，適切な指導および必要な支援を行うものである」（特別支援教育に関する中央教育審議会答申「特別支援教育を推進するための制度の在り方について」2005年12月）としている。

従来の特殊教育では，障害児への特別な対応は特殊学校，特殊学級，通級指導教室という「特別な教育の場」で行うとし，通常学級では障害児への対応を行ってこなかった。しかし，改定された法81条1項では「幼稚園，小学校，中学校，義務教育学校，高等学校及び中等教育学校においては，次項各号のいずれかに該当する幼児，児童及び生徒その他教育上特別の支援を必要とする幼児，児童及び生徒に対し，（中略）障害による学習上又は生活上の困難を克服するための教育を行うものとする」として，通常学級でも障害児への対応を新たに行うことになった。

特別支援教育発足から10年以上が経過したにもかかわらず，通常学級で学ぶ障害児への対応が充実したとはいえない。一方で2017年度の「特別な教育の場」の在籍者数は，制度がスタートした2007年度に比べ，特別支援学校で1.3倍，特別支援学級で2倍，通級指導教室（対象の障害種の拡大もあり）で2.4倍となった。少子化が進み，通常の小・中学校，高校の在籍者が激減する中での激増は，「子どもの発達をゆがめるほどの過度の競争的な教育」（2010年「国連・子どもの権利委員会」勧告）によって生み出されたものであるともいえ，障害のある子どもたちが通常学級から排除されていることが推察される。

特別支援教育は，「特殊教育」が対象とした「障害」（視覚障害・弱視，聴覚障害・難聴，知的障害，肢体不自由，病弱・身体虚弱，言語障害，情緒障害）に自閉症，学習障害，注意欠陥多動性障害を新たに加えただけである。また依然として特別支援学校，特別支援学級，通級指導教室という「特別な教育の場」で，障害の種別と程度をそれぞれ設定し，場によって特別な支援の質と量を限定した教育を行っている状況がある。

また，特別支援教育体制を推進することにより，障害者権利条約の示す**インクルーシブ教育***は実現できるとして，「同じ場で共に学ぶこと」と「教育的ニーズに最も的確に応える指導の提供」を可能にする「連続性のある『多様な学びの場』」を示したが，そのための法整備は不明確であり，「連続性のある『多様な学びの場』」は実現していない。インクルーシブ教育では，障害児などを排除しないため，通常教育の教育内容や方法，教育全体の改革などが必要なのはいうまでもない。今後の特別支援教育がインクルーシブ教育が示すものへ発展するためには，制度上の大きな変革が必要である。（児嶋芳郎）

177 特別支援学校・特別支援学級・通級による指導

障害のある子どものための学校・学級，あるいは指導形態。特別支援学校と特別支援学級は学校教育法（以下，法）においてその役割が定められている。2007年の法改正以前は，盲学校，聾学校，養護学校および特殊学級と呼ばれていた。

1990年代後半から特別支援学校・学級・通級の子どもは増え続け，特に近年急増し，教室不足などなさまざまな問題を生じさせている。

特別支援学校

法72条では「視覚障害者，聴覚障害者，知的障害者，肢体不自由者又は病弱者（身体虚弱者を含む。以下同じ）に対して，幼稚園，小学校，中学校又は高等学校に準ずる教育を施すとともに，障害による学習上又は生活上の困難を克服し自立を図るために必要な知識技能を授けることを目的とする」とされている。特別支援学校には一般の学校とは別に学習指導要領があり，各教科や特別活動等のほか，自立活動の領域が設けられている。主として知的障害を対象とする特別支援学校では，教科等を合わせた指導（生活単元学習など）も可能とされる。また，一般の学校に対する助言・援助（いわゆるセンター的機能）を行うことも求められている。

特別支援学級

一方，法81条第２項では「小学校，中学校，義務教育学校，高等学校及び中等教育学校には，次の各号のいずれかに該当する児童及び生徒のために，特別支援学級を置くことができる」とされているが，高校段階では実際には設置されていない。その対象として，知的障害者，肢体不自由者，身体虚弱者，弱視者，難聴者，その他障害のある者で，特別支援学級において教育を行うことが適当なものが挙げられている。これに加えて，文科省の756号通知「障害のある児童生徒等に対する早期からの一貫した支援について」（2013）で言語障害者，自閉症・情緒障害者も対象とされている。

通級による指導

通級による指導は，通常学級に在籍しつつ，所属するクラス以外の場所で特別な教育を受ける形態である。法施行規則140条で，小学校，中学校，義務教育学校，高等学校及び中等教育学校における「特別の教育課程による」指導とされ，言語障害者，自閉症者，情緒障害者，弱視者，難聴者，学習障害者，注意欠陥多動性障害者，その他障害のある者で，この条の規定により特別の教育課程による教育を行うことが適当なものが対象とされる。高校における通級は2018年度から始まった。指導の時間数はその子どもの状態などに応じて週８時間までとされているが，週１～２時間程度の指導を受ける子どもが圧倒的に多い。（荒川　智）

178 共同学習・交流教育

2004年の障害者基本法改正で，国及び地方公共団体は交流及び共同学習を積極的に進め，障害のある子どもと障害のない子どもの相互理解を促進しなければならないとされた。小・中学校や特別支援学校学習指導要領でもこれが位置付けられ，「相互に人格と個性を尊重し合いながら共生する社会を実現するため」の一方策として，各地で取り組みが進められている。

1960年代後半から，障害のある子どもとない子どもが対等平等に学び合い，それぞれが育ち合う「交流・共同教育，障害理解学習」の実践が深められている。そこでは，すべての子どもに豊かな人間らしさを育て，障害のある子どもへの理解だけではなく，障害のない子どもが自分自身を見つめることを含む，人間理解を深める教育実践が追究されている。

単に場を共有するだけでは，真の相互理解が生まれないどころか，逆に差別・偏見や反発を助長する可能性がある。障害のある子どもとない子どもの障害理解学習を含め，明確な目標をもった系統的な教育実践を行っていかなければ，相互を尊重することにはつながらない。（児嶋芳郎）

179 障害のある生徒の特別支援学校高等部における教育

養護学校の義務制実施によって教育権を保障された子どもたちが義務教育を修了する1980年代末から，「障害児にこそ手厚く，長期の教育を」の声が高まり，養護学校（当時）高等部設置及び全入運動が各地で展開された。2000年より高等部での訪問教育が実施されるなど，現在ではどんなに障害が重くても，条件的には不十分さを残しつつも，希望すれば高等部までの教育が保障されるようになった。

特別支援学校高等部は，学校から社会への移行の場として，主体的な進路選択を行うために必要な基礎的教養を身に付ける場であり，決して就職が難しい生徒の受け皿でも，職業教育を行う場でもない。しかし，「福祉の世話になるのではなく，福祉の担い手になる障害者を」と，一般就労をして「税金の払える障害者」を育てるための職業教育が強調される傾向が強まっている。このことによって，高等部での教育の姿が歪められている側面がある。

障害の程度が比較的軽い生徒に対しては，「○○検定」など，特定の分野への就職に直結する限定的な技能と資格の習得を半強制的にめざす実践も行われている。経済的な自立という目標にしばられるのではなく，青年期にある生徒が，自らの人生を自らの手で力強く切り拓くことが可能となる教育が，後期中等教育には求められる。

（児嶋芳郎）

180 障害のある生徒の高等学校における教育

高等学校における教育は，小・中学

校に比べて体制整備が不十分であり，高等学校における障害児への対応は，依然として進んでいない。

高等学校の入学試験に関し，障害に配慮・考慮した試験内容，試験時間，試験場所などが不十分であるため，入試そのものを受験できない実態があり，受験者数も少ない。JDFの「**パラレルレポート**[*]」（2019年７月）には「志願者数が募集人数より少ない学校であっても『本人の意思が確認できない』という理由等で，入学を認めない例も近年発生した。また入学後も，高校の物理的・人的な，環境整備が立ち後れている。それがゆえに，入学試験を受ける前に，希望高校への訪問相談時点で，実質的に拒否されている実態もある」との記載がある。

高等学校における障害児の受け入れについては，「適格者主義」があるため進まない現状がある。「適格者主義」とは，入学試験に合格した者は，当該校で学習する能力があると認められているため，特別な支援は必要ないとの考えである。そのため，高校での学習上，生活上の支援，配慮がなされない実態がある。その弊害は多く指摘され，変わりつつあるが，特別な支援・配慮は障害のある生徒をはじめすべての生徒の権利であることを教員が理解し，意識を変革していく必要がある。

学校教育法81条２項には，「小学校，中学校，義務教育学校，高等学校及び中等教育学校には，（中略）特別支援学級を置くことができる」と記され，制度上，特別支援学級を高等学校に設置することができる。しかし，日本では公立学校に特別支援学級は１つも設置されていない。2018年４月からは高等学校で通級による指導の運用が始まったが，通級による指導も現在は試行段階であり，単位認定のあり方や教員配置の基準など，制度運用上の課題が大きい。（児嶋芳郎）

181 障害のある学生の大学等の教育

障害者権利条約24条「教育」は，高等教育を享受する権利及びそこでの合理的配慮の提供に言及している。特別支援教育資料（文部科学省，2017年度）によれば，特別支援学校高等部を卒業した者のうち，大学等への進学は0.9％と，非常に低率である（一般の大学進学率は50％を超える）。現在，身体障害や病弱のみの生徒には大学進学が推奨され，進学率が各学校の特色として強調される傾向もある。

大学等では，身体障害の学生の受け入れ及び学修支援のあり方が模索され，課題は多いものの一定の経験が蓄積されつつある。一方，現在は発達障害学生への支援も視野に入れなければならないが，そのための基礎的環境整備はまだ手探りの状況である。

障害者差別解消法[*]では，国立大学法人立大学では合理的配慮の提供が義務であり，今後私立大学でも義務化される。公益性を鑑みれば，合理的配慮の提供も含め，機会の保障にとどまらない実質的な教育権の保障が，高等教育でも追求されなければならない。

なお，大学への通学支援が障害者総合支援法の地域生活支援促進事業に位置付けられた（2018年）が，その普及と内容の充実が課題となっている。

（児嶋芳郎）

182 高等学校以降の学びの場・専攻科

「もっと勉強がしたい」「お兄ちゃん・お姉ちゃんは大学が楽しそうでうらやましい」。特別支援学校高等部を卒業した障害のある青年たちのほとんどは，進路として「就職」を選択せざるを得ない。上述の願いを叶えるため，全国各地で特別支援学校への専攻科設置の運動が展開されている。

従来から視覚・聴覚障害特別支援学校では専攻科で専門的な職業教育が行われてきたが，知的障害特別支援学校には，国立（1校）と私立（8校）に設置されるのみで，公立は未設置である。

一方で，障害者総合支援法の「自立訓練（生活訓練）」（利用期間は原則2年間）を活用し，専攻科で行う教育の意義を具現化しようと「学びの作業所」が全国各地に広がっている。教育的取り組みをより意識して「福祉事業型『専攻科』」の名称を用いる場もある。いずれにしろ，その活動が，職業的自立に特化されるものではなく，青年たちの「学びたい」願いに応えるものとなることが必要である。

今後は，特別支援学校専攻科設置の実現を求めつつ，青年期らしい学びの質とは何かを追究していく必要がある。

（児嶋芳郎）

183 生涯学習

「学習」は学校などの教育機関において，幼児～大学生の時期に行うものだと考えられがちである。しかし，1965年にユネスコの成人教育推進国際委員会は，「人の一生という時系列に沿った垂直的な統合並びに個人及び社会の生活全体にわたる水平的な統合を目指す」生涯教育の構想を提唱した。障害者権利条約24条「教育」5項でも「障害者が，差別なしに，かつ，他の者との平等を基礎として，（中略）成人教育及び生涯学習を享受することができることを確保する」とうたわれている。

日本では，これまで特別支援学校卒業後に障害のある人々が集い学ぶ場として，学校の同窓会から発展したものや社会教育施設の独自の取り組み，そして保護者や関係者が運営する場などが作られてきた。これらは貴重な取り組みであるが，すべての障害のある人々を対象とするだけの数はなく，誰もが参加できる場にはなっていない。

学習権はすべての国民に保障されるべきものである。学習をライフステージの特定の段階に限定することなく，障害のある人々が学びたいと考えた時に，簡便にかつ無償で利用できる環境を，行政の公的責任で整備することが必要である。

（児嶋芳郎）

第17章

保健・医療

184 障害のある人の保健・医療

ICF*の視点から見ると，医療は生物としての次元である「心身機能・身体構造」に深くかかわるのみならず，「活動」と「参加」を含めた3つの次元すべてに影響を及ぼす健康状態とも深くかかわる営みである。換言すれば障害および原因となる病気自体の治療・**リハビリテーション***や予防としての医療と，障害がありながら生活し社会参加する人々の健康を守る医療ということになろうか。両者は明確に分かれるものではないが，大まかには前者は専門的な医療であり後者は地域医療という性格を帯びる。

障害そのものへの医療的アプローチ

以下ライフサイクルごとに見ていく。

出生前の医療：ここでは予防という観点が主役となる。妊娠中の母体の喫煙・アルコール摂取が低体重，胎児性アルコール障害などさまざまな障害の原因となることは明らかになってきており，これらを含めた妊娠中の健康管理が重要である。妊婦健診の役割は大きいが受診率は100％ではない。2015年度厚生労働省統計によると妊娠の届け出が28週以降であった件数が0.4％，出産後であったものが0.2％存在していて，合わせて約7,000人が妊娠の前期・中期に健診を受けておらずいわゆる飛び込み出産が少数ながら存在する。この群は医学的なハイリスクや社会的経済的困難を抱えていることが明らかになっている。

周産期医療の進歩によりこれまでなら助からなかった命を救うことができるようになった反面，救命された子どもたちに脳障害や呼吸障害など種々の障害が表われてきている。

医療の進歩は胎児診断を可能にしてきた。特に2013年から妊娠中の母体血胎児染色体検査（新型出生前診断，NIPT）の臨床研究が開始されて以降検査数はうなぎ上りである。ここでは適切な遺伝カウンセリング体制の不備もあって生命倫理的課題が残されている。

出生後の医療（成人期まで）：何らかの素因を有していた子どもたちが環境との相互作用もあって疾患として顕在化してくるのが多くの場合は小児期である。精神障害と難病は他の項に譲るとして，脳性マヒや筋疾患，てんかん，先天性疾患や腎疾患，視覚・聴覚障害など障害の多くはこの年齢で発見され，治療・リハビリテーションに結びついていく。最近広く認知されるようになってきた発達障害の子どもたちが，その症状を顕在化させ診断に結びつくのもこの年齢である。早期発見と的確な診断に基づく環境調整，心理社会的支援，薬物療法など専門的な対応が必要で，その点で乳幼児健診や検尿も含めた学校検診の意義は重要であるが，１歳児，３歳児の健診受診率は95％前後，発達障害の発見に重要な５歳児の健診は実施していない自治体の方が多い。さらに地域によっては発見後につなぐべき専門機関に恵まれていないこともあり課題を残す。

予防接種の普及が子どもたちの命を救い後遺症としての障害を軽減している。依然として宗教その他家族の信念，安全性への不安などからくる予防接種忌避者が少なからず存在しているが，その中には適切な情報が提供できていない実態も加わっており対応が求められる。また従来より改善したとはいえ諸外国とのワクチンギャップはいまだに存在する。さらに求められるすべてのワクチンが公費になっておらず経済的ハードルも存在する。

成人期以降の医療：（前項と重なる部分は省略）この時期には労働をはじめ日常生活を支援することが医療の役割となる。てんかん患者の運転免許の取得，妊娠中の薬剤管理法，また脳障害の二次障害あるいは合併症としての精神障害への対応などで進展が見られている。また成人期の発達障害の人たちの就労と生活を支える医療も課題であるが取り組みはいまだ不十分である。

地域で健康を支える医療

生活の場で健康を支える役割は地域の開業医や公的あるいは民間の救急・急性期医療機関が果たしている。その役割を発揮するためには，専門機関との情報共有をはじめとした連携と地域ネットワークの形成が重要である。また障害のある人にとっての医療機関へのアクセスにおけるハードルはいまだに少なくない。公民を問わず医療機関には障害者差別解消法に基づく合理的配慮が求められているが実態は追いついていない。

また，重度障害者の日常生活を支える痰の吸引や胃ろうなどの**医療的ケア***の充実も課題である。

終末期の医療：重症心身障害者の終末期をはじめとした医療のあり方について議論と実践が開始されてきた。「患者及びそのケア提供者と医療者との間で価値，人生の目標，将来の医療に関する望みを理解し共有しあう自発的な話し合いのプロセス」（アドバンスケアプランニング）の取り組みが注目される。

災害時の医療：最近の地震・豪雨・原発事故などの状況が示すように障害

のある人は災害の場面で弱者である。それに対して避難所の環境，医療機器の電源確保，薬剤の確保，ケアのできる人材育成とネットワークづくりの試みが始まっている。（尾崎　望）

185 医療費助成制度

障害のある人の医療費助成には以下の制度がある。

自立支援医療制度

市町村の担当課または福祉事務所に申請することで医療費の自己負担が原則１割になり，また世帯収入に応じて１カ月あたりの自己負担に上限額が定められている。以下の３つの制度に分かれる。

精神通院医療：統合失調症，うつ病など気分障害，不安障害やてんかん・発達障害などの精神疾患を有する人で，通院による精神科医療を継続する人を対象とする。

更生医療：身体障害者手帳の交付を受け，その障害を除去・軽減する手術などの治療により確実に効果が期待できる18歳以上の人を対象とする。対象となる障害は人工透析，人工関節置換，ペースメーカー植え込みなど。

育成医療：身体に障害のある児童で，その障害を除去・軽減する手術などの治療により確実に効果が期待できる18歳未満を対象とする。対象となる障害としては先天性心疾患，口蓋裂などの先天性疾患や慢性腎不全などが含まれる。

小児慢性特定疾病医療費助成制度

この制度は児童の健全育成を目的として，疾患の治療方法の確立と普及，患者家庭の医療費の負担軽減につながるよう医療費の自己負担分の一部を補助するもの。18歳未満が対象となるが，それ以降も治療が引き続き必要と認められる場合は20歳未満まで対象となる。対象疾病は悪性新生物，慢性心疾患，慢性腎疾患など14疾患群704疾病で，所轄保健所長に申請。患者の自己負担は医療費の２割で世帯収入に応じた上限額がある。

難病医療費助成制度

「発病の機構が明らかでなく，治療法が確立していない稀少な疾病であって，長期の療養を必要とする」難病のうち，患者数が国内で一定の人数に達しない（人口の0.1％程度以下），客観的な診断基準が確立しているものを基準として厚生労働大臣が審議会の意見をもとに指定する。2021年２月現在333疾患が対象となっている。支給対象となる医療の内容は通院入院医療，訪問看護，訪問リハビリテーションも含まれる。医療費の自己負担割合は２割となり，世帯の所得，高額かつ長期か否かで自己負担の上限が定められている。

都道府県が実施する重度心身障害者医療費助成制度

重度の障害のある人が入院・通院した際に自己負担分を助成する制度で対象や助成内容は自治体ごとに異なる。多くは身体障害者手帳所持や知能指数が基準となっている。手続きは市町村の担当窓口。（尾崎　望）

186 医療的ケア

医療的ケアという用語には多様な定義が存在する。共通している点は，①医療的な行為であるが，②治療目的ではなく，③人々が日常生活を送る上で支援が必要な行為であるという点である。高齢者人口の増加や新生児医療の進展による医療的ケア児の増加など，医療的ニーズの多様化を背景として，各方面で需要が急増している。

2011年「社会福祉士及び介護福祉士法」が改正され，**介護福祉士***の定義として「心身の状況に応じた介護」に「医師の指示の下，喀痰吸引等」が業として追加された。これによって介護福祉士は，生活支援の一環として，医療的ケアの実践が可能となった。

この法律で指定された「喀痰吸引等」とは，①喀痰吸引（口腔内，鼻腔内，気管カニューレ内部），②経管栄養（経鼻経管栄養，胃ろう・腸ろうによる経管栄養）である。特別支援学校等でも，看護師の配置などの体制の下で教員等がこれらのケアを実施することが認められるようになった。

日常生活を送りながら必要とされる医療行為は増え続けている。誰が何をどこまで実施できるか議論が継続されている。（土川洋子）

187 難病の医療・福祉制度

難病の定義

難病*とは，一般的に「治りにくい病気」や「不治の病」などを指す社会通念上の言葉として用いられてきたものであって，医学的に明確な定義はない。一方で，行政施策上の難病については，1972（昭和47）年の難病対策要綱において，「難病対策として取り上げるべき疾病の範囲」を「①原因不明，治療方法未確立であり，かつ，後遺症を残すおそれが少なくない疾病」で，「②経過が慢性にわたり，単に経済的な問題のみならず介護等に著しく人手を要するために家族の負担が重く，また精神的にも負担の大きい疾病」とし，これが行政施策上の難病の定義とされてきた。

2015年1月より施行された難病医療法（難病法）は，難病対策を初めて法的に位置付け，従来の難病の定義に「患者数が本邦において一定の人数（人口の約0.1％程度）に達しないこと」「客観的な診断基準（またはそれに準ずるもの）が成立していること」という2要件を加えた。

難病対策の歴史

このような治療研究と患者支援が混在した難病対策は，1950年代から発生したスモン（整腸剤キノホルムによる薬害）への対策として，研究の推進と患者支援を連動させて行い，原因の早期解明と患者の医療にかかる経済的負担の軽減に寄与した取り組みがモデルとなっている。以下の難病対策や現行の難病医療法もこのモデルを踏襲しているが，研究の推進と患者支援を切り離した制度設計をすべきだとする意見もある。

難病対策は，1972年の難病対策要

綱において，原因や治療法が不明な疾患に対する研究の推進を主な目的とした。そして当初は，①調査研究の推進，②医療施設等の整備，③医療費の自己負担の軽減という３つの柱で各種の事業が実施されていた。このうち③は実質的に患者本人の経済的負担の軽減に寄与するものであった。この負担軽減は，研究対象となる疾患のうち患者数が少ないなど，公費負担でなければ原因の究明や治療方法開発などが困難な疾患を助成対象にする，いわば研究協力への見返りとして始まった。

その後，難病患者の生活支援施策として，④地域における保健医療福祉の充実・連携，⑤ QOLの向上を目指した福祉施策の推進の２つの柱が加えられる。特に1996年に⑤が加えられたことで，障害者手帳を取得できず，介護保険や障害福祉サービスの対象にならない難病患者に対し，難病患者等居宅生活支援事業としてホームヘルプやショートステイ，日常生活用具給付などが実施された。障害者手帳がなくても福祉サービスが受けられるこの事業は2013年４月施行の障害者総合支援法の対象に「治療方法が確立していない疾病その他特殊の疾病」が追加されたことで，現在は障害福祉の法律による制度に移行し，2021年から366疾病が対象となっている。

難病医療法等の制度の課題

難病に係る新たな公平かつ安定的な医療費助成の制度の確立を目的とした難病医療法の施行により，それまで医療費助成にかかる予算は裁量的経費であったものが義務的経費となり，従来よりも安定した財源確保がなされるようになった。また，医療費助成の対象疾病も56疾病から2021年には338に拡大されるなど，推進がはかられている。

しかし，その一方で多くの課題も指摘されている。医療費助成にかかる予算の義務的経費化や対象疾病の拡大に伴い，重症度分類の仕組みが導入され，軽症患者は原則，医療費助成対象から外されることとなった。また，医療費についても難病法以前よりも重い自己負担が課せられるようになった。とりわけ軽症患者が助成対象から外れる問題については，経過措置対象であった旧特定疾患の対象患者のうち約15万人（未申請含む）が医療費助成の対象から外されており，結果的に難病医療法施行以前よりも医療費助成の対象患者数が減少する事態が起きている。これにより軽症患者のデータ集積ができなくなっており，難病研究の推進という視点からも問題視する意見も上がっている。

また障害者総合支援法の対象については，指定難病の要件から希少性要件（人口の約0.1％以下）などを外したものの，「診断基準」要件は残している。このため明らかに病気の症状・機能障害による生活の困難が存在するのに，疾患名が確定できない人々が除外されている。

他方，障害者総合支援法の対象となった難病患者（「難病等対象者」）のサービス利用状況は，2020年10月時点で3,516人（同法利用者総数91.7万人の0.4％）にすぎない。制度の周知に加えて，難病患者の実情とニーズに合う障害福祉サービスのあり方の検討も必要とされている。

2022年の難病法改正で登録者証の発行がなされることとなり，その活用が望まれる。また，重症度分類の廃止を含めた検討が期待されるところである。さらに，難病医療法においても裁量的経費のままとなっている難病相談支援センターの運営費についても予算の義務的経費化などを通じた運営基盤や機能の強化をはかる必要性がある。

（白井誠一朗）

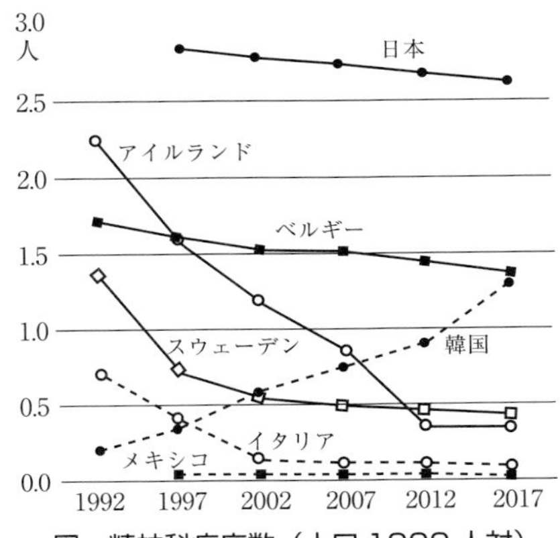

図　精神科病床数（人口 1000 人対）
OECD Health data 2019 より

188 精神科医療

日本の精神科医療の現状

日本の精神科医療は，入院中心であり，先進諸国と比して在院期間が長く，病床数が多い（図）。精神疾患による治療を受けている人は，419万3千人（入院30万2千人，外来389万1千人）（2017）。2011年に厚生労働省が5大疾患の1つとした精神疾患は，各年代でさまざまな形で現れ，登校拒否やひきこもり，出社拒否，虐待やDV，自殺など，背景に精神疾患が影響していることが多い。しかし，その状況に精神科医療は十分に応えていない。

日本では長期在院患者が多く，平均在院日数は285日，フランス5.8日，ドイツ24.2日，イギリス42.3日，イタリア13.9日，スイス29.4日などと比べて飛びぬけて長い（いずれも2014年。厚生労働省「第1回精神保健福祉士の養成の在り方等に関する検討会」資料2（2018年12月18日）。いわゆる社会的入院である。また，入院中の患者の高齢化傾向が顕著で，退院者の3割近くが死亡・不明となっている。また，強制入院や隔離・拘束も多い。以下，さまざまな課題を抱える現在の精神科医療の形成過程をたどる。

精神科医療前史

江戸時代以前の精神疾患の治療では，寺社仏閣での加持祈祷，滝治療など民間療法が行われていた。1900年に「精神病者監護法」が制定され，精神病者の監護義務者を定め，私宅監置（精神病者を自宅の一室や物置小屋の一角の専用の小屋に監置し，内務省〈警察〉が管理）を法に位置付けた。この私宅監置は劣悪な環境が多く，呉秀三医師（東京帝国医科大学精神病学講座教授）らが，1910～1916年にかけて私宅監置の状況を実地調査し，『精神病者私宅監置ノ実況及ビ其統計的観察』（1918）を発表した。その報告の中で「我が邦（くに）十何万の精神病者は実にこの病を受けたるの不幸の外に，この邦に生まれたるの不幸を重ぬるものといふべし」と厳しく指摘した。こうした呉らの運動によって，1919年に精神病院法（1919 ～ 1950）が成立した。この法律は精神障害者の治療，処遇を行う公立精神病院の設置を定めたが，公立精神病院の設置は進まなかった。

隔離・収容中心の精神科医療

精神衛生法（1950）により，私宅監置は廃止，都道府県に精神科病院の設置を義務付け，措置入院（自傷他害の恐れがある場合に知事の決定による強制入院）・同意入院（現在の医療保護入院，本人の同意を必要としない強制入院）が制度化された。1954年の法改正で民間の精神病院への国庫補助が拡大し，精神病院建設ブームとなり，1958年の**精神科特例***措置（医師や看護婦の配置基準を一般病床の基準以下でよいとする）で安上がりの精神科医療が広がった。その後も低医療費と施設収容政策が定着し，1960 ～ 1980年の間に精神科病床は約３倍に増加した。

ライシャワー事件と精神衛生法改正

ライシャワー駐日アメリカ大使が精神病院入院歴のある19歳の少年に刺されて負傷した事件（1964）にマスコミは「精神病者野放し」のキャンペーンを張った。警察的取り締まり強化に傾く国や世論に対し，患者家族会や医療関係者の反対運動もあり，1965年の精神衛生法改正では，警察官通報制度の強化と合わせて都道府県精神衛生センターの設置，地域精神衛生行政の第一線機関としての保健所の指定，通院医療費公費負担制度の新設などが盛り込まれた。

宇都宮病院事件と精神保健法制定

その後，日本の精神保健医療改革を提言したクラーク勧告（1968）を無視した日本では，精神科病床が増え続けた。そして，1984年の宇都宮病院事件（看護者が入院患者を金属パイプで猛打し，死亡させる）によって，患者へのリンチや無資格診療などが明らかになった。国際法律家委員会（ICJ）と国際医療職専門家委員会（ICHP）の合同調査団が来日し，日本の精神医療の実情，人権侵害の問題が国際的に批判され，精神衛生法改正（精神保健法制定）が行われた。人権擁護，適正な医療，社会復帰の促進などを主眼とし，任意入院制度，精神医療審査会制度，精神障害者社会復帰施設などが新たに設けられた。

精神科医療改革への期待

呉秀三の実況調査から100年，クラーク勧告から50年余りが経過した。先進諸国では，精神疾患があっても暮らしや仕事，家族を失わずに地域生活を送り，地域で治療を受けられている。そのためには，精神疾患への正しい知識の普及，差別的な精神科医療の抜本的見直し，患者の願いや希望を中心にした医療を構築する必要がある。「我が邦で生まれたるの不幸」を１日も早く返上しなくてはならない。

（増田一世）

189 精神科医療の強制入院

精神科の強制入院

精神科病院への入院制度は，大きく３種類ある。①措置入院（行政処分

表　措置入院及び医療保護入院届出数
(2014 保護者制度廃止以降)

	2014年度	2015年度	2016年度	2017年度	2018年度	2019年度	2020年度	2021年度
措置入院	1,479人	1,519人	1,502人	1,444人	1,478人	1,443人	1,435人	1,569人
医療保護入院	170,079人	177,640人	180,875人	185,654人	187,683人	186,930人	183,685人	185,145人

による非自発的入院)，②医療保護入院（本人の意思に反して家族等の同意を要件とする非自発的入院)，③任意入院（精神障害者本人の意思による入院）である。このうち①と②が強制入院に位置付けられる。これは**精神保健福祉法***で，29条の措置入院，29条2の緊急措置入院，33条の医療保護入院，33条7の応急入院として定められている。任意入院であっても，入院時には「積極的に拒んでいない状態を含む」とされており，また退院は任意ではない。強制入院に近い運用をされている場合もある。

医療保護入院制度は，自傷他害をしていなくてもその恐れがあるということで，本人の意志によらず強制的に入院させられる制度である。精神保健指定医1人がその入院の要否を判定する。この医療保護入院時に家族等の同意が必要とされる。逆の視点からすると家族等の同意がなければ，入院の必要があったとしても入院できないので，家族等が実質的に入院責任を負わされる。つまり，保護者が同意する「保護者制度」(精神障害者を入院させ，治療を受けさせ，危険なことをさせないよう保護監視する役割を義務化され，長い年月精神障害者の家族に重い役割を課していた）は廃止されたものの，保護者に代わり「家族等」とされ，根本的な解決に至っていない。

また，強制入院における患者の権利保障の制度が整備されていないため，人権侵害等へのチェック体制がほとんど機能していない。

障害者権利条約と強制入院

日本の強制入院件数は，世界的に見て突出している。先進諸国は人口1万人に対して5床だが，日本は26床（厚生労働省2019年医療施設（動態）調査）と5倍以上である。障害者権利条約の日本に対する**総括所見***（2022年9月）では，14条（身体の自由及び安全）で，障害者の強制入院は，障害を理由とする差別であり，自由の剥奪に相当するものと認識し，実際の障害または危険であると認識されることに基づく障害者の強制入院による自由の剥奪を認めるすべての法的規定を廃止する旨指摘された。日本の精神科病院での強制入院制度は人権侵害であり，根本的解決が求められている。

(小幡恭弘)

190 精神科特例

1958年10月に，厚生事務次官通達「精神科特例」で，精神科病院を特殊病院と規定し，病棟の医師定数を一般病床の３分の１，看護婦数は３分の２，薬剤師は15分の７に設定した。1950年に公布された精神衛生法で，私宅監置制度は廃止され，公立精神科病院設置が義務付けられた。1954年の患者調査で全国に130万人，うち要入院者が35万人ともいわれたが，当時の精神科病床は３万床であった。何万人もの人が私宅監置に近い状態にある可能性があり，入院設備の整備が急務とされた。しかし，公立病院の設置は進まず，国は1958年の「精神科特例」に続き，1960年に医療金融公庫を設立し，民間精神科病院の建設に低金利融資が行われ民間精神科病院ブームとなった。現在，精神科病院の９割を民間病院が占めている。2001年の医療法の部分改正で，公的精神科病院は，一般病院と同じ配置基準になった。しかし，依然として民間病院では精神科特例が残っており，精神障害者への差別的医療は解消されておらず，障害者権利条約25条の「適性医療の確保」に抵触している。　（戸高洋充）

191 病棟転換型居住系施設

精神科病院の病棟の一部改築を行い，そこをグループホーム，アパート等に転用するもの。入院患者はそのままで「退院」したことになるなど，障害当事者のためでなく，経営側の都合による施策であり人権上極めて問題が大きい。2013年の厚生労働省の「精神障害者に対する医療の提供を確保するための指針等に関する検討会」において主張された。「長期在院者への地域生活の移行支援に力を注ぎ，また，入院している人たちの意向を踏まえた上で，病棟転換型居住系施設，たとえば，介護精神型施設，宿泊型自立訓練，グループホーム，アパート等への転換について，時限的であることも含めて早急に議論していくことが必要。最善とは言えないまでも，病院で死ぬということと，病院内の敷地にある自分の部屋で死ぬということには大きな違いがある」との意見が出された。それに対し，障害者を２級市民扱いする考え方だと，批判が相次いだ。2015年には精神科病棟をグループホームに転換することを特例で認め「地域移行支援型ホーム」とする省令改正があったが，多くの都道府県・政令市（32カ所）はこの特例に沿った条例を改正しなかった。なお，2019年３月末までに地域移行支援型ホームの新規の規定はなく，制度は自動的に消滅している。　（長谷川利夫）

192 身体拘束

「**精神保健福祉法***36条第３項の規定に基づき厚労大臣が定める行動の制限」では，身体拘束（厚生労働省は「身体的拘束」と呼ぶ）を「衣類又は綿入り帯等を使用して，一時的に当該患者の身体を拘束し，その運動を抑制する行動の制限」としている。「精神保健福祉法37条第１項の規定に基づき厚生労働大臣が定める基準」では，「身体的拘束の対象となる患者」を以下の通り規定し，それ以外によい代替方法がない場合とした。①自殺企図又は自傷行為が著しく切迫している場合，②多動又は不穏が顕著である場合，③そのほか精神障害のために，そのまま放置すれば患者の生命にまで危険が及ぶ恐れがある場合。

介護老人保健施設においては，介護保険指定基準によって，身体拘束など行動を制限する行為が原則禁止されている。身体拘束は心身共に与えるダメージが大きく，その使用は最小限でなければならない。しかし実際は，身体拘束は病院，高齢者施設，さまざまな障害者施設で行われていると考えられ，2004 ～ 2014年の間に精神科病院での身体拘束が２倍になったといわれている。実態を明らかにして縮減を進めていかなければならない。

（長谷川利夫）

193 精神医療審査会

精神障害者の人権に配慮しつつ，その適正な医療及び保護を確保するために精神科病院に入院している精神障害者の処遇等について専門的かつ独立的に審査を行う機関。精神保健福祉法12条に基づいて都道府県に設置される。医療，保健又は福祉及び法律の専門家５名で構成される。具体的には精神科病院管理者から提出された「医療保護入院の入院届」，「措置入院者及び医療保護入院者の定期病状報告書」により，その入院の必要性を審査する。また，入院中の者や家族等から，退院や処遇改善の請求があった時に，その入院の必要性や処遇の妥当性を審査する。

しかし，書面審査が中心で，審査に時間を要し，その審査も現状追認になりやすく，人権を守るための機関になっていないとの批判も強い。2021年度の退院請求の審査件数2,886のうち退院が適当とされたのは144件（5.0%），処遇改善請求の審査件数603のうち処遇は不適当とされたのは37件（6.1%）であった。審査が形骸化しているともいえる。また，請求受理から結果通知までに１か月以上かかったのは退院請求で49.4%，処遇改善請求で38.5%であった。さらには，2016年には埼玉県などで法令の定める出席委員の定足数を満たさないまま審査会が開催されていた事実も発覚し制度の抜本的な改革が望まれている。

（長谷川利夫）

第18章

リハビリテーション

194 リハビリテーション

リハビリテーションとは

リハビリテーション（rehabilitation）とは，re（再び）－habilis（人間にふさわしい）－atio（状態にする）という成り立ちであり，宗教的破門の取り消し，名誉回復などの意味をもつ幅広い概念（上田，1994）である。その適切な日本語訳がなかったため，かつては社会復帰，更生などが充てられていたが，今日ではそのまま広く用いられている。ただし，たとえばスポーツ選手が怪我をして「リハビリに励んで」競技に復帰した，という使い方をされるが，ここでの「リハビリ」はどちらかというと理学療法のことであってこの表現は適切とはいえない。

定義

米国リハビリテーション評議会は1941年，「リハビリテーションとは障害者が身体的，心理的，社会的，職業的，経済的有用性を最大限に回復すること」と定義し，納税者（tax payer）となることを目的として掲げた。WHO*の1968年の定義では，「障害の場合に機能的能力が可能な限りのレベルに達するように個体を訓練あるいは再訓練するための医学的・社会的・教育的・職業的手段を併せ，かつ調整して用いること」とした。すなわちリハビリテーションを達成するために，医学的アプローチだけでなく，社会的・教育的・職業的手段の重要性が強調されるとともに「調整して用いる」ことの必要性が示されている。さらにWHOの1981年の定義では「リハビリテーションとは能力低下やその状態を改善し，障害者の社会的統合（social integration）を達成するためのあらゆる手段を含んでいる。さらにリハビリテーションは障害者が環境に適応するための訓練を行うばかりでなく障害者の社会的統合を促すために全体としての環境や社会に手を加えることも目的とする。そして障害者自身，家族，彼らが住んでいる地域社会がリハビリテーションに関係するサービスの計画や実行にかかわり合わなければならない」として，障害のある人本人だけでなく地域社会を巻き込んだ社会的統合の重要性が強調されているのである。

領域

砂原（1980）は，このような幅広いリハビリテーションの領域を，「医学的リハビリテーション」「職業的リハビリテーション」「社会的リハビリテーション」の3つに分け，さらに教育的リハビリテーション，心理的リハビリテーションの重要性にも言及している。医学的リハビリテーションは，「心身機能に障害を持つ人に対してその障害の診断と治療を試行し，機能改善または代償的方法，社会資源の活用を通じて，障害を持つ人が自立し活動的生活が送れるようにする一連の医療」であり，リハビリテーション医学はその中の一部を構成している。この領域にかかわる専門家として，医師，看護師，理学療法士，作業療法士，言語聴覚士，義肢装具士，医療ソーシャルワーカーなどがチーム医療を担っており，さらに患者・障害のある人及びその家族が中心に位置している。

職業的リハビリテーションは，WHOによれば，「職業指導，訓練，適職への就職など，障害を持つ人がふさわしい雇用を獲得し職場復帰できるような職業的サービスの提供」である。社会的リハビリテーションは，「すべてのリハビリテーションプロセスの妨げとなる経済的・社会的困難を減少させ障害のある人を家庭や地域社会，職業に適応できるよう援助し社会的統合を指向する過程」とされている。たとえば，社会保険・介護保険，障害年金の適用や障害者雇用促進法などの整備が挙げられる。教育的リハビリテーションは，発達障害などの障害のある子どもを対象としてリハビリテーションの理念に基づき教育的方法を適用するものである。リハビリテーションというと医学的アプローチのみが注目されるが，職業，社会，教育などの領域やライフサイクル全般も含むアプローチであり，生活や人生全般における「全人間的復権」を指向した総合リハビリテーションがめざされている。

障害者権利条約26条では

以上のようなリハビリテーションのあり方を踏まえ，障害者権利条約では，「障害者が，最大限の自立並びに十分な身体的，精神的，社会的及び職業的な能力を達成し，及び維持し，並びに生活のあらゆる側面への完全な包容及び参加を達成し，及び維持することを可能とするため」次のようなハビリテーションとリハビリテーションプログラムの実施を締約国に求めている。

(a) 可能な限り初期の段階において開始し，並びに個人のニーズ及び長所に関する学際的な評価を基礎とするものであること。

(b) 地域社会及び社会のあらゆる側面への参加及び包容を支援し，自発的なものであり，並びに障害者自身が属する地域社会（農村を含む）の可能な限り近くにおいて利用可能なものであること。（半田一登）

文　献

・上田敏：目でみるリハビリテーション医学．東大出版，1994.

・砂原茂一：リハビリテーション．岩波新書，1980.

195 ハビリテーション

先天的にもしくは幼少期から心身に障害のある人が，有する機能を生かしてその人らしく生きることをめざすものである（habilitation）。**リハビリテーション***が後天的に障害で失われた機能や能力，社会への適応状態を再び取り戻すことをめざすのに対し，生まれつき障害のある人にとっては「再び」ではない。ゆえに「re（再び）」を省き，ハビリテーションが用いられる。子どもの頃は身辺自立や場に適した行動，青年期以降は企業への就労等が目標とされてきた。これらのアプローチは通常の発達プロセスを仮定し，そこからの逸脱に対し治療的に介入する医学モデルといえる。

一方，1959年には障害のある人とない人が社会で共に生きるノーマライゼーションの考え方が生まれ，近年は，障害を障害たらしめるのは文化や価値観，社会構造であるとする社会モデルが提唱されている。その中で障害をありのまま受け止め，得意なことや長所を生かす支援が広まり，達成感を味わったことで主体的な生き方に転じ，特定の分野で高い評価を受ける障害者も出てきている。特別支援学校に外国籍の子どもも増えており，「多様性の尊重」の視点に立つハビリテーションのあり方が問われている。

（半田一登）

196 リハビリテーションセンター

一般にリハビリテーションセンターとは，障害のある人に対し，心身機能の回復や社会復帰などを目的としてリハビリテーションサービスを提供する施設の通称である。本来は医師をはじめとして看護師，理学療法士，作業療法士，言語聴覚士などの医療専門職が一同に会するリハビリテーション施設をイメージさせる言葉であるが，この名称を用いる上での定まった基準があるわけではない。実際には一病院の中の回復期リハビリテーション病棟を指す名称として用いられていたり，通所リハビリや通所介護の施設の名称として用いられるなどさまざまなケースがある。精神障害や知的障害，発達障害などがある人に対して職業訓練や就労支援などを行っていることもある。またそれら複数の機能を併せもつ複合的な施設であることも多い。運営についても，各都道府県により設置・運営されている施設もあれば民間病院によるものもある。リハビリテーションセンターの名称だけでは内容がわからないことも多く，そのため冠として「職業」「生活」「高次脳機能」「総合」などの用語を付している施設も見られる。また，リハビリテーションサービスの提供だけでなく，各種相談対応や情報発信なども行われている。（半田一登）

197 QOL

QOL（Quality of Life）は，「生活の質，人生の質」と訳されている。広辞苑によると，「生活を物質的な面から量的にとらえるのではなく，個人の生きがいや精神的な豊かさを重視して質的に把握しようとする考え方」とある。医療・保健・福祉領域での明確な定義はないが，一般的には，個人の価値観や人生，生活の豊かさ，自己実現，幸福感を含めた概念である。

リハビリテーションや社会福祉の分野では，歴史的にADL*の改善や職業参加が目標とされてきたが，近年では，患者や障害者の運動を背景にQOLの向上が重要視されるようになった。

QOLは主観的QOL，客観的QOL，健康関連QOL，非健康関連QOLなど，さまざまな視点からの評価法が開発されている。健康関連QOLとは，疾患や治療が，患者の主観的健康感や，仕事，家事，社会活動に与える影響を定量化するものである。大別して多様な疾患に適用される包括的尺度とがんなどの特定の疾患に適用される疾患特異的尺度に分類される。前者にはSF-36，WHOQOL，EQ-5D，HUIなどがあり，後者にはEORTC，FACT-Tや呼吸器疾患を対象としたSGRQなどがある。

（中村春基）

198 ADL

ADL（Activities of Daily Living）は日常生活活動のこと。日本では日本リハビリテーション医学会が取りまとめた考え方が広く用いられている。それは「ひとりの人間が独立して生活するために行う基本的な，しかも各人ともに共通に毎日繰り返される一連の身体的動作群をいう。この動作群は，食事，排泄などの各動作（目的動作）に分類され，各作業はさらにその目的を実施するための細目動作に分類される。リハビリテーションの過程やゴール決定にあたって，これらの動作は健常者と量的・質的に比較され，記録される」としている[1)]。代表的なADL評価表としては，FIM（Functional Independence Measure：機能的自立度評価表）やBarthel Index（BI）が用いられているが，疾患や障害別にさまざまな評価表がある。

ADLの代表的な項目には，食事（摂食），排せつ，衣服の着脱，移動，歩行，入浴，整容などの行為がある。なお関連して，IADL（手段的ADL）として，掃除，洗濯，買い物，金銭管理，交通機関の利用などもある。

生活の再建をはかるリハビリテーションにおいては，心身機能・構造，活動と参加，さらに健康と環境因子を含めた総合的な理解と支援が求められている。（中村春基）

文　献

1）日本リハビリテーション医学会：ADL評価に

ついて．リハビリテーション医学13，pp.315，1976.

199 コミュニティ・ベイスド・リハビリテーション（CBR）

地域に根ざした**リハビリテーション***のこと。障害のある人及びその家族の生活の質を向上させること，基本的なニーズを充たすこと，そして社会への参加や**インクルージョン***を確実なものとするために，1978年のアルマ・アタ宣言に続く形で，WHOの提唱により開始された。当初，資源が制約された地域などにおいて，リハビリテーションサービスへのアクセスを増やすという戦略の1つであったが，現在は，貧困と障害の悪循環に対処しながら，障害のある人の機会均等化と社会的インクルージョン（包摂）に取り組む多分野が協力するアプローチになっている。これらアプローチは，障害のある人々，その家族及び地域社会，並びに関連する政府及び非政府，保健，教育，職業，社会及びその他のサービスの総合的な努力によって実施されている。

なお日本では2015年に，第3回アジア太平洋CBR会議が開催された。これによりCBRは経済発展途上の国や地域のみならず，日本など先進諸国においてもその手法の有用性や有効性があることなどが示唆された。

近年では，CBID（地域に根ざしたインクルーシブな開発）として，より広い理念に発展している。（半田一登）

第19章

労働・雇用

200 障害者の労働と雇用

遅れてきた労働と雇用の世界

働くことは，人の営みの中でも重要な位置を占めている。生計を立てるためだけでなく，社会的連帯や自己実現の観点からも，人生において労働には長い時間が費やされ，またエネルギーが注がれる。しかしながら，障害者の労働と雇用の分野は，普遍的な福祉概念である**ノーマライゼーション**[*]を手掛かりに考えると他の生活場面と比べてその進展が遅れていた。ニーリエ（Nirja B）は，ノーマライゼーションを実現するための原理の1つとして「ノーマルな経済水準」を掲げているが，障害者が働くことについてはこの基本的な水準の達成が難しい状況が続いてきた。「仕事ができない」を理由に，雇用の機会が簡単に奪われやすかった結果，ノーマライゼーションの実現は遠ざかってきた。生産性や作業能力の課題が障害者個人に起因する問題としてとらえられていた時代には，労働と雇用は一層，ノーマライゼーションの実現からも遠い分野であったといえる。さらには，障害者政策の目標がノーマライゼーションの実現からソーシャル・インクルージョンへと進展している中でも，職場における**インクルージョン**[*]の実現は，教育や地域生活における類似の取り組みと比べても前述の「仕事ができれば受け入れてもよい」という職場側の論理によって困難になり，結果として障害者の働くことを通じたQOL[*]の向上の道が閉ざされてきた。

権利としての労働と雇用

こうした状況に置かれてきた労働と雇用について，障害者権利条約は，障害者が他の者との平等を基礎として，労働についての権利を有することを認め，その実現の保障や促進を条約批准国に求めている。その権利には，障害者に対して開放され，障害者を包容し，障害者にとって利用しやすい労働市場と労働環境において，障害者が自由に選択し，労働によって生計を立てる機会を有することを含めている。

同条約の批准に向けた**障害者雇用促進法***の改正によって，障害を理由とした差別の禁止と合理的配慮の提供がすべての事業所に求められることになった。募集，採用，雇用条件，雇用の継続，昇進並びに安全かつ健康的な作業条件など，雇用に関するさまざまな場面で，障害に基づく差別が禁止されることの意義は大きい。また，その対象も「あらゆる形態の雇用」とされ，保護的な条件下での労働においても障害者の権利が保障されることが期待される。

同条約では公正で良好な労働条件や安全で健康的な作業条件，あるいは苦情に対する救済についても障害者の権利が保護されること，労働組合についての権利を行使できることなども併せて確保するよう，批准国に求めている。

日本のような障害者雇用率制度は積極的差別是正措置とされ，さまざまな奨励措置が必要な取り組みとして認められている。公的部門における障害者の雇用や，適切な政策や措置によって，民間部門における障害者雇用の促進も求めている。しかし，2018年公的部門での障害者雇用水増し問題で，退職した人や障害者手帳のない人を多数カウントしていたことが発覚した。今後は労働・雇用の権利を実現する上で，障害者雇用の機会を拡大することと合わせて，職場において合理的配慮が提供されることも重要な鍵を握る。

雇用の機会を拡大していくためには，**職業リハビリテーション***などの働きかけが重要である。労働市場において障害者の雇用機会の増大をはかり，障害者が仕事に就き，継続し，また，そこでの向上をはかることが欠かせない。

さらには，一般労働市場のみならず，自営，起業，協同組合といった多様な就労機会の確保もまた，労働と雇用の権利を進めていく上で，必要になってくる。

労働・雇用を保障していくための視点

今日の社会は，障害者の働くことに対して，労働市場で雇用されることを至上主義とする傾向にある。インクルーシブな障害者の労働を保障していくためには，労働市場で収入を伴う就労機会（ペイドワーク）を得るだけでなく，時に，収入は伴わないアンペイドワークを含む，社会参加を基軸とした多様な働き方を実現するプロセスでなければならない。

特に，いわゆる福祉的就労の場において働くことについても労働としてみなしていくこと，すなわち，労働者性を確保していくことも重要な視点となる。すべての障害者に労働者としての働き方を強いることになってはいけないが，本人は全力で働いているのに，たまたま置かれた状況によって労働者か福祉サービス利用者かに峻別される現在の仕組みには問題が多い。

さらには，WHOのICF*が提示するように，そもそも障害者が働くことについて，個人の意欲や所与の労働能力，作業能力といった観点ではかるのではなく，職場の環境条件の設定によって，就労や雇用の可能性が変化す

ることを基盤に置くことも労働・雇用の権利を実現する上で極めて重要である。（朝日雅也）

201 障害者雇用促進法

通常の競争条件の下で雇用されることが困難な障害者の雇用を進める法律である。障害者の雇用義務等に基づく雇用の促進，職業リハビリテーション等を通じて，障害者の職業生活における自立と安定をはかることを目的としている。

雇用率制度とその課題

同法の中核をなすのが**障害者の雇用率制度***と**障害者雇用納付金制度***である。その前提として，すべての事業主に，障害者の雇用に関し社会連帯の理念に基づき，障害者が能力のある職業人として自立する努力に協力すること等を責務として求めている。同法の前身は1960年の身体障害者雇用促進法で，障害者雇用促進の法的根拠としてすでに半世紀を超えている。

近年の障害者雇用は，継続して実雇用率の改善が報告されているが，法定雇用率自体は全体としては達成されない状況が続いている。2017年に民間企業で法定雇用率の達成割合が初めて50%に達成したが，法定雇用率は義務でありながら目標値にとどまってきた。その一方，対象は身体障害から知的障害へと広がり，2018年度から精神障害が雇用義務となるに至った。

この制度がなければ，不十分ながらも現在の雇用状況には到達していなかったといえる。一方，法定雇用率が達成されると，その後の雇用の拡大にはブレーキがかかりやすい。法定雇用率の達成を目的化するのではなく，一般の職場から障害者を排除しないための手段としての位置付けが重要となる。

障害者雇用率制度は，事業主の雇用義務を中核とした雇用促進策である。その点，障害者の雇用・労働に関する権利を直接保障する枠組みにはなっていない。障害者雇用促進法は，職業リハビリテーションを通じて障害者を支援するが，障害者雇用については，事業主の法的義務を主軸にその実現をはかる性格付けである。

雇用差別の禁止と合理的配慮

障害者雇用の量的な確保から，質的な充実をはかるものとして期待されるのが障害者権利条約である。同条約の批准に向けて障害者雇用促進法は改正され，2016年４月からすべての事業主に，雇用に関連して障害を理由とする差別の禁止と**合理的配慮***の提供義務が課せられた。

障害者雇用率制度による「量的」な雇用確保をベースに，差別禁止と合理的配慮の提供義務に基づく質の確保をすり合わせていくためのアプローチが求められる。（朝日雅也）

202 障害者雇用率制度

障害者雇用促進策には大きく分けて，割り当て雇用アプローチと差別禁止アプローチがある。積極的差別是正措置とされる前者を採用しているのが日本，ドイツ，フランス等であり，後者の代表がアメリカ，イギリス等である。具体的には，障害者雇用促進法によって官民を問わず一定規模の従業員数を有する事業主に法定雇用率以上の障害者雇用を求めている。

民間の事業主は2.3%（2021年3月から），国及び地方公共団体は，民間事業所に率先して障害者雇用に取り組むべき観点から2.6%（同上），都道府県等の教育委員会は2.5%（同上）の法定雇用率が課せられている。対象となる障害者は，身体障害者，知的障害者，精神障害者であり，それぞれ対象者としての確認方法は障害者手帳を基本としている。公共職業安定所に障害者雇用状況を報告するにあたっては，重度障害者（身体障害・知的障害）は2人分，短時間労働者は0.5人分（精神障害者については経過的に1人分とする対応あり）としてカウントする。なお2022年の法改正で週10～20時間未満の短時間労働の重度身体障害者等も0.5人分にカウントすることとなった。よって，発表される実雇用率はこうした計算処理後の数値であり実人員は少ないことや重度は職業的な重度さを意味するものではなく手帳により判定されるといった課題がある。

（朝日雅也）

203 障害者雇用納付金制度

障害者雇用促進法*に基づき，すべての事業主は障害者雇用に取り組むこととされているが，法定雇用率が未達成である一定規模の事業主は障害者雇用納付金を納付しなければならない。

障害者雇用納付金は，障害者の雇用に伴う事業主の経済的負担の調整をはかるとともに，全体としての障害者の雇用水準を引き上げることを目的としている。未達成事業主から納付金を徴収し，これを雇用率達成事業主に対する調整金や報奨金，その他の助成金の原資とする。なお，納付金を納付することで雇用義務が免除される訳ではない。

納付金の額は政令で定められるが，事業主が法定雇用率に基づく数の障害者を雇用する場合に，その対象者1人につき通常必要とされる1月当たりの特別費用，たとえば，必要な施設，設備の設置・整備その他の対象障害者の適正な雇用管理に必要な費用を基準としている。

現在の納付金額は，法定雇用障害者数に不足する障害者数に応じて1人につき月額50,000円。対象事業主は，順次拡大され，現在では常用労働者100人超の事業主が対象になっている。

（朝日雅也）

204 特例子会社

障害者雇用を推進するため，1976年に労働省（当時）の職業安定局長通達により定められ，1987年の障害者雇用促進法改正により規定された。要件を満たすことで，子会社が雇用する障害者を親会社の障害者雇用率に算定できる。障害福祉サービス事業ではないため訓練等給付費は支給されない。事業内容はグループ会社の補佐的業務を請け負うなど事業規模を活かした業務が多い。専門的な就労支援がなされる反面，親会社へのキャリアアップがないことや，グループ会社の他の職場では採用されないなどインクルーシブ雇用の視点では課題が残る。

（井上忠幸）

205 職場適応援助者（ジョブコーチ）

職場で障害者と雇用企業を支援し，職場適応・定着をはかる専門家をさす。1986年に米国で創設され世界的に発展しており，我が国では2002年に「職場適応援助者支援事業」として制度化された。「配置型」（地域障害者職業センター），「訪問型」（社会福祉法人等），「企業在籍型」（企業）の３タイプがあり，支援を行う際には地域障害者職業センターの承認が必要となる。全国で約700人が制度上の職場適応援助者として活動している（2019年度）。この他に地方自治体独自で本制度の方法論をベースとした制度の創設や，就労移行支援事業所の職員などが本制度によらずに活動している者も多数存在する。

（酒井大介）

206 トライアル雇用助成金 障害者トライアルコース（トライアル雇用）

障害者雇用の理解向上と雇用促進を目的とした制度で，要件を充たす事業主及び求職者は，原則３カ月（精神障害者は６カ月）の試行的雇用期間の中で，職務適性や障害特性等の確認を進めた上で無期雇用への移行をめざす。また，事業主には国から助成金も支給される。本制度は，事業主と求職者双方に利点がある上，継続雇用への移行率が高く，障害者雇用に慎重な事業主の雇用開始の背中を押すものとなっている。一方で，利用件数増による財政的理由で助成金受給要件等が厳格化され，本制度活用を減速させてしまっている。

（鈴木　宏）

207 チャレンジ雇用

2007年12月制定の障害者基本計画「重点施策実施５か年計画」に基づき，「福祉から雇用へ」推進５か年計画で策定された。各省庁や自治体等が知的障害者等を非常勤職員として雇用し，１～３年の業務経験後にハローワーク等を通じて一般企業等に就職することをめざした制度である。チャレンジ雇用では安定した職務と身分を保証されるが，並行して次の就職先確保に向けた自助努力が求められる。また，その良好な労働条件が，次への移行意欲を引き下げる原因にもなっている。本来の趣旨から外れ，公的機関の雇用率に貢献する制度という印象を否めない。

（鈴木　宏）

208 在宅就業支援団体

在宅で働く障害者と発注元の事業主の間に立って，さまざまな支援を行う団体のこと。雇用されずに請負などの形で働いている在宅就業障害者に対し，企業がこの支援団体を介して発注する場合，特例調整金・特例報奨金の支給対象となる。2006年からスタートしたこの制度は，雇用一辺倒でない多様な働き方を支える点では期待されたが，活用方法が周知されず，登録団体の数は2023年３月時点で23団体にとどまっている。**テレワーク***などの新しい働き方はICT（Information and Communication Technology）によりますます拡大が望まれるだけに，この制度の活用方法と周知方法の見直しが期待されている。（堀込真理子）

209 テレワーク

ICTを活用した，場所にとらわれない柔軟な働き方のこと。「tele＝離れて」と「work＝働く」を合わせた造語で，事業所から離れて自宅やサテライトオフィス等で働く手法をさす。コロナ禍以降，感染防止の有効策となったが，障害のある人の中では1980年代からこの手法は使われ，通勤困難者の就業機会を後押ししてきた。現在は就労継続支援Ａ型事業所，Ｂ型事業所の在宅利用も可能となっている。長い間，在宅就労中に公的な訪問介護サービスを使えないことが課題であったが，2020年度より「雇用施策との連携による重度障害者等就労支援特別事業」が利用できることとなった。

（堀込真理子）

210 職業リハビリテーション及びハビリテーション

職業リハビリテーションの考え方

職業生活においては，何らかの理由で働くことを中断したり，あきらめざるを得なかったりすることがある。特に，心身の障害に関連して発生する，働く上での困難に対する専門的な介入が職業リハビリテーションである。その際には，経済的な基盤の確保のみならず，働くことによって獲得できる社会的連帯や自己実現をはかる上で生じるさまざまな制限や制約が対象となる。

その目的は，ILO*の159号条約では，「障害者が適当な雇用（employment）に就き，それを継続し，かつ，それにおいて向上し，それにより社会への統合または再統合を促進することにある」と規定しており，統合の手段を提供するものとされている。

また，職業リハビリテーションは，総合的なリハビリテーションにおいて重要な位置を占めている。リハビリテーションは，単に機能の改善・回復をはかることにとどまらず，障害があることによって失われた権利を回復することも意味する。何らかの障害によって働く権利が失われた場合に，それを回復することも職業リハビリテーションの重要な役割である。なお，障害者権利条約26条ではリハビリテーションと並んでハビリテーション（適応のための技能の習得）が明記されており，たとえば先天性の障害のある若年者が適応のための技能を習得する場合も想定されている。それゆえ「RE（再び）」を外していると解されるが，障害を理由として職業世界から排除される状態からの権利回復という趣旨は同一である。

狭義と広義の職業リハビリテーション

障害者関連法で職業リハビリテーションを定義しているのは，障害者雇用促進法である。同法では，職業リハビリテーションの措置として，「障害者に対して職業指導，職業訓練，職業紹介その他この法律に定める措置を講じ，その職業生活における自立を図ること」と規定される。これらは労働分野における狭義の職業リハビリテーションといえよう。

一方，就労継続支援事業等，何らかの福祉的支援によって生産活動等に従事することを支えるのも職業リハビリテーションであり，医療機関における職業に向けた支援活動や，教育機関における進路支援としての職業教育もその1つととらえられる。このように広義には，医学，社会，教育それぞれのリハビリテーション分野にも職業の要素が包含されており，今後の対象者の拡大に伴って，職業リハビリテーションの役割はさらに重要性を増すであろう。

（朝日雅也）

211 障害者就業・生活支援センター

障害者の職業生活における自立をはかるため，雇用，保健，福祉，教育等の地域の関係機関との連携の下，障害者の身近な地域において就業面及び生活面における一体的な支援を行うことを目的に，2002年の障害者雇用促進法改正により創設された。国と都道府県から事業を委託された法人が運営しており，2022年4月現在，全国に338カ所が設置されている。

同センターには，就業支援ワーカー及び生活支援ワーカーが配置され，窓口での相談や職場・家庭訪問等により指導，相談を実施している。就業支援では，職業準備訓練，職場実習のあっせん，求職活動支援，職場定着支援，事業所に対する障害特性を踏まえた雇用管理に関する助言，関係機関との連絡調整等を行う。生活支援では，生活習慣の形成，健康管理，金銭管理等の日常生活の自己管理に関する助言，住居，年金，余暇活動など地域生活，生活設計に関する助言，関係機関との連絡調整等を行っている。就労支援から生活支援まで活動の幅が広く，その役割が期待される一方，補助金が不十分であることや，その使途が限定的であるために柔軟な活動を困難にしている等の制度上の課題がある。「ナカポツセンター」と呼ばれることもある。

（鈴木　暢）

212 障害者職業センター

独立行政法人高齢・障害・求職者雇用支援機構が設置・運営する施設で，障害者雇用促進法に基づき，障害者の専門的な職業リハビリテーション機関として，障害者職業総合センター（1カ所）・広域障害者職業センター（2カ所）・地域障害者職業センター（52カ所）の3種がある。特に，地域障害者職業センターは，各都道府県に設置され，もっとも地域に密着したセンターとして，**公共職業安定所（ハローワーク）***等と連携しながら障害者の就職の希望等を把握し，職業能力等の評価，個々に応じた計画等を策定する。

また，障害者雇用促進法上の重度知的障害の判定も実施するなどの職業評価や職業指導を行う。さらに，センター内の作業体験や講習を通して，個々の得手不得手の整理や対人技能の向上等，求職活動に必要なスキルを身に付けるための職業準備支援を行う。

事業主に対しては，雇用管理に関する助言等を行う。特に専門性の高い事案では，医師や建築士などの地域に登録された専門家である「障害者雇用管理サポーター」の協力を得ている。また，雇用の前後を通してジョブコーチが職場に出向き，障害特性を踏まえた専門的で直接的な支援や助言を障害のある人や事業主に対して行う。

（奥西利江）

213 職業能力開発

狭義には，職業能力開発促進法に基づく公共職業訓練をさす。一般の職業能力開発校でも可能な限り障害者が利用しやすいような施設・設備の整備を進めつつ，受け入れの促進が求められている。それが困難な場合には，障害者職業能力開発校の利用がある。同法では，身体的又は精神的な事情等に配慮して行わなければならないとされ，国立・都道府県立合わせて19校が展開している。個別のニーズに対応した訓練プログラム等が特徴で，近年では，特に知的障害者を対象とした訓練科目の強化や精神障害，発達障害のある訓練生への対応が顕著である。さらには，民間障害者職業能力開発訓練や企業等における障害者の態様に応じた多様な委託訓練なども併せて実施されている。

広義には，雇用や就業に向けて，障害者の現有の諸機能を高めていく働きかけである。具体的には就業のための基礎的な能力，職業生活に必要なことを取得する準備，具体的な職業遂行のための能力の取得などがある。実際には，施設や設備や作業方法などの環境改善が重要であるが，職業能力開発は，特に障害者の現有機能の拡大や伸張によって職場側の要請に近づけるものといえ，その場面は，労働，福祉，教育等多岐にわたる。

（朝日雅也）

214 公共職業安定所（ハローワーク）

就職を希望する人に対して無料で職業紹介等の求職手続きや雇用保険手続き，その他就職に必要な資格・経験・職業訓練コース等の情報提供を行い，事業主には人材の紹介，雇用保険の適用，助成金・給付金の支給，その他募集・採用・配置などに関する相談を実施する国の機関である。

障害者の窓口には専門の職員・相談員を配置し，求職申し込みから就職後のアフターケアまで一貫した職業紹介，就業指導等を行っている。企業等には雇用率達成指導，雇用維持に係る支援・指導を行い，求職者に対しては住宅・生活支援等，職業訓練受講給付金の支給等を行っている。また，トライアル雇用，ジョブコーチによる支援，職場適応訓練，委託訓練及び特定求職者雇用開発助成金，障害者雇用納付金制度に基づく助成金等の案内も併せて行う。

福祉から一般雇用への移行を希望する障害者等に，関係機関が連携して就職から職場定着まで一貫した支援を行うチーム支援を実施しているが，地域格差が生じており今後の課題である。また，障害者窓口で紹介する仕事の条件が，一般の仕事の条件よりも悪く，障害の有無にかかわらず同等の働く機会を得る観点から改善を求める声もある。

（都築裕之）

215 雇用と福祉的就労

雇用とは

雇用とは，「当事者の一方が相手方に対して労働に従事することを約し，相手方がこれに対してその報酬を与えることを約することによって，その効力を生ずる」と民法623条に定められている。つまり，使用者と労働者が「雇用契約」を交わして働くことをいう。雇用契約を結んだ場合，使用者は国の定める各地域の最低賃金以上の賃金を支払う義務がある。また雇用契約とは別に雇用の際には労働基準法で定められた「労働条件通知書」で契約期間や賃金，業務内容，就業場所，就業時間などの労働条件を記載した文書で通知することが必要となる。業務委託（請負）などは雇用に当たらない。

障害者雇用については，障害者雇用促進法43条1項で従業員が一定数以上の規模の事業主は，従業員に占める身体障害者・知的障害者・精神障害者の割合を「法定雇用率」以上にする義務がある，と規定されている。現行2.3％である民間企業の法定雇用率は段階的に引上げられ，2026年に2.7％となる。同じく国・地方公共団体では3.0％，都道府県の教育委員会では2.9％となる。

福祉的就労とは

福祉的就労は法律用語ではないが，一般就労（雇用契約を結んだ労働）という語句と対比して使用されることが多い。障害のある人が雇用されることが難しい状況であっても，さまざまな形態で働くことを意味しており，主に障害者総合支援法に定める就労移行支援事業や就労継続支援事業（A型・B型）等を利用し就労することをさす。一部の生活介護事業でも作業活動を行い，工賃を支給している事業所もある。就労継続支援A型事業所は雇用契約を結んで働くことが原則であり，その際は最低賃金が保障されるが，労働能力等によって最低賃金減額特例が適用されることもある。障害のある人は自分のニーズに合わせて，職業訓練の要素の多い事業所を利用したり，日常生活に必要な支援を受けながら働く事業所を利用したりする。しかしながら，就労継続支援B型事業所での工賃は，全国平均月額約15,000円で経済的自立には程遠い現状となっている。働いたことに対する報酬を一般には賃金と呼ぶのに対し，福祉的就労の場では工賃と呼ぶ。なお，福祉的就労から一般就労に向けた支援を受け，実際に雇用に結びつく例も増えてきている。

（新堂　薫）

216 就労移行支援

障害者総合支援法では，障害のある人が地域で暮らす共生社会を実現するための柱の一つとして，「就労支援の抜本的強化」が位置付けられ，「福祉から一般就労へ」を促進させるサービスとして「就労移行支援」が設けられた。この事業は企業等での就労を希望する障害のある人に，一定期間（標準期間は2年，資格取得型は3年または5年），就労に必要な知識や能力を向上させるための生産活動や職場体験等の訓練を提供し，また求職活動に関する支援や適性に応じた職場開拓等を行う。さらに，就職後はハローワーク等の関係機関と連携しながら6カ月間，職場定着のための支援を行うことが義務付けられている。

福祉から一般就労への移行者は2019年度が21,919人で2008年度の約7倍に増えている。しかし，就労移行支援事業所における一般就労への移行率は二極化しており，2017年4月時点で，移行率20％以上の実績を上げている事業所が全体の5割である一方，未だ実績0％の事業所が約3割ある。利用者にとっては，選択する事業所によって受けられる支援の質に大きな差が生じている。（谷山恵一）

217 就労継続支援

障害者総合支援法に基づいて，一般の企業等での就労が困難な障害のある人に，就労の機会の提供，一般就労に必要な知識・能力の向上に必要な訓練等を提供し，賃金や工賃を支払う事業。

就労継続支援A型は，雇用による就労の機会と福祉サービスの双方を提供する障害福祉サービス事業である。利用者と事業所は，労働法規に基づいた労働契約と障害福祉関係法に基づいた福祉サービスの利用契約を二重に締結する。このため，障害のある人の労働者としての権利や最低賃金を保障する雇用管理や，環境整備，職業生活相談などに加え，安心して働き続けるために必要な個別支援計画に基づく福祉サービスの提供が行われている。

一方，雇用契約を結ばない就労継続支援Ｂ型は，利用者と事業所が福祉サービスの利用契約を締結し，作業活動の対価として工賃を支払うこととされており，１月当たりの平均工賃額は3,000円を下回ってはならない。各事業所では，作業環境等の改善を行いながら，障害のある人が地域で生活できるように工賃向上に努めている。また，作業支援のみではなく，住み慣れた地域で生活するための生活支援や家族支援等も行っている。

（志賀正幸・寺口能弘）

218 就労定着支援

障害者総合支援法の改正によって2018年４月より創設された障害福祉サービスの１つ。一般就労に移行した障害者の就労に伴う生活上の支援ニーズに対応できるよう，事業所・家族との連絡調整等の支援を一定の期間にわたり行うサービスである。

支援の対象者は，就労移行支援，就労継続支援，生活介護，自立訓練の利用を経て一般就労へ移行した障害者で，就労に伴う環境変化により生活面の課題が生じている者とされる。支援内容は，利用者との相談を通じて生活面の課題を把握することや，企業等関係機関との連絡調整，課題解決に向けて必要となる支援の実施等である。利用者の自宅や就職先の企業等を訪問することにより，利用者との対面支援を月１回以上行う。加えて，企業訪問を月１回以上行うよう努める。また，2021年度よりどのような支援をしたか等をまとめた「支援レポート」を本人とその他必要な関係者で月１回共有する。支援期間は３年を上限とする。経過後は**障害者就業・生活支援センター***等へ支援を引き継ぐ。

事業者指定・支給決定等についての自治体間の見解の相違や，自己負担が発生してしまう問題，関係機関との連携のあり方や支援終了後の引き継ぎのあり方等，解決すべき課題が多い。

（小倉広文）

219 授産施設

心身に障害があり企業に就職することが難しい障害のある人に対し，働く機会や便宜を提供し，自立と生活安定をはかることを目的として設置されていた施設である。一定の労働能力を前提としたため，重度障害者は対象から除外されていた。身体障害者福祉法等によって設置されていた授産施設は2006年の障害者自立支援法の施行により，就労継続支援事業，就労移行支援事業等に移行した。授産という用語は，現在も使用されることもあるが，「産（仕事又は職業）を授ける」という古典的な福祉に基づくものであり，今日の人権保障やノーマライゼーションの理念と異なるとの指摘がある。

（久保田博）

220 福祉工場

一般企業に雇用されることの困難な障害のある人に職場を提供し，雇用することを目的に制度化された事業所。1972年に身体障害者福祉工場が創設され，安心して働ける場所の他に住居も併設し生活の拠点としての役割も果たした。その後，知的障害者福祉工場（1985），精神障害者福祉工場（1995）が制度化された。障害特性や個々の状況に応じた支援がなされることを前提に，障害がある人の働く場として機能してきたが，2012年の障害者自立支援法の完全施行とともに，福祉工場の制度は廃止され，主に就労継続支援A型事業に移行した。（井上忠幸）

221 共同作業所

旧養護学校（現，特別支援学校）等を卒業した障害のある人の働く場で，小規模作業所や無認可作業所などとも呼ばれてきた。1969年に設立された「ゆたか作業所」（名古屋市）が始まりである。1977年に16カ所の共同作業所によって全国組織である「共同作業所全国連絡会（きょうされん）」が結成された。成人期障害者の働く場，活動の場として全国的に広がったが，法定外事業のため公的援助が少ないという課題があった。2006年施行の障害者自立支援法（現在の障害者総合支援法）以降は生活介護，就労継続支援，地域活動支援センターなどの事業に移行している。（新堂　薫）

222 障害者優先調達推進法

2012年6月に公布，2013年4月に施行された。障害者の経済的な自立を促すため，国や自治体に対して，障害者就労施設などへ優先的，積極的に物品や業務を発注することを求めた法である。行政側は毎年度，調達の基本方針を明らかにし，実績も公表しなければならない。2004年の地方自治法施行令改正で，障害者就労施設等からの物品購入の随意契約が認められ，2008年3月には，役務の提供についても随意契約が可能となった。（寺口能弘）

223 賃金・工賃

賃金とは，「労働の対価として労働者に支払われる金銭。賞与などのほか，実物賃金も含む」とされ，一般企業や就労継続支援A型など雇用契約に基づく場面において用いられる。工賃とは，「物を製作，加工する労力に対する手間賃」とされ，雇用契約に基づかない就労継続支援B型，生活介護などで用いられている。また，工賃には最低賃金の適用はなく，収益が出た場合のみ支給されている。大部分の福祉事業所において収益が少なく，支給工賃も低額という現状がある。就労継続支援B型の月額平均工賃は15,776円

(2020年度）となっている。（新堂　薫）

224 常勤・非常勤

常勤と非常勤は1週間当たりの勤務時間で区別される。一般的に，常勤とはフルタイム（週当たり最大40時間労働）で勤務する労働者をさし，非常勤とは，週当たりの労働時間が常勤に満たない労働者をさす。障害のある人は非常勤で働くことが圧倒的に多く，かねてから不安定雇用の問題が指摘されている。民間企業等における障害者雇用率制度の対象は週20時間以上の雇用契約とされているが，2024年度からは週10時間以上20時間未満勤務の精神障害者，重度身体障害者及び重度知的障害者も対象になる。近年，精神障害のある人の就労が進むにつれて，通院時間の確保のため，また体調に合わせて週20～30時間の非常勤としての働き方が増えている。（新堂　薫）

225 自営

個人事業主による事業で，障害のある人が自ら個人事業主となって自営業を営むということ。視覚障害者があんま，鍼（はり），灸を仕事として行う場合等がある。近年は，ICT（Information and Communication Technology）を活用した独立起業が広がり，業務請負型個人自営業主が増えつつある。雇用関係がないため必要な支援や合理的配慮の提供主体が不明確であることや，また仕事中は福祉サービスとしてのホームヘルプを利用できない等の制度上の障壁が課題となっている。（新堂　薫）

226 ディーセントワーク

概念

「働きがいのある人間的な仕事」として理解されている。その用語・概念は，ILO*の1999年総会のソマビア（Somavia J）事務局長報告で初めて用いられたとされ，以来，その実現はILOの主要な活動目標となっている。

「働きがいのある人間的な仕事」は抽象的な概念のため，ILOは，「権利が保護され，十分な収入が得られ，適切な社会的保護が与えられた生産的な仕事」と解説している。さらに，ソマビア事務局長は，具体的には「子どもに教育を受けさせ，家族を扶養することができ，30～35年ぐらい働いたら，老後の生活を営めるだけの年金などがもらえるような労働のこと」とも述べている。

障害者とディーセントワーク

ディーセントワーク（decent work）は，すべての人々の労働を対象にしており，障害者分野だけの概念ではないが，国連の障害者のための取り組み等にも用いられ，たとえば，2007年の国連・国際障害者デー（12月3日）のテーマは，「障害のある人のためのディーセントワーク」であった。

さらに，2011年にソマビア事務局長は，「世界人口の15%に相当する約

10億人と推計される障害者人口を労働市場から排斥することによる損失は国内総生産（GDP）の最大７％にあたる。包摂的な開発に向けた最も効果的な経路の１つとして障害者の生産的なディーセントワークがある」とのメッセージを寄せている。

現実的には，たとえば障害福祉サービスである就労継続支援事業Ｂ型を利用する障害者の平均月額工賃が約16,000円であることは，ディーセントワークの実現とは程遠い状況といえる。さらには，それを支えるスタッフなどの福祉人材の処遇もまたディーセントワークとはいえない現実がある。加えて開発途上国に目を向ければ，強制労働などディーセントワークとは対極の労働が強いられていることも少なくない。

現状を変える指針として

こうした現状を踏まえると，単にディーセントワークを唱えるだけなく，労働条件の改善，就労支援方法の工夫，それらを支える制度設計など，具体的な対応が求められる。その際，すべての人々の働き方や労働の質の向上をめざす実践理念として位置付けることで，今日の労働課題の解決・改善に資することが期待される。（朝日雅也）

227 社会支援雇用

障害者の一般就労及び就労支援事業所で働く福祉的就労のあり方を問い直し，働きがいのある，人間らしい仕事を実現するために，**日本障害者協議会**（JD）*で設置した「社会支援雇用研究会」で提言された新しい雇用のあり方である。障害者権利条約27条には，「障害者が他の者との平等を基礎として労働についての権利を有することを認める。この権利には（中略）障害者が自由に選択し，又は承諾する労働によって生計を立てる機会を有する権利を含む」と規定されており，社会支援雇用は，同条約の理念に沿ったものである。

本制度は，労働市場で仕事を確保することが困難な障害者に対して，必要な人的・経済的支援等を提供することにより，人としての尊厳にふさわしい労働条件等を保障するヨーロッパの保護雇用を基礎としている。現状では仕事に就くことが困難な人々が，必要な支援を充分に受けながら，働く機会と生計の維持に見合う賃金を補填されることにより，他の者と同等の働く権利を享有することを目的とし，その労働者としての人生において，事業や事業所にとらわれず，どのような働き方を選択しても活用できるものであり，その支援は労働施策と福祉施策との連携を推奨している。（中村敏彦）

228 援助付き雇用

一般労働市場における労働が困難な障害者が，職場で継続して受けられる支援の１つで，**職業リハビリテーション***の側面もある。仕事を遂行するための援助や合理的配慮の提供，職場で訓練や指導を行う企業への援助，雇用するためにかかる経費を雇用主に補償すること等を含む。障害者にとっては，一般労働者と同様に収入，生活の質，安全性，移動，昇進の機会等が保障され，就労による自立の可能性が広がる。「訓練をしてから雇用（train then place）」から「雇用しながら訓練（place then train）」に変わったという点で，従来の職業リハビリテーション等の理念を発展させたといえる。日本ではジョブコーチ等にその端緒を見ることができる。（須貝壽一）

第20章

生活保障

229 障害者の所得保障及び経済的負担の軽減

障害者の社会保障の枠組み

現在の日本の社会保障の枠組みは，社会保障制度審議会によって示された「社会保障制度に関する勧告」(1950)が端緒を開いた。これは，公的扶助制度が核になり，社会保険が中心的な役割を果たすことによって社会保障を推進するものであり，国民（住民）の最低生活を保障するセーフティネット機能を示したものでもある。

障害者の所得保障に関してもこれらの枠組が反映されており，**生活保護***が核になりながら，障害年金が障害者の所得保障の中心的な役割を果している。そして，各種の**社会手当***が，この両者の隙間を埋めている。

障害年金の防貧機能の低下

しかし，障害者の所得保障に関してもセーフティネット機能は弱体化しており，障害者の貧困を増幅させている。

この実態をより詳細に分析するため，障害年金と生活保護の併給率の推移を見ると以下のようになる。

1980年度の旧法に基づく拠出制障害年金の受給者と障害福祉年金受給者の生活保護との併給率は９％を超えており，高い割合を示している。その後，1986年度の**障害基礎年金***と生活保護の併給率はやや高い割合であるが，1990年代半ばまで併給率は低下している。これは，1986年の国民年金法等の抜本改正により，多くの障害者が従来の障害福祉年金の２倍程度の水準の障害基礎年金を受給できるようになり，障害年金の防貧機能が高まり，生活保護との併給率を低下させたからといえる。しかし，1990年代後半からは，障害年金と生活保護との併給率，併給者数ともに徐々に上昇し，併給率は５％を超えている。これは，障害年金が防貧機能を低下させ，障害者の生活保護への落層を防げなくなっていることを示しているといえる[1]。

勤労収入による自活への道

障害者の貧困は就業状況からも明らかである。企業などに雇用されている障害者は，雇用者数・雇用率ともに過去最高を更新しているが，就業率は，非障害者と比較して20％から30％程度低い水準にある。また，労働法が適用されない福祉的就労の割合は引き続き高く，とりわけ，知的障害者が福祉的就労に従事する割合は60％程度に至る[2)]。

福祉的就労に従事する障害者本人の主な収入源は，障害基礎年金が80％程度を占めている。また，障害者本人の月収は，42,000円以上83,000円未満が48.8％ともっとも多く，83,000円以上105,000円未満が21.3％と続いている。これは，障害基礎年金の受給額に福祉的就労の平均工賃15,000円程度を加えた額に月収が集中していることを示しているといえる。これを相対的貧困率から見ると，81.6％が貧困線を下回っており，国民全体の16.1％の約5倍にも至っている[3)]。

このような不安定就労・低所得問題の解決に向けた方向性は，障がい者制度改革推進会議総合福祉部会がまとめた「障害者総合福祉法の骨格に関する総合福祉部会の提言－新法の制定を目指して－」(骨格提言）にも示されている。ここでは,「一般就労と福祉的就労の間に新たな選択肢をつくる」「福祉的就労に労働法規を適用する」という障害者の保護雇用の制度化に関する提言が示されている。加えて**骨格提言***では，これらの制度化に向け3年間のパイロットスタディを実施することも提言している。

パイロットスタディを実施するにあたって，特に賛否が分かれるのが賃金補填のあり方である。そこで，骨格提言では,「年金給付を賃金補填に振り替える仕組」「賃金補填の対象になる障害者の認定の仕組」などの検討の必要性を挙げている[4)]。

しかし，パイロットスタディを含めたこれらの提言はいまだ実施されていない。

経済的負担の軽減

まず税制上の負担軽減があり，所得税，住民税，相続税，事業税，自動車税，消費税などで障害者控除がある。その他，JRなどの交通運賃割引，放送受信料，郵便料金，公営住宅優先入居，生活福祉資金貸付制度，自治体での医療費公費助成制度や福祉タクシーなど，障害者の負担を配慮した制度がある。これらは障害者の生活を支える重要な役割を果たしているが，精神障害者や難病に伴う障害者の除外や自治体間格差，資源枠の不足など多くの課題がある。またそれぞれの制度根拠を障害者権利条約の視点で見直すこと，特に障害に伴う出費を認知し，所得保障とは異なる政策的対応を行うことが今後の重要課題である。　（磯野　博）

文　献

1）田中聡一郎，百瀬優著：自立と福祉‐制度・臨床への学際的アプローチ（庄司洋子，加藤田博，菅沼隆他編）日本の生活保護・障害年金と障害者．現代書館，2013.

2）平成25年版障害者白書．第1編 第1章 第4節1 就業の状況．内閣府.

3）きょうされん：障害のある人の地域生活実態調査の結果報告．2016.5.17

4）障がい者制度改革推進会議総合福祉部会：障害者総合福祉法の骨格に関する総合福祉部会の提言‐新法の制定を目指して．2011.8.30

230 障害基礎年金

1986年に基礎年金制度が導入され，同時に障害基礎年金も創設された。1級で972,250円／年，２級で777,800円／年が受給できる。１級は２級の25％増である。さらに子の加算として，２人目までは223,800円／年，３人目からは74,600円／年が加えられる（2022年度 現在)。

一方，20歳以前に初診日がある場合，保険料の納付要件はないが，単身世帯では3,704,000円／年以上は半額停止，4,721,000円／年以上は全額停止という所得制限がある。

精神・発達・知的障害に対しては，2016年９月から年金支給に関するガイドラインを変更した。また，2017年４月から障害認定は都道府県から日本年金機構に一元化されている。これらの影響により，障害基礎年金支給停止問題が発生しており，改善が求められている。

障害基礎年金受給額の基準である２級の受給額は，家計調査（総務省）での65歳以上の単身世帯の基礎的支出に基づき，老齢基礎年金と同額に設定されている。しかし，衣類，自動車，旅行，娯楽，外食などを含めない基礎的支出を基準にしていることなど，障害のある人の生活実態にあわないという指摘がある。

2012年，社会保障と税の一体改革の一環として，障害基礎年金受給者に対して年金生活者支援給付金を給付する法律が成立した。2015年10月の消費税引上げに併せて施行を予定していたが，増税の延期に伴い，2019年10月に施行された。

2022年度の受給額は，障害基礎年金１級受給者が6,275円／月，２級受給者が5,020円／月である。１級は２級の25％増である。

この給付金は，低所得な重度障害者を対象にしたものでありながら，無年金障害者は対象にしていないという問題を孕んでいる。

また，2020年には年金制度機能強化法が成立した。本法は，今後の社会・経済の変化を年金制度に反映し，超高齢社会における経済基盤の充実を図ることを目的にしている。

改正内容には，「児童扶養手当と障害年金の併給調整の見直し等」が含まれている。これまで，一人親の障害年金受給者は障害年金受給額が児童扶養手当受給額を上回ると児童扶養手当が支給停止になっていたが，2023年３月からは，この併給調整を見直し，児童扶養手当受給額と障害基礎年金の子の加算の受給額との差額が受給できるようになる。 （磯野　博）

231 障害厚生年金

厚生年金保険に加入している被用者が，被保険者期間内に初診日（障害の原因である傷病を初めて受診した日）のある傷病によって障害を負った場合に受給できる年金である。年齢によらず厚生年金保険に加入していれば受給できる。

障害厚生年金には１～３級があり，１級と２級は障害基礎年金と同様に判定，また３級は労働能力によって判定される。その額は在職中の平均標準報酬月額（毎月の平均的な給料の額で，社会保険料を決める際の根拠となる額）と被保険者期間の月数を基準にして算定される。１級は２級の25％増である。１級と２級には，配偶者がいる場合に224,300円／年が加えられる。

厚生年金保険は国民年金とともに加入するため，障害厚生年金１級・２級は障害基礎年金１級・２級と同時に受給することが想定される。しかし，厚生年金保険に加入している65歳以上の被用者が障害厚生年金を受給する場合，障害基礎年金が受給できないため，老齢基礎年金の75％（2019年度で585,075円）を障害厚生年金の最低保障額として受給できる。その他，初診日から５年以内に障害認定基準３級以下の障害状態になった場合の障害手当金もある（2020年度 現在）。（磯野　博）

232 障害共済年金

2012年の「被用者年金制度の一元化法」により，各種共済組合が厚生年金保険に一元化された。この一元化により，2015年10月以降に初診日がある各種共済組合員は，障害共済年金ではなく**障害厚生年金***を受給することになった。2015年10月以前に初診日がある場合，引き続き障害共済年金が受給できる。また，障害厚生年金，障害手当金の実務は各共済組合が担っている。加えて，共済組合では原則として認められなかった在職中の障害年金の受給が可能になった。

一方，国家公務員共済組合では，本人の申告のみによって初診日が認定されていたが，官民格差の解消のため，一元化以降は初診日の認定が必要になった。しかし，カルテなど，医師による証明がなくても，参考資料から合理的に判断できる場合，本人の申し立てを認めるという初診日の認定基準の大幅な緩和が行われた。参考資料には，健康保険の給付や入院の記録などに加え，診察券から診療科が確認できる場合も含まれている。

障害共済年金の受給額は，厚生年金相当額と職域年金相当額を合算したものである。障害厚生年金相当額の計算方法は厚生年金保険と同様である。一方，職域年金相当額は公務外の障害か公務上の障害かによって受給額が異なる。（磯野　博）

233 特別障害給付金

学生無年金障害者訴訟の東京地裁での原告勝訴判決を受け，超党派による議員立法として特別障害給付金法が制定された。そして，2005年度から一部の無年金障害者は特別障害給付金を受給できるようになった。その対象となる特定障害者は以下のとおりである。

①1991年４月に学生が国民年金の強制加入になる前，国民年金に任意加入せず，その期間内に初診日がある大学，短大，専修学校など

の学生（推定4,000人）

②1986年4月に第3号被保険者が創設される前，国民年金に任意加入せず，その期間内に初診日がある被用者年金の被扶養配偶者（推定2万人）

そして，法附則2条では，1982年4月に国民年金法から国籍要件が撤廃される前，国民年金から排除されていた期間内に初診日がある在日外国人（推定5千人）を特定障害者に加えることを検討課題にしている（2020年現在未検討）。

特別障害給付金には1級と2級があり，障害基礎年金，障害厚生年金と同様の障害認定基準が適用される。2022年度の受給額は，1級が52,300円／月，2級が41,840円／月である。1級は2級の25％増である。また，20歳前に初診日がある障害者に対しては，障害基礎年金と同様に所得制限がある。

（磯野　博）

234 社会手当

所得保障の核になる公的扶助には生活保護と社会手当がある。社会手当は全額租税で賄われ，所得制限はあるが資産要件はない。 4つの障害関連の社会手当がある。

特別障害者手当

施設に入所しておらず，病院などに3カ月以上入院していない20歳以上の障害者は，特別障害者手当を受給することができる。受給要件例としては，以下の重度の障害を複数有する必要がある。

○両眼の視力の和が0.04以下のもの
○両耳の聴力が100デシベル以上のもの
○両上肢の機能に著しい障害
○両下肢の機能に著しい障害
○体幹の機能に座っていることができない程度，もしくは立ち上がることができない程度の障害

2022年度の受給額は27,300円／月であり，障害基礎年金との併給が可能である。また，単身世帯の場合，3,604,000円／年という所得制限がある。

経過的福祉手当

1986年3月31日時点において20歳以上であり，それまでは福祉手当を受給していた障害者が，同年4月1日以降，障害基礎年金も特別障害者手当も受給できない場合，経過的福祉手当を受給することができる。

2022年度の受給額は14,850円／月であるが，単身世帯の場合，特別障害者手当と同様に3,604,000円／年という所得制限がある。

特別児童扶養手当

20歳未満であり，精神もしくは身体に障害がある児童を家庭において監護・養育している場合，保護者である父母などは特別児童扶養手当を受給することができる。

特別児童扶養手当には1級と2級があり，2022年度の受給額は，1級が52,400円／月，2級が34,900円／月である。当該障害児以外に扶養親族などがいない場合，受給資格者である保護者本人の所得には，4,596,000円／年という所得制限がある。

障害児福祉手当

精神もしくは身体に重度の障害があり，日常生活において常時の介護を必要とする状態にある在宅の20歳未満の障害者は，障害児福祉手当を受給することができる。2022年度の受給額は14,850円／月であり，特別児童扶養手当との併給が可能である。また，扶養親族などがいない場合，特別障害者手当，経過的福祉手当と同様に3,604,000円／年という所得制限がある。

（磯野　博）

235 生活保護

生活保護は，国が生活に困窮するすべての国民に対し，その困窮の程度に応じた給付によって，「健康で文化的な最低限度の生活」を保障する制度であり，憲法25条の生存権保障を具体化したものである。

生活保護には，①生活扶助（生活費），②住宅扶助（家賃，転居費用等），③教育扶助（義務教育の教材代，給食費等），④医療扶助（医療の現物支給，治療材料費，通院交通費等），⑤介護扶助（介護サービス等），⑥出産扶助（出産にかかる費用），⑦生業扶助（高校就学に必要な費用，就職に必要な資格習得費等），⑧葬祭扶助（葬儀費用等）の８つの種類がある。

利用するためには

住んでいる地域，世帯構成，世帯員の年齢などに応じて世帯ごとに決まる「最低生活費」よりも，その世帯の収入（年金，各種手当，賃金など）が少なければ，その差額の生活保護費の給付を受けることができる（ただし，賃金収入の場合，収入額に応じた控除分手取額が増える）。

資産や稼働能力の活用が要件とされているが，すべての資産を処分しなければならないとか，働く能力があったら生活保護が利用できないということではない。居住用の不動産は原則として保有が認められているし，公共交通機関の利用が困難な障害者の通院等に必要な場合には自動車の保有が認められることもある。また，働こうとしても仕事が見つからない場合には生活保護を利用できる。

親族の扶養（仕送り等）は生活保護利用の要件ではない。扶養照会（仕送りできないかの問い合わせ）をして，現に仕送りがされれば，その分の保護費が減額されるにとどまる。また，扶養の期待可能性がない場合には，扶養照会自体をしなくてもよいとされている。

手続き

生活保護法はすべての国民に申請権を保障している。居住地（居住地がない場合は現在地）の福祉事務所で申請をすれば，福祉事務所は，原則として14日以内（特別な理由がある場合も30日以内）に必要な調査をして保護の要否を判断しなければならない。申請は，決まった書式でする必要はなく，申請意思が明確であれば口頭による申請も有効である。

保護の要否の決定は理由を付した書面でしなければならず，その内容に不服があれば決定を知った日から90日以内に都道府県知事に対して不服申立て（審査請求）をすることができる。

「水際作戦」

福祉事務所の職員が，相談に訪れた人に対し，「働けるからダメ」「持ち家だからダメ」「親族がいるからダメ」「借金があるからダメ」など間違った説明をして生活保護の申請をさせずに相談扱いで追い返すことをいう。こうした対応は先に述べた申請権を侵害する違法行為であって許されない。自治体の国家賠償責任を認め，慰謝料・得られたはずの保護費・弁護士費用等の支払いを命じる裁判例も多数ある。

「水際作戦」に対抗するためには，明確に申請することが重要である。また，各地の弁護士会や生活保護支援法律家ネットワークなどに相談し，法律家や支援者に同行してもらうことも有益である。一定の要件を満たせば，本人の負担なく，弁護士に申請同行支援や審査請求の代理人活動をしてもらえる制度もある。

どのような人が利用しているか

2022年12月時点で，202万人，164万世帯が生活保護を利用している。利用人員数，世帯数ともに，1995年度の88万人，60万世帯を底として増え続けてきたが，2015年3月の217万人，162万世帯をピークに人員数は，減り続けている。その背景には，次に述べる生活保護バッシングや相次ぐ保護基準の引き下げがある。

164万の生活保護利用世帯の内訳は，高齢者世帯（65歳以上の者のみで構成されている世帯，またはこれらに18歳未満の者が加わった世帯）が55.3％，障害・傷病者世帯（世帯主が働けないほどの障害・傷病をもつ世帯）が25.0％，母子世帯（現に配偶者がいない18歳から60歳未満の女子と18歳未満のその子のみで構成されている世帯）が4.1％，その他世帯が15.6％となっている（2022年12月分概数）。つまり，生活保護世帯の約85％は，高齢，障害・傷病，母子等で働いて収入を得ることが困難な世帯によって占められている。

「生活保護バッシング」と基準の引き下げ

2012年春，人気タレントの親族の生活保護利用が，あたかも不正であるかのような報道を契機として，「生活保護バッシング」ともいわれる報道が過熱した。同年12月，生活保護基準10％削減を選挙公約とした自民党が政権を奪取するや，2013年から3年かけて平均6.5％，最大10％（年額670億円）の生活扶助基準引き下げが行われた。2013年には期末一時扶助の引き下げ（年額70億円），2015年には住宅扶助基準の引き下げ（年額190億円）と冬季加算の引き下げ（年額30億円），2018年からは3年かけて平均1.8％，最大5％の生活扶助基準の引き下げと母子加算等の削減（年額160億円）が相次いで実行されている。

2013年からの生活保護基準引き下げに対しては，全国29都道府県で1,000人を超える原告が違憲訴訟（いのちのとりで裁判）を闘っており，2023年2月現在，5つの地方裁判所で原告勝訴の判決が言い渡されている。

（小久保哲郎）

236 生活保護の適正化

本来は，受給漏れをなくす「漏給」

対策と，不正受給をなくす「濫給」対策の両方を意味する。しかし，日本で国や自治体が「生活保護の適正化」をいう時，それは「濫給」対策を意味する。より直截にいえば，保護費の増大を食い止めるための引き締め策である。

３次の「適正化」期と裁判闘争の波

過去，「適正化」政策が強化された時期には，これに抗する裁判運動が提起されている。第１次「適正化」期（1954 ～ 1956）は，結核患者と在日朝鮮人がターゲットとされたが，これに対して，結核患者であった朝日茂氏を原告とする朝日訴訟が提起された（60年代：生活保護裁判第１の波）。第２次「適正化」期（1964 ～ 1966）には炭坑離職者など稼働年齢層がターゲットとされたが，これに対しては，藤木訴訟や堀木訴訟が提起された（70年前後：生活保護裁判第２の波）。第３次「適正化」期（1981 ～ 1993）は，暴力団の不正受給を口実にした通称「123号通知」（調査に関する包括同意書等の提出を求めるもの）を契機とした最大最長のものとされる。これに対しては，生活保護制度上のあらゆる論点に関する数多くの裁判が提起され次々と勝訴判決を勝ち取っていったが(90年代～ 2000年代中盤：生活保護裁判第３の波)，1984年以降1995年に至るまで，生活保護利用者数は減少の一途をたどった。

第４次「適正化」と裁判の波

1996年から一転して生活保護利用者数が急増し続ける中，厚生労働省は，2006年２つの通知を出し，警察との連携強化を明確に打ち出した。そして，ほとんどの福祉事務所に警察官OBが配置され，不正が疑われる生活保護利用者の張り込み，尾行，刑事告発が推奨されることとなった。生活保護法本体においても，2015年には，福祉事務所の調査権限の拡大，不正受給の罰則や制裁強化，不正受給徴収金の保護費からの天引き徴収などの大規模な法改正が行われた。

2006年以降の一連の適正化政策は，第３次「適正化」期以上の規模の第４次「適正化」期と呼んでよいと思われる。これに対しては，個別論点に関する訴訟のほか，老齢加算・母子加算廃止を争う「生存権訴訟」（10地裁，原告110人超）や，2013年からの生活扶助基準引き下げを争う「いのちのとりで裁判」（29地裁，原告1,000人超）など前代未聞の規模の裁判闘争が展開されている（2005 ～現在：生活保護裁判第４の波）。　（小久保哲郎）

237 生活保護の加算制度

生活保護は個人または世帯の実際の必要の相違を考慮して行うものとされており（必要即応の原則），生活扶助基準本体では賄いきれない特別な需要に対応する各種の加算がある。

しかし，老齢加算は2004年に廃止され，母子加算は2007年に廃止され民主党政権下の2009年に復活したものの2018年に平均２割削減されるなど，加算の削減が相次いでいる。生活保護基準部会では，「その他の扶助・加算の検証」も課題とされ，障害者加算は，「三障害それぞれの特性を踏まえた需要」の把握・評価が論点とされており，不安が広がっている。

（小久保哲郎）

238 生活保護の不正受給問題

生活保護利用者数が制度史上最多となった2011年頃から，不正受給増加の報道が増えた。そのため「生活保護＝不正受給」とのイメージが強まったが，不正受給が占める割合（2018年度）は，件数ベース（不正受給件数3,7万件÷生活保護利用世帯数163,7万世帯）で2.3％，金額ベース（不正受給額163,7億円÷生活保護費総額3,6兆円）で0.39％にとどまり，その割合は，一貫して微減傾向である。生活保護利用世帯の高校生のアルバイト料の無申告など不正受給と呼ぶのに疑問があるものも含まれており，冷静な議論が求められる。

（小久保哲郎）

239 生活保護の扶養義務の強化

親族による扶養は生活保護を利用する要件（前提条件）ではなく，現に仕送り等がされた場合にその分保護費が減額されるにとどまる。しかし，実務では，親族扶養を求めて追い返す「水際作戦」が少なからず見られる。

生活保護法改正（2014年７月施行）によって，扶養義務者への事前通知（24条８項）と扶養義務者に対する調査権限を強化する規定（28条２項，29条）が新設された。扶養圧力の強化が危惧されたが，同法施行規則（２条，３条）によって，これらの規定の発動は極めて限定的な場合に限ることが明記された。

（小久保哲郎）

240 生活保護の捕捉率と保護率

生活保護の捕捉率とは，生活保護の利用要件を充たす世帯のうち実際に利用している世帯の割合をいう。厚生労働省の「生活保護基準未満の低所得世帯数の推計について」（2018年５月）によると，所得のみの判定で22.9％，資産を考慮しても43.7％であった。国の推計によっても６～８割の「受給漏れ」があることになる。

保護率とは，総人口の中で生活保護利用者が占める割合をいう。日本の保護率1.7％は，先進諸外国（ドイツ9.5％，フランス10.6％，スウェーデン4.2％，韓国3.2％）と比べると著しく低い。

（小久保哲郎）

文　献

・生活保護問題対策全国会議編：これがホントの生活保護改革．明石書店，2018.

241 救護施設

救護施設の機能

日本国憲法が示す「健康で文化的な最低限度の生活」を保障するための生

活保護法を根拠法とする保護施設の1つである。

「身体上又は精神上著しい障害があるために日常生活を営むことが困難な要保護者を入所させて，生活扶助を行うことを目的」とした施設である。実際に救護施設には，身体障害のある人（視覚障害，聴覚障害，肢体不自由），知的障害のある人，精神障害のある人，それらの障害が重複してある人，アルコール依存症，ホームレス，DV 被害者など多様な人々が生活している。

救護施設は「今，ここで」施設入所を必要としている人をすぐに受け入れることができる施設としてセーフティネットの役割を担っている。生活保護制度が居宅保護を原則とする中で，あえてその中に保護施設という規定を設けているのは入所施設での支援を必要とする人々がいて，その支援を公的扶助の一環として行うことが大切との考え方からである。

利用方法

救護施設は，福祉事務所からの措置により利用者を受け入れる仕組み（措置制度）となっている。そのため救護施設を利用するには，まずは近くの福祉事務所に生活保護の申請を行う必要がある。（大西豊美）

242 生活困窮者自立支援法

生活保護に至る前の自立支援策の強化をうたい，2013年に制定され，2015年4月から施行されている法律。すべての福祉事務所設置自治体に相談窓口を設置する自立相談支援事業を中心として，住居確保給付金（失業者への家賃補助），就労準備支援事業，家計相談支援事業，就労訓練事業，一時生活支援事業（住居のない人に衣食住の提供），生活困窮世帯の子どもの学習支援事業などのメニューがある。多機関が連携した包括的な寄り添い支援を理念とし，2018年6月，法改正も行われたが，地域間格差の大きさなど課題もいまだ多い。（小久保哲郎）

243 住宅セーフティネット法

住宅確保配慮者に対する賃貸住宅の供給に関する法律（住宅セーフティネット法）。2007年，生活困窮者など住宅の確保に配慮を必要とする人の支援に関するこの法律が定められ，2017年に一層の促進を目的として改正された。改正のポイントは，「物件の登録制度の創設」と「要配慮者の入居円滑化」の2点である。

物件を登録することで，改修費用の補助が受けられると同時に，登録した住宅に入居する人に対して家賃補助が支給される。困窮者支援に取り組む団体からは「予算的な裏付けが乏しい」といった指摘もあり，改正時の付帯決議には「政府は予算措置を含め必要な支援措置を講ずること」が明記された。（坂下　共）

244 家賃債務保証制度

賃貸住宅を借りる際に，連帯保証人を確保することが困難な高齢者や障害者に対して，保証会社や財団法人などが債務を保証することで，住宅の確保に配慮を必要とする人の入居を円滑にするための制度。たとえば２年間の保証を申し込むには，月額家賃の35％を保証料として支払うことで，家賃等を滞納した際に保証会社らが立て替えてくれる。連帯保証人がいなくても賃貸住宅を借りることができるため，生活保護世帯や外国人世帯等の入居の促進も期待されている。（坂下　共）

245 ワーキングプア

働いても年収が200万円以下と少なく，生活することが困難な人たちをさす。日本では1990年代のバブル経済崩壊後，パート等の非正規労働者の増加や派遣労働の解禁等で不安定雇用が広がり，低賃金労働者が増えたことで，この言葉が使われるようになった。年収200万円以下の人の割合は，国税庁「民間給与実態統計調査」（平成28年度分）では国民一般の23.3％であるのに対し，きょうされん「障害のある人の地域生活実態調査」（2016年発表）では障害のある人の98.1％に上り，障害の有無による格差が浮き彫りになっている。（吉田早希）

246 貧困率

「貧困線」未満の所得の人の割合を相対的貧困率という。「貧困線」とは，標準的所得（可処分所得の中央値）の50％で，日本の貧困線は年収127万円（単身）である（2018）。

日本政府は貧困率を公表してこなかったが，民主党政権下の2009年に初めてこれを公表した。日本の貧困率は年々悪化傾向であったが，2015年には12年ぶりに改善した。しかし，相対的貧困率は15.4％，子どもの貧困率は13.5％となお高止まりしている。

（小久保哲郎）

247 貧困の連鎖

貧困が親から子へと世代間で引き継がれることをいう。生活保護世帯の母親の４割は生活保護世帯で育ったという調査や，親の年収が低いほど子どもの成績は悪く，親の学歴が低いほど子どもの貧困率が高いという調査もある。

子どもの将来が，その生まれ育った環境によって左右されることのない社会を実現するため，2014年１月，子どもの貧困対策の推進に関する法律が施行された。各地で「子ども食堂」や生活保護世帯等を対象とする学習支援事業が広がりつつあるが，子育てや教育の私費負担を減らさなければ抜本的改善にはつながらない。（小久保哲郎）

第21章

政治参加

248 政治・公的活動への参加

成年被後見人の選挙権の回復

日本の国会議員の選挙権は，1889年に一定財産をもつ25歳以上の男子に与えられて以来，1925年に25歳以上の全男子に拡大され，1946年に日本国憲法により国民を主権者として20歳以上の男女に与えられた。しかし，禁治産者については一貫して選挙権が認められず，2000年に禁治産制度が**成年後見制度***に移行しても，公職選挙法により成年被後見人の選挙権は剥奪されたままであった。

「精神上の障害により判断能力を欠く常況にある者」とされる成年被後見人の選挙権を否定することは，判断能力の不十分な障害者を「主権者」から排除する政治的差別である。

2011年２月に知的障害のある名兒耶匠が，「被後見人となってから選挙に参加できなくなった。それまでは選挙に参加してきたので，同じように選挙に参加したい」として，剥奪された選挙権の回復を求めて，東京地方裁判所に提訴した。その後，埼玉・京都・北海道の地方裁判所でも同様の提訴があった。

この裁判には，全日本手をつなぐ育成会（現，全国手をつなぐ育成会連合会）が約41万人の署名を集めて公職選挙法の改正を求めたほか，多くの団体・専門職等の支援があった。

2013年３月14日に東京地方裁判所は，被後見人の選挙権を否定する公職選挙法の条項は憲法違反であり，原告に選挙権があるとの判決を下した。

こうした中，超党派の共同提案で，成年被後見人選挙権回復の公職選挙法改正案が国会に提出され，５月27日に成立した。こうして約13万６千人の被後見人が公職選挙で投票できることとなった。

選挙への参加を巡る課題

判断能力の不十分な障害者の選挙権については，上記のように大きな前進を見たが，課題として，①投票補助者による代筆も認められるが，その補助者が投票所事務従事者に限定され，本人の推薦権や同意権が認められない，②指定病院等の不在者投票に外部立会人制度ができたが，不正防止が不十分，などが指摘されている。

その他にも多くの課題が残されている。まず，選挙での投票を巡る障壁として，候補者名を記入する自書式投票が原則となっているために知的障害や書字障害のある人が困難を抱えている。「○つけ方式」の方が容易に投票でき，集計も迅速・正確であり，諸外国では一般的である。一部の県が条例で知事選挙に導入しているが，国政選挙でも取り入れるべきであろう。上述のように，自書困難な人に投票所事務従事者による代筆も認められるが，自分で選んだ人による代筆は認められないため，プライバシー問題が残る。○付け方式，電子投票，マークシート方式など，早急に検討すべきである。

また，下肢障害や内部障害で一定の手帳等級の人のための「郵便投票」の制度はあるが，盲ろう者で通訳・介助員の不足により投票所まで行けない人，行けても投票行為が困難な人もいる。

政見放送での手話通訳・字幕が法的義務ではないため，候補者に任されている。選挙公報が，点字，拡大文字，音声，電子データ，わかりやすい版，ルビ付きなど多様な形で提供される必要があるが，地域格差が大きい。ネット上で公表される選挙公報は画像化されたPDFであるため視覚障害者が読むことができない。

公的活動への参加

公的会議・委員会等における物理的アクセスや障害者への意思疎通支援については以前より改善されてきたとはいえ，たとえば失語症の人が会議内容を理解し発言するために必要な意思疎通支援はほとんど行われていない。

また，知的障害のある人の場合には「**意思決定支援***」が必要である。たとえば，会議前に議題や資料を理解し自分の意見を整理するための支援，会議中に他の参加者の意見を理解し意見を述べるための支援，会議後に論点を理解するための支援等が必要であり，支援者が主観を交えずに支援するための組織体制と研修が必要である。また会議参加者全員がわかりやすいように発言するなどの配慮も必要である。

障害分野の政策や計画を議論する国や自治体の審議会・委員会等への障害のある人の参加は，障害者権利条約4条や33条で定められている。障害者基本法では，そのための中心的な機関として国に**障害者政策委員会***，地方自治体に同様な「合議制の機関」の設置を定めている（市町村は「設置できる」規定）。そして33条と36条で「様々な障害者の意見を聴き障害者の実情を踏まえた調査審議を行うことができることとなるよう」，委員構成について配慮するとしている。しかし実態としては，障害者政策委員会に知的障害と精神障害のある委員が不在であったり，地方でも一部でしか選ばれていない。「**アクセシブルミーティング***」の基準の普及などにより，多様な障害者が会議に参加し，貢献できる環境を確立すべきである。（柴田洋弥）

249 選挙等における配慮

投票者の意思尊重を

2013年公職選挙法改正により，不正防止を理由に代理投票の投票補助者が投票所事務従事者に限定された。

2017年３月，脳性マヒのある中田泰博は，「投票補助の市職員に投票先を知られるのは，投票秘密保証の憲法15条違反」と大阪地方裁判所に提訴した。指定病院等における不在者投票の投票補助者は院長等が選任するため，投票秘密漏洩の危険性はさらに高い。

障害者権利条約29条は「障害者の要請に応じて，当該障害者により選択される者が投票の際に援助することを認めること」と定めている。また，国連障害者権利委員会一般的意見１号では，意思決定支援の要件として，障害者による支援者の推薦権・拒否権を定めるよう国に求めている。

投票補助者の選任に，投票者本人の推薦や同意の規定を設ける必要がある。

白紙投票

投票者が候補者の名前を指さし特定する時に，大きい文字の表示や顔写真入りの選挙公報を活用するなど，投票補助者がさまざまな障害特性を理解して支援することができるように研修が必要である。また支援者や家族の協力を得ることも重要である。

総務省は，投票補助者が投票者の意思を確認できない時は「棄権」とするよう通知しているが，補助者が投票者の意思を読み取る能力に欠けるため確認できないという可能性があり，また投票者は投票所に来て選挙参加しているので，「白紙投票」とすべきである。

不在者投票の不正防止

選挙管理委員会が指定した病院や施設等では入所者が不在者投票をできることとなっているが，管理職や職員による不正投票事件が多発している。2013年公選法改正により外部立会人の義務を課したが，努力義務にすぎない。市区町村選挙管理委員会が任命した外部立会人ではなく，投票管理者（院長・施設長等）が外部立会人を選任することもできる。また施設職員等を投票補助者に選任する。これでは不正防止が不十分である。市町村選挙管理委員会による不正防止監督の権限強化など，抜本的な改革をすべきである。

わかりやすい選挙とするための改革

判断能力の不十分な人の選挙参加を進めるためには，「わかりやすい選挙公報」の発行，テレビでの「わかりやすい政見放送」，書字による投票方法を候補者名に○をつける方法やボタンを押す方法等に変更することなど，選挙の仕組みの改革が必要である。

（柴田洋弥）

250 障害特性に応じた選挙等に関する情報の提供

選挙参加支援の先駆的事例

東京都国立市にある知的障害者施設「滝乃川学園」では，市選挙管理委員会の協力により，1974年より施設利用者の公職選挙参加が始まった。字が書けない人は口頭または選挙公報の候補者指さしで意思表示して市職員による代理投票補助を受ける。本人意思が確認できない場合は「白紙投票」とされる。また候補者を自ら選んで投票できるように，1981年より選挙期間内に全候補者を招待して「選挙のお話を聞く会」を開催している。

また東京都小平市では，2009年より「市長選立候補予定者のお話を聞く会」が小平市障害者団体連絡会主催で開催されている。

わかりやすい演説会・わかりやすい広報紙ー狛江市

東京都狛江市では，2013年に市主催の体験投票が実施され，知的障害のある人等は投票の方法を，市職員は支援の方法を，経験を通して学んだ。

2014年1月の都知事選挙の告示日直前に，狛江市地域自立支援協議会主催の「わかりやすい演説会－狛江」が開催された。候補予定者またはその代理者がわかりやすく話し，市内の全通所事業所から，知的障害のある利用者が職員とともに参加した。

同年12月の衆議院選挙（小選挙区）以後は，候補者自身が語る方法で「わかりやすい演説会－狛江」が狛江市手をつなぐ親の会と狛江市障害福祉サービス事業所連絡会の共催で開催され，会場からの質問も多かった。

同主催団体は，2015年2月の市議会議員選挙で，候補者が多いため「わかりやすい広報紙」に変更した。各立候補予定者にA4紙面に氏名・所属名・居住町・顔写真・政策（質問形式で範囲を限定）を書いてもらい，印刷して通所事業所を通じて知的障害のある人に配布，非通所者等には市に配布を依頼した。当事者はその中から1枚を選び投票所に持参して代理投票を依頼できることとなった。

2016年，狛江市手をつなぐ親の会は，投票所での流れや代理投票について解説した「選挙補助DVD－投票にいこう！」を市の協力を得て作成し，これは各地の親の会や選挙管理委員会等で研修に活用されている。

選挙情報提供の課題

ここでは取り組みの遅れている知的障害のある人への選挙情報提供について述べたが，点字の選挙公報のように選挙管理委委員会が「わかりやすい選挙公報」を作成配布することや，手話通訳付きのテレビ政見放送等，公的な取り組みが必要である。　（柴田洋弥）

第22章

文化・スポーツ・レクリエーション

251 文化・スポーツ・レクリエーション

障害者権利条約

障害者権利条約30条には，文化的な生活，レクリエーション，余暇及びスポーツへの参加の権利が述べられている。障害のある人が他の人と平等に，レクリエーション，レジャーやスポーツも含めて文化的生活に参加する権利があることを認め，とりわけ，「社会を豊かにするためにも，自己の創造的，芸術的及び知的な潜在能力を開発」することを可能にするための適当な措置をとることを締約国に求めている。北欧では余暇活動が権利として認められており，さまざまな活動が**アクティビティセンター***等で行われている。30条はまた文化的な生活に参加するための**アクセシビリティ***を求めている。施設のバリアフリーや情報へのアクセシビリティは障害によって異なるが，特にろう者に必要な手話言語については2条で言語として取り上げられている。

障害者基本法

障害者基本法25条では「国及び地方公共団体は，障害者が円滑に文化芸術活動，スポーツ又はレクリエーションを行うことができるようにするため，施設，設備その他の諸条件の整備，文化芸術，スポーツ等に関する活動の助成その他必要な施策を講じなければならない」としている。

文化芸術振興基本法

文化芸術基本法の前文では，「文化芸術を創造し，享受し，文化的な環境の中で生きる喜びを見出すことは，人々の変わらない願いである。また，文化芸術は，人々の創造性をはぐくみ，その表現力を高めるとともに，人々の心のつながりや相互に理解し尊重し合う土壌を提供し，多様性を受け入れることができる心豊かな社会を形成するものであり，世界の平和に寄与するものである」としている。また，22条では「国は，高齢者，障害者等が行う文化芸術活動の充実を図るため，これらの者の行う文化芸術活動が活発に行われるような環境の整備その他の必要な施策を講ずるものとする」としている。

スポーツ基本法

スポーツ基本法２条（基本理念）では，「スポーツは，これを通じて幸福で豊かな生活を営むことが人々の権利であることに鑑み，国民が生涯にわたりあらゆる機会とあらゆる場所において，自主的かつ自律的にその適性及び健康状態に応じて行うことができるようにすること」としている。さらに８項目の「基本理念」の１つに障害者を取り上げ，「スポーツは，障害者が自主的かつ積極的にスポーツを行うことができるよう，障害の種類及び程度に応じ必要な配慮をしつつ推進されなければならない」とも述べている。

障害者の生涯学習の推進

2017年４月７日，松野文科大臣（当時）は「特別支援教育の生涯学習化に向けて」というメッセージを発表し，2017年度から生涯学習政策局に「障害者学習支援推進室」を新設したと報告した。

こうして，第３期教育振興基本計画（2018年６月15日閣議決定）では，「障害者権利条約の批准や障害者差別解消法の施行等も踏まえ，障害者が，学校卒業後も含めたその一生を通じて，自らの可能性を追求しつつ，地域の一員として豊かな人生を送ることができるよう，生涯を通じた教育やスポーツ，文化等のさまざまな学習機会の整備に関する関係施策を横断的かつ総合的に推進する」とした。

課題

政府の障害者施策は，就労支援等に比べて，文化的な生活，レクリエーション，余暇及びスポーツへの取り組みが著しく遅れている。文化，芸術，レクリエーション，余暇，観光，スポーツなどの支援制度及び施設における物理的なアクセスと情報のアクセス（アクセス基準の設定と実施確保の仕組みの確立を含む），関係職員の研修と必要な専門指導員の養成，これらの活動への参加に介護が必要な場合でも介護者の参加費や交通費は障害者の負担としない制度の確立など，各省庁の連携した取り組みが望まれる。（矢澤健司）

252 社会教育，余暇活動

日本の現状

1949年に制定された社会教育法により，「社会教育とは，学校教育法（中略）に基づき，学校の教育課程として行われる教育活動を除き，主として青少年及び成人に対して行われる組織的な教育活動（体育及びレクリエーションの活動を含む）をいう」と定義されている。

障害者権利条約では，24条「教育」５項にある「成人教育及び生涯学習」に当たると考えられる。また，「余暇」は30条「文化的な生活・レクリエーション・余暇・スポーツへの参加」に含まれ，障害者基本法では，25条に「文化的生活」として位置付けられている。

余暇保障は，**ノーマライゼーション***

理念の進展との関連が指摘される。バンク・ミケルセン（Bank-Mikkelsem NE）は,「障害者も含めてすべての人々にとって基本的で重要な権利」として,「住む所，職場など活動する所，余暇時間を過ごし休息する所」の3つの場をもつ権利を挙げている。日本においても,「居住の場」「課業の場」「自主的活動の場」の3つの拠点が強調され，余暇活動も注目されてきた。たとえば「移動支援」は，趣味のための外出などにも活用されており，障害者の生活の幅を広げることに寄与している。しかし,「余暇活動」に焦点を当てた制度は充分確立されていない。

一方，専攻科での学びなど教育年限延長要求とあわせて，**生涯学習***を含む余暇の必要性が改めて主張されている。2018年3月，文部科学省は有識者会議を設置し，その報告書に基づいて，2019年7月,「障害者の生涯学習の推進方策について」という通知を出した。ここでは「当面の強化策」として，①障害者の多様な学習活動の充実（プログラムの開発や卒業後の継続教育など），②障害の有無にかかわらず共に学ぶ場づくり（合理的配慮に関する研究の推進など），③障害に関する理解促進，④障害者の学びの場づくりの担い手の育成，⑤障害者の学びを推進するための基盤の整備，という5点が指摘されている。

北欧・デンマークにおける余暇活動の取り組み

デンマークには「イブニングスクール」があり，多くの人たちが利用している。サッカーやスイミングなどのスポーツ，音楽や絵画，彫刻，パソコンやゲーム，パンケーキづくりや「犬と遊ぶ」など，多様である。一般市民向けの「手芸」や「乗馬」のコースに障害者が参加することもあれば，知的障害者を対象としたコースもある。

コペンハーゲン市にある余暇活動センターには，25歳までの「青年」とそれ以上の「成人」など4つのクラブがある。乗馬，スキー，スイミング，ボーリング等のスポーツや絵画，音楽，キャンプや国内・外国旅行も企画する。「大事なことはスタッフを介してではなく，自分で世界を作っていくこと。トラブルはよくあるが暴力にはなっていない。226人が利用者登録しているので，気の合う仲間は必ず見つかる」と副施設長が強調していた。

これらは社会サービス法（1988）によって制度化されている。104条が「社会参加活動」で,「障害者が交流し，普通の生活を維持して，その質を高めるための喫茶・余暇・クラブ活動の場」が制度化されている。この背景には，一般市民対象の「余暇法＝社会文化支援法」の存在がある。すなわち，市民が5人以上でグループを結成すれば，スポーツ，芸術，文化活動に対して自治体から場所の提供と予算が助成される。

さらに底流には，19世紀に活躍した「デンマーク精神の父」といわれるグルントヴィ（Grundtvig NFS）の思想と実践，運動の歴史がある。彼は「精神の自由」が教育にとって最大で唯一の条件であると確信し，成年教育機関のフォルケ・ホイスコーレ（国民高等学校）の基礎を築いた。そこでの農村青年たちの学びを土台にして，社会をリードする協同組合運動が展開されていく。働くこととともに，余暇活動が権利として確立され，障害のある人を含めたすべての人にとって，人生を豊かにしていくことにつながる。

日本での先駆的な取り組み

2003年に，東京都葛飾区でスタートしたNPO法人「未来空間ぽむぽむ」は，その活動を次のように説明している。「障害のある人が，障害のない人と同じ経験をし，豊かな生活を築いているといえるでしょうか。私たちは，みんなが気軽に立ち寄り，お茶を飲んだり語り合ったりしてホッとする場が必要だと考えています。手助けを必要とする人がいれば，必要な時，必要な形で支援する，そうした柔軟な仕組みはもっともっと必要です」

そこで，「仕事帰りにふらっと立ち寄り，おしゃべりをしたり学んだりできる余暇活動の場を地域に作りたい」と，月に１回レストランで「食事会」を行うことから始めた。週２回の「たまり場」を開設し，納涼会やクリスマス会などの季節の行事，体験宿泊や外出行事など少しずつ歩みを進めている。自治体の助成や「自主活動支援事業」の委託・運営を行うことで，設立時の思いが形になってきている。

各地にさまざまな形の「余暇活動の場」が誕生している。地域特性を生かしつつ，制度化して，財源も確保できる社会教育（生涯学習）や余暇活動の場を広げていくことが求められる。

（薗部英夫）

253 パラリンピック

国際パラリンピック委員会（IPC）が主催する世界最高峰の国際障がい者総合スポーツ大会で，４年に一度，オリンピック後に開催される。大会名「パラリンピック」は，ギリシャ語の「para（沿う，並んで）」と「Olympic」に由来し，オリンピックとパラリンピックがそれぞれ固有のビジョンをもちながら，並んで存在している両者の関係を表す。大会は，オリンピック同様，夏季大会と冬季大会があり，夏季大会は2024年パリ大会で17回を数え，冬季大会は2026年ミラノ・コルティナ大会で14回を数える予定である。

パラリンピックのシンボルマークは，「スリーアギトス」と呼ばれており，世界の国旗でもっとも使われている赤・青・緑の三色で構成されている（図）。「アギト」とは，ラテン語で「私は動く」という意味で，困難なことがあってもあきらめずに，限界に挑戦し続けるパラリンピアンを表現している。

パラリンピックの価値

IPCは，パラリンピアンたちに秘められた力こそがパラリンピックの象徴

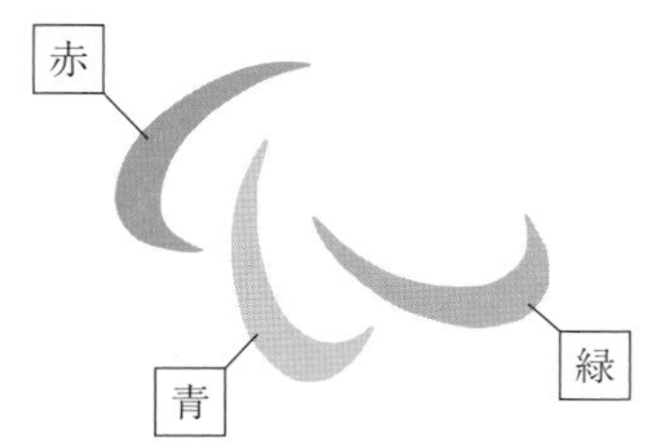

図　パラリンピックのシンボルマーク

であるとし，次の４つの価値を重視している。

・「勇気」＝マイナスの感情に向き合い乗り越えようとする力。
・「強い意志」＝困難があってもあきらめず限界を突破しようとする力。
・「インスピレーション」＝人の心を揺さぶり駆り立てる力。
・「公平」＝多様性を認め創意工夫すれば，誰もが同じスタートラインに立てることを人々に気付かせる力。

パラリンピックの意義

さまざまな障がいのあるアスリートたちが創意工夫を凝らして限界に挑むパラリンピックは，多様性を認め，誰もが個性や能力を発揮し活躍できる公正な機会が与えられている場である。すなわち，パラリンピックには共生社会を具現化するための重要なヒントが詰まっている。また，社会の中にあるバリアを減らしていくことの必要性や，発想の転換が必要であることを人々に気付かせる。

IPCがめざす究極の目標

多様性や創意工夫に満ちたパラリンピックスポーツの価値や無限の可能性を体現するパラアスリートの魅力を通して，世の中の人に気付きを与え，より良い社会を作るための社会変革を起こそうとするあらゆる活動のことを「パラリンピック・ムーブメント」という。その推進は，国際パラリンピック委員会とその加盟・承認組織が担う。IPCがめざす究極の目標は，パラリンピック・ムーブメントの推進を通して多様性を包容した共生社会を創出することとされている。（井田朋宏）

254 デフリンピック

デフリンピック（Deaflympics）は，オリンピックと同様に４年に一度開催される，聞こえない選手の国際スポーツ祭典である。1924年にフランスで夏季大会，1949年にオーストリアで冬季大会が開催された。現在は２年ごとに交互に開催される。

聞こえない選手は，スターター音や審判の笛等が聞こえないことや，バランスがとりにくいなど，聞こえる選手と比べてハンデがある。さらに，サッカーやバレーボール等の団体競技では選手同士の声かけが聞こえないため，聞こえる選手と一緒にプレーする時は困難が伴うことがある。

デフリンピックでは，スターター音を光で伝えるスタートランプや笛の代わりに旗を振る等，音声を視覚的に保障した競技環境が整えられ，また，選手同士はアイコンタクトや手話言語で意思疎通を行う。

選手は競技場に入場した時から，補聴器または人工内耳の装用を禁じられるが，これは選手全員がお互い聞こえない立場でプレーをするという公平性の観点によるものである。

なお，日本におけるデフリンピックの知名度はパラリンピックと比べて遥かに低いため，行政や企業等から競技や練習に関する支援がなかなか受けられず，それが選手の大きな負担となっている。

2025年東京デフリンピックの開催が2022年に正式決定した。日本でのはじめての開催となる。（倉野直紀）

255 スペシャルオリンピックス（SO）

スポーツを楽しむ機会が少なかった知的障害のある子どもたちを対象に，シュライバー（Shriver EK）が自宅で行ったデイキャンプを契機に，1968年に設立された国際的なスポーツ組織（Special Olympics：SO）である。SOでは，さまざまなスポーツトレーニングとその成果の発表の場である競技会が年間を通じて提供され，家族や仲間との交流，健康増進や自己実現，社会参加をめざす場となっている。SOに参加する知的障害のある人は“アスリート”と呼ばれ，2023年現在，201の国と地域から313万人以上のアスリートが参加している。大会では，各々が最大限の力を発揮できるように，性別や年齢，競技力などによってグループ分け（ディビジョニング）が行われ，順位にかかわらずすべてのアスリートが表彰される。また，スポーツを通じた相互理解をめざし，アスリートと知的障害のない人でチームを作り練習や試合を行うユニファイドスポーツ®（Unified Sports®）の取り組みなども行われている。これらの運営は，ボランティアと寄付で行われており，知的障害のある人への継続的なスポーツ活動の機会の提供には，コーチやサポーター等の確保が不可欠である。

（加藤彩乃）

第23章

統計・資料

256 障害者に関する統計・資料

障害者権利条約31条では，締約国が障害者に関する情報を収集し，適宜分類し（性別，障害種別，年齢別，地域別等），権利条約実行の評価に活用し，また障壁の特定と解消のために活用するよう求めている。さらに障害者等が利用しやすいようにしてこの統計を普及することも求めている。また，権利条約の目的が障害のない人との平等の達成なので，その実行状況の評価にはこの比較が不可欠である。

しかしながら，日本の現状は権利条約のこれらの要請から大きくかけ離れている。問題は，①障害者関係の統計の多くは施策の実施状況であり，その効果（生活実態）ではないこと，②生活実態についてもほとんどの場合，障害のない人との比較ができず，性別・年齢別等の分類がなされていないことである。

この背景には，障害者調査が統計法に基づく基幹統計とされておらず，データ収集が障害者施策を担当する各省庁に任されてきた歴史がある。障害者は国の重要な政策対象とは見なされず，基幹統計に含める必要はないとされてきた。

したがって，統計法に基づく基幹統計として障害者調査を位置付け，障害のある者とない者の生活実態を比較できる調査データが必要とされる。そのためには，国勢調査，国民生活基礎調査，社会生活基本調査など，一般人口を対象とした既存の基幹統計調査に障害の有無に関する設問を組み込むことが課題となる。

障害者政策委員会*の議論や超党派の「障害者の安定雇用・安心就労促進をめざす議員連盟（略称：インクルーシブ雇用議連）」の2018年５月の提言を受け，ようやく政府は国民生活基礎調査などの基幹調査に障害の有無を聞く設問（手帳所持者に限らない）を取り入れる方向での調査費を2019年度に計上した。
一方，国勢調査や国民生活基礎調査では設問数が限られ，障害者施策に必要な情報が得られない（たとえば住宅改造のニーズや効果など）ので，これらの調査で障害があると答えた人の一部を対象に追加的な詳しい障害者実態調査を行うことが有効であろう。
その他，①施設入所者及び精神科病院長期入院者への調査（管理者調査ではなく利用者調査），②データの二次利用（だれでも基礎データを借り受けてより詳しい分析と活用ができるようにすること），③障害関係行政データの公開なども課題である。①については，**障がい者制度改革推進会議総合福祉部会***での厚生労働省立ち会いの下での協議の中で，日本精神科病院協会と知的障害者福祉協会の委員を含めて，政府が実施することへの関係者の合意がなされている。　（佐藤久夫）

257 生活のしづらさ調査（全国障害児・者等実態調査）

日本の在宅障害者の実態調査は長年，５年ごとの身体障害児・者と知的障害児・者の調査として行われ，これに患者調査での精神疾患による外来患者数を加えて，在宅障害児・者数を推計してきた。この方式への批判が高まり，2011年から新たな「生活のしづらさ調査（全国在宅障害児・者等実態調査）」が開始され，2016年に第２回調査が行われた。これは精神障害者や慢性疾患患者を含め障害や疾病のために「生活のしづらさ」のあるすべての人（障害者手帳該当者に限らない）を対象としたもので，従来に比べて改善されたものではあるが，国としての重要な統計（基幹統計）ではなく，障害福祉サービス所管課が行うニーズ調査としての限界がある。
政府は，2016年の調査結果を基に，施設入所者と精神科病院入院者数を加え，日本の全障害者数を936.6万人（人口の約7.4％），65歳以上の割合は52％と推計した。なおここでは精神障害者数は患者調査の結果が使われた。また生活のしづらさはあるが福祉サービスを利用していないと答えた人は障害者として集計されていない。18歳から64歳までの障害者の53.1％が月収９万円未満であるなど，生活の苦しさも明らかとなった。　（佐藤久夫）

258 障害福祉に関する統計・資料

「**生活のしづらさ調査***」以外に厚生労働省が行っている主なものは次の通り。
「障害福祉サービス等の利用状況について」は，障害者総合支援法のサービスと児童福祉法による障害児サービスについて，毎月のサービスの種類と利用者数を障害種別，都道府県別に集計している。利用者負担の分布も報告されている。2020年10月には91.7万人が障害福祉サービスを利用し，37.9万人が障害児サービスを利用した。障害福祉サービス利用者の内訳は，身体障害者24.2％，知的障害者45.7％，精神障害者25.7％，難病等対象者0.4％，障害児1.6％であった。**地域生活支援事業***に関しては「地域生活支援事業の実施状況について」で，移動支援，意思疎通支援，日常生活用具，地域活動支援センターの４事業について，都道府県別の利用者数，実施市町村の割合，平均利用時間などが年度ごとに紹介されている。この他，「障害福祉サービス等経営実態調査」，「障害福祉サービス等従事者処遇状況等調査」もある。さらに，自治体が障害福祉計画のために，障害者手帳所持者や難病患者を対象にした統計調査を行っており，その多くはウェブで公開されている。

（佐藤久夫）

259 障害者雇用に関する統計・資料

障害者雇用促進法に基づき，雇用義務のある民間企業や公的機関等は，毎年６月１日現在の「障害者の雇用状況」の報告が求められている。その集計結果は，毎年12月頃に厚生労働省から公表されているが，2018年に公的機関における水増し雇用が発覚している。

また，**公共職業安定所（ハローワーク）***による「障害者の職業紹介状況」では，毎年５月に前年度の新規求職申込件数や就職件数が示される。2020年の報告では，ハローワークを通じた障害者の就職件数が11年連続で伸びた。しかし，2020年の労働力調査によると全国民の就業率は60.3％（15歳以上）だが，2016年の生活のしづらさなどに関する調査によれば，障害者の就業率は自営を含めて30.8％に過ぎない。

厚生労働省は５年ごとに「障害者雇用実態調査」を実施している。この調査は常用労働者を５人以上雇用している民営事業所の事業主を抽出し，労働時間や給与等を含む障害者の雇用状況を把握する。雇用における配慮事項や課題等の実態も報告され，障害者雇用施策の検討や立案の基礎とされる。

雇用と福祉での就労にまたがる就業実態の有用な統計調査として，2011年の「障害者の就業実態把握のための調査」があったが，その後継続されていない。

性別・障害種別分類や障害のない人との比較，障害者雇用における差別や合理的配慮の提供に関する実態調査など，一層の改革が求められている。2019年度より障害のある人とない人の比較可能な調査の検討が始まった。

（朝日雅也）

260 民間団体による実態調査

障害のある人に関わる実態調査は，政府の統計調査を含めあまり取り組まれていない。一方，多くの障害者団体が会員等を対象に実態調査を行っている。近年の民間団体による調査例を紹介する。

精神障害者とその家族の実態調査（全国精神保健福祉会連合会：2017年）

全国調査の結果3,129件の回答を得た。精神障害者保健福祉手帳は89.6％の人が取得していたが，障害支援区分の認定を受けている人は11.9%にとどまり，20.2%の人が日中何もしないで過ごしていた。厚生労働省の「重度かつ慢性」に近い人々の74.9%が入院せず地域生活を送っており，そのうち44.5%が障害者総合支援法のサービスをまったく利用していなかった。家族の状況では，73.3%が日常的にストレスを抱えており，重症の精神障害の状態と思われる人も14.5%いた。これらの結果，医療や福祉サービスの中断，本人が家から出られない等の理由で社会資源にアクセスできず，家族が抱え込んでいるケースが少なくないことが明らかとなった。

障害のある人の地域生活実態調査（きょうされん：2015年）

障害のある人の所得状況や生活状況を把握し，障害のない人と比較する目的で，14,745人から回答を得た。約8割が相対的貧困（国民生活基礎調査により算出された国民1人当たりの可処分所得の中央値の1/2以下の所得状況）以下となっていた。日本全体の約16%と大きく異なる。また，生活保護の受給率は，障害のない人の約6倍にも上り，10～40代の68%が親との同居であること等，障害のあるなしでその暮らしぶりに大きな差異が生じていることが浮き彫りになった。

障害者権利条約が批准され，他の者との平等を基礎とした法律や制度づくりが期待される中，3年前の類似調査に比べて多少なりとも好転していることが期待されたが，所得水準の格差などまったく変わっていなかった。

難病患者の実態調査（筋痛性脳脊髄炎の会：2014年）

2014年度の厚生労働省の「筋痛性脳脊髄炎／慢性疲労症候群患者の日常生活困難度調査事業」として，患者会と聖マリアンナ医科大学の協力によって実施され，251人が分析対象となった。家事・仕事または通院後に，1日の半分以上を横になって過ごさざるを得ない状態になると答えた患者の割合は，軽症群では44.6%（83名中37名），中等症群では73.6%（87名中64名），重症群では95.9%（73名中70名）であった。一方，障害年金の受給は35.3%にとどまり，障害者手帳の所持率は身体では14.0%（重症群でも37.5%），精神では11.6%であった。（北條正志）

261 諸外国における統計・資料

「国連障害者の十年」の最終年度に向けて出版された障害者統計便覧（1990）では，障害者率は，最大で20.9%（オーストラリア），最小で0.2%（チリ）と差が大きく，国際的に比較可能な障害の基準づくりの必要性が示された。国際的な障害の基準は，各国のサービス提供のための障害の定義とは異なることに注意を要する。

国連障害統計のワシントングループ会議

2001年，こうした基準づくりのために「ワシントングループ」が形成された。これは国連統計局をサポートする障害統計関係者のネットワークで事務局はアメリカの疾病対策予防センターに置かれている。ワシントングループはまず，国勢調査で使う比較的簡単な共通尺度としてICF＊の心身機能・身体構造に対応した短い質問群を2006年に公表した。これは「眼鏡を使用しても，見えにくいといった苦労はありますか」「歩いたり階段を上るのが難しいといった苦労はありますか」など６項目で障害の有無を聞き取る。85カ国が国勢調査または全国調査で何らかの方法で，この指標を使用している（2020年現在）。日本では，2022年「国民生活基礎調査」（厚生労働省）で短い質問群が使われ，「日常生活に機能制限がある者」は11.6％と公表された。2022年「生活のしづらさ等に関する調査」（厚生労働省）でも短い質問群拡張版が使われた。

また，障害者の詳細な状態を知るための拡張質問群と子ども版，教育版，労働版が公開された。さらに，心身機能のうち心理社会的機能，環境因子についての質問群も作成されつつある。

短い質問群の活用：オーストラリア

「短い質問群」と各国の定義による障害者率の比較も行われている。たとえば，オーストラリアの「障害・高齢・介護者に関する全国調査」では，150の質問から得られた障害者率は18％と国際的にも高い値を示す。一方，同国で短い質問群を使った障害者率は6.7％，85歳以上群では43％，州都では5.3％，それ以外の都市では9.5％であったことが報告された。また，「記憶と集中」領域については「問題ない」と回答されやすいことが指摘された。

拡張質問群の活用：アメリカ合衆国

アメリカは拡張質問群を使用して障害のある世帯とない世帯から合計約17,000人のデータを収集した。その結果，全質問について「苦労する」以上を「障害」と分類すると対象者の60％程度が「障害者」となった。そこで，WHOが指摘する人口の15％程度を目安に，短い質問群に「上肢」「不安」「憂鬱」の３領域の程度と頻度を加えた指標（短い質問群拡張版）により，「障害」を定義し，就労率の差を示した。

（北村弥生）

262 障害関係予算の国際水準

各国で制度が異なる中，障害関係予算の国際水準を比較することは簡単なことではない。そうした中，国立社会保障・人口問題研究所が出している社会保障費用統計は，限られた国ではあるが国際比較を行っている。国際障害者年の前年である1980年から各国の統計が出されている2018年までの推移を見てみよう。

まず2018年の障害関連予算は，1980年と比べると約４倍近くの６兆円強になっている。しかし**図１**のGDPに占める割合では，２倍弱の伸びにとどまっており，**図２**の社会支出（社会保障関連支出）全体に占める割

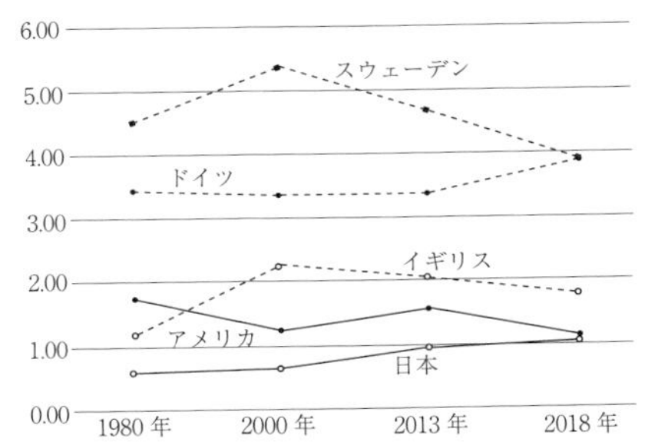

図１　障害関連支出の対GDP割合（%）

統計・資料

第23章

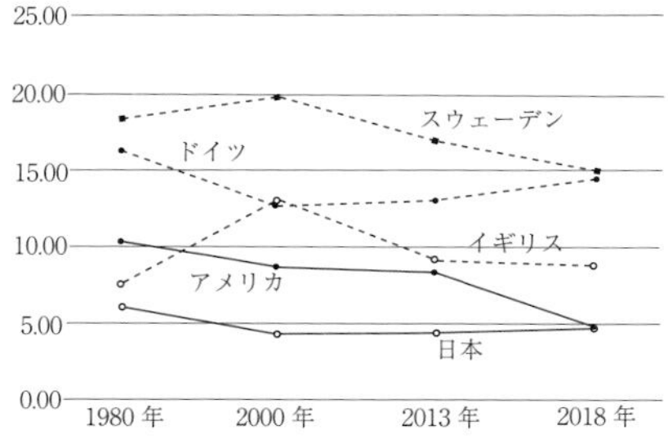

図2　障害関連支出の対社会支出割合（%）

合は，逆に20％低下している。これは日本の高齢化の急速な進展に対応して，年金や医療支出の方が障害関連予算より伸び率が高いことに関連している。

これを国際水準という観点でとらえると，対 GDP 比（図1）や対社会支出比（図2）の点でも低い水準であることがわかる。例えば日本の対 GDP 比は，スウェーデン，ドイツの1/4，イギリスの1/2の支出水準であり，社会支出に抑制的な国であるアメリカと同水準であることがわかる。

（岩崎晋也）

第24章

国際協力

263 障害分野の国際協力

アジア太平洋障害者の十年（1993–2002）以前

日本での障害分野の国際交流は，1981年国際障害者年の頃から欧米の障害者との交流をはじめ先進国から日本が学ぶことで進展してきた。国際障害団体の国際会議が日本で開催されたのもこの時期である。1988年には日本障害者リハビリテーション協会がホスト団体として第16回国際リハビリテーション協会（RI）世界会議を東京で開催。1991年には全日本ろうあ連盟がホスト団体として世界ろう者会議を東京で開催した。それらの国際会議をきっかけにアジア太平洋の関係団体との交流が活発になった。

アジア太平洋障害者の十年以降

アジア太平洋障害者の十年（1993–2002）を民間で推進することを目的に，アジア太平洋障害者の十年推進NGO会議（RNN）が設立され，第一次十年の間，アジア太平洋の各国でNGO会議を開催し，障害の問題に関する各国での理解促進に貢献した。2002年には，RNNから発展改組されたAPDF（アジア太平洋障害フォーラム）が第二次十年を民間で推進した。日本から多くの障害者がNGO会議に参加することで相互交流が進んだ。

政府による国際協力事業

国際協力事業団（現，独立行政法人国際協力機構，JICA）は1995年から「障害者の国際協力事業への参加に関する調査研究」を行い，障害者自身が国際協力事業に参加する意義，参加にあたっての重点分野を明らかにし，2003年には障害者支援の指針を策定した。その特徴は，障害当事者のエンパワメント，障害者団体支援，リハビリテーションなど障害に特化した支援と，一般の，メインストリーミングの事業に障害の視点を含める支援を両輪として実施するツイントラックアプローチである。JICAの最近の主な障害関連事業は次の通りである。

障害に特化した支援

—ウランバートル市における障害者の社会参加促進プロジェクト

—障害のある紛争被害者のソーシャルインクルージョンプロジェクト，コロンビア

—手話支援サービス拡充プロジェクト，ミャンマー

障害主流化を組み込んだ取り組み

—みんなの学校：住民参加による教育開発プロジェクトフェーズⅡ，ニジェール

—地震と津波に強い街づくりプロジェクト，エクアドル

JICAの国際協力の1つに，タイ政府・日本政府との協力によるアジア太平洋障害者センター（APCD）の設立がある（2002年）。これは，障害者団体やリーダーの育成，バリアフリー社会の構築等に貢献してきた。

ネットワーク

民間団体も多様な国際協力に取り組んでいる。障害分野NGO連絡会（JANNET）は，1993年に設立された，日本の民間団体で障害分野で国際交流・協力を行うネットワークで，メールマガジンによる情報交換や研究会の開催による経験交流を行っている。

国際研修の実施

JICA委託研修として，日本発達障害連盟による知的・発達障害者支援研修，日本障害者リハビリテーション協会による障害者権利条約の実現のため障害者リーダー能力強化研修，エンパワメント沖縄による地域に根ざしたインクルーシブアプローチによる障害者の社会参加と生涯研修，NPO法人ゆうゆう（北海道）による地域に根ざしたリハビリテーションとインクルーシブ開発の導入研修，DPI日本会議によるアフリカ地域障害者のエンパワメントを通した自立生活促進研修，AJUアジア自立の家による共生社会実現のためのアクセシビリティ改善研修，青年海外協力協会によるスポーツを通じた障害者の社会参加の促進研修，株式会社コーエイリサーチ&コンサルティングによる特別支援教育を活かしたインクルーシブ教育制度の構築研修，高知大学によるインクルーシブ教育実践強化研修などがある。

団体の独自研修事業としては，ダスキン愛の輪基金によるアジア太平洋障害者リーダー育成研修，日本キリスト教奉仕団によるアジア研修交流事業，国際視覚障害者援護協会による途上国の視覚障害者を対象とするはり・灸・マッサージ研修などがある。またアジア保健研修所による中堅保健ワーカー対象の研修には障害者も含まれている。

プロジェクト

日本発達障害連盟は，JICA事業としてカンボジアの貧村で，知的障害者に優しい地域創り事業を実施。アジアの障害者活動を支援する会は，ラオスでの就労支援，スポーツ振興支援等を実施。難民を助ける会は，障害者支援を活動の柱の1つにおき，ミャンマーにおける障害者のための職業訓練校の運営及び障害者の就労支援体制協会などの事業を実施。メインストリーム協会は，コスタリカにおける障害者の社会参加支援システム構築事業を実施。DPI日本会議は南アフリカのハウテ

ン州の２カ所にある自立生活センターの能力強化プロジェクトを実施している。（上野悦子）

264 持続可能な開発目標（SDGs）

SDGsは，2000年から2015年までのミレニアム開発目標（MDGs）の後継として国連が採択した世界共通の開発目標である。国連は，2015年までに世界で１日1.25ドルで生活する人の数を半減するという目的は達成されたと報告している。しかしMDGsに障害への言及がなかったことから政府を含めて障害関係者の関心は低かったと考えられる。

国連はMDGsの次の目標を設定するための国家間交渉を実施し，2015年９月に開催された国連サミットにおいて「持続可能な開発のための2030アジェンダ（2030アジェンダ）」を採択した。2030年までに17のゴール（表）と160のターゲットを達成しようという持続可能な開発目標（Sustainable Development Goals：SDGs）である。指標の総数は244（重複を除くと232）。障害は，４．教育，８．働きがいと経済成長，10．平等の是正，11．持続可能な都市と地域社会，17．パートナーシップの目標で言及されている。「誰一人取り残さない」ことをキーワードに，「我々の世界を変革すること」をめざしている。SDGsの特徴は，世界の貧困削減が目的であることはMDGsと共通しているが，大きな違いは，MDGsが途上国支援のため先進国の連携行動を促すことであったのに対し，SDGsでは途上国と先進国の目標が貧困問題を含めて共通していることが特徴である。またSDGsが取り組む課題は開発課題から環境問題を含む包括的な内容となっている。

表　SDGsの具体的目標（ゴール）

1．貧困をなくそう No poverty
2．飢餓をゼロに Zero hunger
3．すべての人に健康と福祉を Good health and well-being
4．質の高い教育をみんなに Quality education
5．ジェンダー平等を実現しよう Gender equality
6．安全な水とトイレを世界中に Clean water and sanitation
7．エネルギーをみんなに そしてクリーンに Affordable and clean energy
8．働きがいも経済成長も Decent work and economic growth
9．産業と技術革新の基盤をつくろう Industry, innovation, infrastructure
10．人や国の不平等をなくそう Reduced inequalities
11．住み続けられるまちづくりを Sustainable cities and communities
12．つくる責任 つかう責任 Responsible consumption, production
13．気候変動に具体的な対策を Climate action
14．海の豊かさを守ろう Life below water
15．陸の豊かさも守ろう Life on land
16．平和と公正をすべての人に Peace, justice and strong institutions
17．パートナーシップで目標を達成しよう Partnerships for the goals

政府においては，2016年に内閣総理大臣を本部長とするSDGs推進本部を設置し，企業や団体等でもこの実現に向けて取り組まれている。

（上野悦子）

265 国連専門機関と障害

今日の国連と国連専門機関におけるさまざまな障害者施策の主たる柱は障害者権利条約である。それ以前の柱は，1982年の障害者に関する世界行動計画，1993年の障害者の機会均等化に関する基準規則である。この2つについては障害当事者のリーダーシップは十分ではなかった。それに対して，権利条約の制定過程では，積極的な障害当事者の関与があった。

2015年のSDGs*では，障害と障害者がグローバルな開発の枠組みに組み込まれ，国連の障害者施策の柱に加えられた。

国連専門機関による取り組み

WHO*は，保健と医療（リハビリテーション・ハビリテーションを含む）の視点から障害者施策に取り組み，1980年にはICIDH，2001年にはICF，2011年には世界銀行と共同で「障害に関する世界報告書」を発表した。

世界銀行は，障害者の視点を重視し，障害問題の主流化を進め，途上国におけるインクルーシブな開発関連プロジェクトを実施している。

ユネスコは，教育の視点から障害者施策に取り組み，特に障害のある子どもや青少年など教育を受ける機会が十分ではない者に対する基礎教育の機会を増やすことを奨励する。

ILO*は，「職業リハビリテーション及び雇用（障害者）に関する条約」（ILO第159号条約）に基づいた障害者のディーセントな雇用とインクルーシブな社会づくりをめざしている。

WIPO（世界知的所有権機関）は，盲人，視覚障害者，その他の印刷物の判読に障害のある人が，発行された著作物を利用する機会を促進するための著作権に関する条約（マラケシュ条約）の制定に取り組み，2013年の採択後はその促進に取り組んでいる。

UNDP（国連開発計画）は，グローバルな開発ネットワークとして国際及び国内レベルでの権利条約の実施に積極的な役割を担い，障害インクルーシブ開発に取り組む。障害者の権利に関する国連パートナーシップ（UNPRPD）の事務局である。

ユニセフは，「**子どもの権利条約***」の実施に関する専門的な役割から，特別な保護を必要とする子どもたちに対して生存と発達の権利を守る活動を行っている。

ITU（国際電気通信連合）は，2003年と2005年の世界情報サミットの成果として，障害者の社会参加を促進するアクセシビリティとそのためのユニバーサルデザインを強調。それらの概念は権利条約にも受け継がれた。

（野村美佐子）

266 国連地域機関と障害

国連は，総会，安全保障理事会，経済社会理事会，事務局，信託統治理事会，国際司法裁判所という6つの主要機関と付属機関・補助機関などからなっている。また，独立した組織として専門機関，関連機関もあり，たとえば，**世界保健機関**（WHO）*，**国際労働機関**（ILO）*等は専門機関であり，世界貿易機関（WTO）は関連機関である。

経済社会理事会は，その活動範囲が広範にわたることから，アフリカ経済委員会（ECA），ヨーロッパ経済委員会（ECE），ラテンアメリカ・カリブ経済委員会（ECLAC），国連アジア太平洋経済社会委員会（ESCAP），西アジア経済社会委員会（ESCWA）が置かれており，それぞれの地域で，経済・社会開発のための活動を行っている。日本は62のESCAP加盟国の１つであり，アジア太平洋障害者の十年などの活動はESCAPを中心に展開されている。

専門機関にも地域的機関がある場合があり，たとえば，WHOには，アフリカ，アメリカ，南東アジアなどの6地域があり，地域委員会と地域事務局をもっている。障害者関連の活動においては，このような地域的機関との連携や協力を行っている。（寺島　彰）

267 アジア太平洋障害者の十年

第1次（1993～2002）

1992年４月，国連アジア太平洋経済社会委員会（ESCAP）第48回総会において1993～2002年を「アジア太平洋障害者の十年」とする決議が行われた。ESCAPは，「アジア太平洋障害者の十年の行動課題」を定め，加盟国・準加盟国政府に対し，経済・社会開発における障害者の参加促進等の努力を求めた。

民間活動も活発に行われ，「アジア太平洋障害者の十年推進NGO会議（RNN）」主催による「RNNキャンペーン会議」が，毎年，場所を変えて開催された。

なお，RNNは，第１次「十年」の最終年に終了し，第２次アジア太平洋障害者の十年を民間で推進する新たな地域NGOネットワークである，アジア太平洋障害フォーラム（APDF）に引き継がれた。

第2次（2003～2012）

2002年５月の第58回ESCAP総会で，「十年」をさらに10年間延長することが宣言された。

2003年９月の総会では，「アジア太平洋障害者のための，インクルーシブで，バリアフリーな，かつ権利に基づく社会に向けた「行動のためのびわこミレニアム・フレームワーク（BMF）」が決議され，７つの優先領域における目標および目標を達成するために必要な行動が具体的に示された。

2007年９月にはBMFを補完し，後半の５年間の実施を促進するための行動指針として，「びわこプラスファイブ」が採択された。

なお，第２次「十年」を推進する地域センターとして日本政府の無償協力により「アジア太平洋障害者センター（APCD）」が，2003年にタイに設立された。

第3次（2013～2022）

2012年５月のESCAP第68回総会では，「アジア太平洋障害者の十年」（2013～2022）を宣言するとともに，「アジア太平洋障害者の『権利を実現する』インチョン戦略」を採択した。インチョン戦略は，貧困の削減と雇用強化，政治と政策決定への参加の促進，アクセスの向上等，相互に関連する10の目標，27のターゲット，62の指標から成り立っている。

2017年12月に北京で開催された，中間年評価ハイレベル政府間会合では，「**持続可能な開発目標**（SDGs）*」の推進をうたう「インチョン戦略の実施を加速するための行動計画」が採択された。

さらに，2022年10月の第3次「十年」の最終評価のための政府高官会議で，第4次「十年」(2023～2032）が提言された。（寺島　彰）

268 世界保健機関（WHO）

1948年に設立された国連の専門機関の1つで，本部はジュネーブにある。2001年に**国際生活機能分類**（ICF）*を採択した。2010年にILO，ユネスコ，IDDC（国際障害と開発コンソーシアム）とともにCBRガイドラインを発表し，CBR（**地域に根ざしたリハビリテーション**）*の目的はCBID（地域に根ざしたインクルーシブな開発）であることを明らかにした。CBIDとは障害のある人を含む社会的に孤立した人や少数民族などマイノリティの人たちを開発に含めることである。CBRガイドラインは障害者権利条約を地域で実現するためのツールであるとされ，特徴の1つは，障害への特化と主流化の両方のアプローチが書かれていることである。CBRには世界レベルのCBRグローバルネットワーク，アジア太平洋CBRネットワークなど各地域レベルのネットワークがあり，実践者の交流の場となっている。

WHOと世界銀行は2011年に「障害に関する世界報告書」を発表し，障害者数は10億人以上であると報告した。この白書では医療ニーズが十分に満たされていないと報告している。

（上野悦子）

269 国際労働機関（ILO）

ILOは，第一次世界大戦後の1919年に調印されたベルサイユ平和条約に基づいて創設された国際連盟の姉妹機関として，同年ジュネーブで設立された。ILOの特色は，国際政府機関でありながら，その総会および理事会等は，政府のみならず，労働者および使用者の代表を加えた三者構成となっていることである。加盟国は，187カ国(2021年6月末現在）である。

ILOの中心的な活動は，世界のすべての労働者の労働条件と生活水準の向上をはかるための国際労働基準の設定と加盟国におけるその実施状況の監視である。国際労働基準は，条約と勧告という2種類の文書から構成される。ILO総会で採択された条約数は190，勧告数は206（いずれも2021年6月末現在）で，そのうち障害のある人に特化したものは，「職業リハビリテーション及び雇用（障害者）に関する条約」(第159号条約，1983年。日本は，

1992年に批准）及び同勧告（第168号勧告，1983年），並びに「障害者の職業更生に関する勧告」（第99号勧告，1955年）である。

条約の適用状況についての監視は，20名の労働法及び国際法等の法律専門家によって構成される「条約勧告適用専門家委員会」が行う。（松井亮輔）

270 経済協力開発機構（OECD）

OECDは，もともとは，米国による第二次世界大戦後の欧州復興支援の受け皿組織である，欧州経済協力機構（OEEC）として1948年にパリに設立された。

その後の欧州経済の復興に伴い，1961年に国際経済全般について協議する国際機関としてOECDに改組された。当初の加盟国は，欧州諸国に北米等を加えた20カ国。その後日本（1964）を含む，アジア・太平洋，中南米地域の国等も加盟した結果，現在（2023年２月）の加盟国は，41カ国となっている。

OECDは，経済，開発，貿易に加え，教育，雇用，環境，社会と福祉問題等，幅広い政策分野をテーマとする調査研究や統計データ収集等を行っている。その統計データの１つが，公的社会支出の対国内総生産（GDP）比で，その中に「障害と疾病に係る現金給付の対GDP比」が含まれる。2019年の公的社会支出全体の対GDP比は，OECD平均20.1％に対し，日本のそれは平均を上回る22.8％となっている。しかし，障害と疾病に係る現金給付についてはOECD平均1.6％に対し，日本のそれは0.6％で，OECD平均の４割弱となっている。（松井亮輔）

271 国際障害同盟（IDA）

国際障害同盟（International Disability Alliance : IDA）は，８つの国際組織及び６つの地域組織によって構成される。世界各地の障害者の意識向上と権利擁護をするために1999年に設立された。障害者権利条約の作成過程で，重要な役割を担った国際NGOである障害コーカスの母体として指導力を発揮した。

IDAは2013年に法人化された。その主な活動は，国連や国連機関における障害者の権利擁護であり，それらの活動の基準に権利条約がある。その基準に基づいて，2030アジェンダと持続可能な開発目標（SDGs）を包括的なものにするために，国連総会，国連事務局，ユニセフ，世界銀行，WHOなどの国連機関と連携・協力して，障害者の人権の主流化を促進している。

また，ジュネーブとニューヨークの国連本部を拠点として，世界中の障害者やその団体が国連や国際人権のプロセスに参加し，意見表明するために情報提供とロビー活動の支援を行っている。支援の１つとして，権利条約とSDGsを結びつける，障害者の人権と開発の研修などがある。（野村美佐子）

272 国際協力機構（JICA）

1974年に設立され，2003年に外務省所管の独立行政法人国際協力機構となった。政府開発援助の実施機関の1つであり，基本となる考え方は，国際協力大綱に基づいている。国際協力大綱では公的資金以外に企業，自治体，NGOなど多様な主体との連携を強化するとしている。3つの基本方針として，

①非軍事的協力による平和と繁栄への貢献
②人間の安全保障の推進
③自助努力支援と日本の経験と知見を踏まえた対話・協働による自立的発展

が掲げられ，そのうち②で，障害に言及されている。

1995年から「障害者の国際協力事業への参加（フェーズⅠ，Ⅱ）」の調査研究を行い，2000年に外部有識者による障害者支援委員会を設置，2003年には課題別指針・障害者支援を策定した。障害に関連した協力として，1976年，青年海外協力隊（マレーシア，理学療法士），1980年代から研修員受け入れ事業，無償資金協力，技術協力プロジェクトが実施された。また2002年にはタイ政府に協力し，アジア太平洋地域の拠点となるアジア太平洋障害者センター（APCD）の設立を支援した。（上野悦子）

273 国際協力関連国内民間団体

企業，財団，民間団体の国際協力活動について触れる。

企業については，国際協力NGOセンター（JANIC）にはNGO会員が95団体（2021年4月），企業会員は31社（2021年4月）が登録して情報交換を行っている。JANICはNGOと企業連携ネットワークを進め，味の素（株）など企業の事例紹介も行われている。

財団については，ダスキン愛の輪基金は日本の障害者の海外研修，アジア太平洋からの障害者リーダー育成研修を行っている。日本財団は，上記のダスキンによる研修を含む日本での障害者対象の研修参加者のフォローアップ研修を実施している。また，東京パラリンピック2020の成功に向けて，パラリンピックサポートセンターの設立を支援。団体やアスリートに共同オフィスを提供した。

民間での障害分野の国際協力については，国際研修の実施，障害者のエンパワメント，障害団体間交流，スポーツ，リハビリテーション，就労，点字図書，災害関連など多岐にわたる。1993年には，情報交換，経験交流を目的とする，民間団体のネットワークである障害分野NGO連絡会（JANNET）が設立された。（上野悦子）

第25章

疾患と障害

274 疾病と障害

疾患

「疾患」とは「疾病」と同義で，人の正常な生物学的機能が損なわれ，一般に不快感や日常生活への影響を生み出すもののことである。「病気」も同じ意味で使われることが多いが，「病気」は生物学的・客観的な「疾患」と主観的な「病い」とを合わせたより広い概念であるともいわれる。

疾患は一般に病因，病理，症状の3要素で構成され，病因や部位などによって区分され，さまざまな名前が付けられている（肺炎，糖尿病など)。疾患や死因の分類として世界で広く使われているのが，WHOのICDである。その第10版（ICD-10．1992年から）では疾患は約14,000に分類されている。2018年に発表された第11版（ICD-11）では，「ゲーム障害」などを新たに疾患として加え，「性不一致」などを「精神障害」の章から新設の「性の健康関連」の章に移動し，中国・日本・韓国などで使われている伝統医学の病名等を導入し，重症度，腫瘍病期，病歴など付加的なコードを設けて診断の詳細が記録できるようにした。このように疾患の概念は時代と共に変化しつつある。

なおこのICD-11では新たに「第V章　生活機能評価に関する補助セクション」を設け，主要な機能障害や活動障害の状態を評価して記録できるようにした。ICF*の一部をICDに組み込んだといえる。

障害

一方「障害」とは，「**障害と障害者***」の項に見るように，ICF，障害者権利条約，障害者基本法などいくつかの主要な制度の間で，やや異なった概念として述べられている。ICFでは心身機能・身体構造の問題（機能障害），活動の問題（活動制限，活動障害）及び参加の問題（参加制約，参加障害）の総称を障害とし，権利条約では機能障

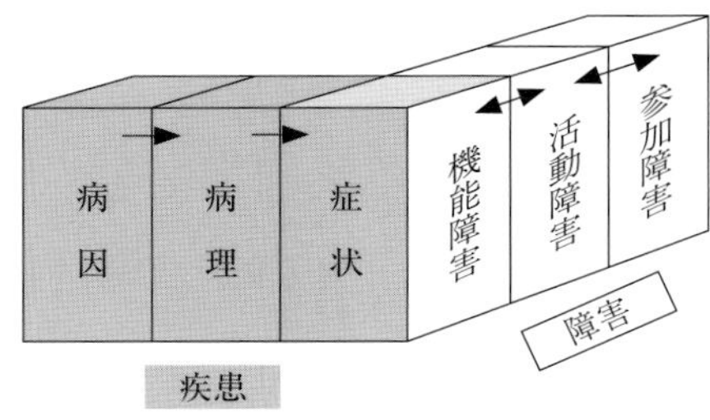

図　疾患と障害の関係

害と障壁の相互作用によって生まれる平等な参加の困難を障害とし，障害者基本法では身体障害，知的障害，精神障害及びその他の心身の機能の障害，としている。

疾患と障害

疾患と障害の関係は**図**のように理解される。病因・病理・症状という疾患の３要素の中の症状を，その人の生活に与える影響という視点で見たものが機能障害である。疾患の最終段階が障害の最初の段階となっている。

症状はあっても，風邪を引いたりねんざしたりという一時的な問題は，一般に障害の文脈では取り上げない。権利条約の障害者の考え方に「長期的な」機能障害と障壁との相互作用という表現があり，障害者基本法の障害者の定義にも「継続的に」生活に制限を受けるという表現がある。これは障害を「生活に与える大きな影響」という視点で見ているからである。

法制上の障害

障害者基本法は，2011年改正で障害者を「身体障害，知的障害，精神障害（発達障害を含む）その他の心身の機能の障害（以下「障害」と総称する）がある者であって，障害及び社会的障壁により継続的に日常生活又は社会生活に相当な制限を受ける状態にあるもの」とした。同年６月15日の衆議院内閣委員会で，高次脳機能障害は精神障害に，難病による障害は「その他の心身の機能の障害」に含まれることが確認された。この法律の1970年制定時には対象が身体障害および精神薄弱等とされ，1993年改正で精神障害が加わり，権利条約を反映した2011年改正で，「その他」が加わってすべての障害を対象とすることとされたものである。

身体障害者福祉法の対象とされる身体障害は，1949年制定時には，実質的には視力，聴力，言語機能の障害および肢体不自由とされ，1954年改正で視力障害が視覚障害に改められて視野の障害が含まれ，平衡機能障害が追加され，1966年改正で心臓と呼吸器，1972年改正で腎臓，1984年改正（以降は政令改正）でぼうこうと直腸，1986年改正で小腸，1998年改正で免疫機能，2010年改正で肝臓が追加された。できるだけ支援対象を広げない姿勢が見られる。免疫機能障害と肝臓機能障害の追加は，薬害への賠償が絡んでようやく実現したものである。

このように障害者基本法の障害(者)は包括的なものとなったが，福祉，雇用，教育，所得保障，税制上の障害者控除，環境のアクセスや情報保障など，具体的な分野では機能障害の種類と程度で支援対象が限定されている。権利条約に従ってニーズを重視する人権モデルへの転換が求められている。

（馬上和久・佐藤久夫）

275 肢体不自由

身体障害の１つで手足など主に四肢に障害をもっていること。代表的な例としては，脊髄損傷，頸髄損傷，脳性マヒ，ポリオなどがある。身体障害者福祉法では，その障害の重さによって等級が決められる（四肢の全廃は１級というように）。

かつては，「肢体不自由」を「身体障害」と同じ意味で使っていることもあった。しかし，脳性マヒの人の状況を見る時に，軽度の障害であっても，就労や社会生活をする上で大きな社会的不利益を被っている実態（言語障害や軽度の障害であっても緊張や不随意運動が生じ，１つの動作に相当な時間がかかることなど）があることから，脳性マヒやポリオなどを全身性障害として政策面でも位置付けるようになったことから，近年「肢体不自由」という呼称をあまり使わなくなった。

（太田修平）

276 視覚障害

身体障害者手帳の視覚障害は，見え方の状況に応じて６級に分かれている。そのうち１級は，ほぼ全盲だが，２級にはルーペや拡大読書機を使って文字が読み書きできる人も含まれる。身体障害者手帳所持者のうち，視覚障害者は312,000人（7.3％）と推計されている（2016年，**生活のしづらさ調査***，厚生労働省）。

生活する上で，視覚障害者が困難に感じるのは，文字の読み書きと歩行であるといわれてきた。しかし，近年，パソコンの登場と同行援護の制度化により，かなり改善されてきている。パソコンに画面読み上げソフトを入れることにより，文字の読み書きや情報入手が可能になったこと，また，同行援護により外出がかなり楽にできるようになったのである。さらに読書に関しては，インターネット図書館「サピエ」の登場によって，現在では主な週刊誌，月刊誌が毎週，毎月読めるようになっている。それも視覚障害者が１人でダウンロードできる。

問題の１つは職業である。従事者がもっとも多かったあん摩，はり，きゅう業における視覚障害者の割合は，かつては視覚障害者が６割以上が従事していたが，現在ではあん摩でも22％程度，はり，きゅうにいたっては12％を切っている。

（田中徹二）

277 聴覚障害

空気の振動である音は鼓膜や耳小骨などで伝えられる。伝えられた音は蝸牛という器官で電気信号に変換され，この信号が聴覚神経を通って脳の言語中枢に伝えられることにより音を感じることができる。音を伝える部分に障害があると音が小さくなる伝音難聴，音を感じる部分に障害があると音がひずんだりゆがんで聞こえたりする感音難聴となる。

日本では，平均聴力レベルが70デシベルから身体障害者手帳の交付を受けることができ，６級・４級・３級・２級にわたって認定される。感音難聴では，補聴器，あるいは人工内耳手術により聴覚を補うが，聞こえる人とまったく同じ聞こえの状態を得ることはない。聴覚障害による心身機能の状態を説明する場合，どの程度の聴力か，聞こえ方の様子はどうなのか，聴覚障害となったのは音声言語を習得する前か後か等により，コミュニケーションの方法や生活の中でさまざまな音声情報が入ってこないための情報障害など，一人ひとり違ってくる。この他，聴覚障害に関連するさまざまな症状がある。

音声言語を聞くためのサポートの方法，手話言語や要約筆記等も活用してのコミュニケーションの方法・情報アクセスの保障などは，きこえない・きこえにくい人に確認していくことが大切である。（小中栄一）

278 失語症

その原因は脳梗塞などの脳血管障害が約90％で，脳外傷，脳炎等によるものもある。脳の中枢言語野が損傷されて起こる言語障害で，言葉を操る機能が障害される。話すことが難しいだけではなく，書くこと，読むこと，聞いて理解すること，計算することなど，言葉にかかわるすべての機能が大なり小なり障害され，困難になる。記憶や物事を考える機能は保たれるが，自分の考えを「言語化し表出」することや他人からの言葉を「理解」することが困難になる。病前の人格は保たれ，ジェスチャーや身振り，表情などで表現することは部分的にできる人が多い。歌うこと，絵を描くことなどの能力も保たれる。次の特徴もある。

①障害される脳の言語野の部位や大きさにより，症状や失語症の重症度，障害の程度が異なる。
②言語の障害があるが，考える力は残されており，相手を思いやる，周囲に気を配るなど，社会人としての行動に問題はない。
③言葉の表出が障害されるので，自らの状況や困難を訴えることが難しい。
④会話をしない限り障害の存在がわからない「見えない障害」である。
⑤50音表・手話・点字や機器による代替は困難で情報の授受が難しい。（園田尚美）

279 精神障害

精神障害の分類と精神障害者数

現在ICD-10に基づく「精神と行動の障害」は表のように分類されている。

「精神障害」の表記をめぐる混乱

精神保健福祉法*では，精神障害者を「統合失調症，精神作用物質による急性中毒又はその依存症，知的障害，その他の精神疾患を有する者をいう」と定義している。「精神障害のある人」と「精神疾患を有する人」を同義とし

表　精神と行動の障害

中分類	小分類の例
F0　症状性を含む器質性精神障害	アルツハイマー病の認知症
F1　精神作用物質使用による精神及び行動の障害	アルコール使用〈飲酒〉による精神及び行動の障害
F2　統合失調症，統合失調症型障害及び妄想性障害	統合失調症，持続性妄想性障害
F3　気分［感情］障害	双極性感情障害〈躁うつ病〉，うつ病エピソード
F4　神経症性障害，ストレス関連障害及び身体表現性障害	強迫性障害〈強迫神経症〉，重度ストレスへの反応及び適応障害（外傷後ストレス障害）
F5　生理的障害及び身体的要因に関連した行動症候群	摂食障害
F6　特定の人格障害	妄想性人格障害，境界型人格障害
F7　知的障害〈精神遅滞〉	重度知的障害〈精神遅滞〉
F8　会話及び言語の特異的発達障害	学習能力の特異的発達障害，広汎性発達障害
F9　小児〈児童〉期及び青年期に通常発症する行動及び情緒の障害	多動性障害，行為障害，チック障害

ているが，ここで使われる精神障害の「障害」は，障害者の英語表記であるperson with disabilityのdisability（障害）ではなく，国際疾病分類（ICD）における精神科領域の診断名として用いられているdisorder（変調，疾患）である。概念の違うdisabilityとdisorderの訳語を同じ「障害」としたことが混乱を招くこととなっている。

2019年5月，WHO総会において国際疾病分類の第11回改訂版（ICD-11）が承認され，2022年1月に正式発効の予定となっている。日本国内でもその適用に向けた作業が進められているが，disorderの訳語は原則として「症」となる予定であり，混乱した状況の解消が期待される。なお，国際的には心理・社会的障害と称されている。

精神障害者数

令和2年版障害者白書では，精神障害者数は419万3千人とされているが，これは厚生労働省の患者調査における医療機関を利用した精神疾患のある患者数（推計値）であり，「精神及び行動の障害」のうち知的障害を除き，「神経系の疾患」のアルツハイマー病とてんかんを加えた人数である。この中には精神疾患による日常生活や社会生活上の相当な制限を継続的には有しない者も含まれている。

（木太直人）

280 高次脳機能障害

交通事故，転倒，転落，スポーツ事故等の外傷性脳損傷，脳血管障害，脳炎などによる後天性脳損傷による脳の機能障害のことで，記憶障害，注意障害，遂行機能障害，社会的行動障害は器質性精神障害とされ，失語症は身体障害と認定される。脳機能の損傷部位により失認，失行，半側空間無視，半盲等，他人に見えないわかりづらい障害である。

画像診断が障害認定の根拠になっているために，診断可能な医療機関の地域偏在により，補償や支援体制に格差が生じ，現行の福祉制度による支援を受けにくい場合がある。

2001年からの国立障害者リハビリテーションセンターを中心とするモデル事業の結果，診断基準が策定され，2006年以降，全国に支援拠点機関が設置され，支援コーディネーターによる専門相談が実施されるようになった。

しかし，行政的診断基準と医学的診断基準の相違もあり，失語症などは，障害年金支給の対象になりにくく，就労援助や生活支援が行われないという矛盾も生じている。小児・重度者への支援も立ち遅れている。また，画像診断に表れない，軽度脳損傷者への障害認定が困難である。支援体制の整備と権利擁護のために，障害への理解・啓発活動が求められる。（東川悦子）

281 知的障害

1960年制定の精神薄弱者福祉法が1999年に知的障害者福祉法に改正され，関連する法律の用語もすべて「知的障害（Intellectual Disability）」に改められた。

しかし，法律の中では定義がなされておらず，1979年の養護学校義務化（全員就学）にともない，アメリカ精神遅滞学会（AAMR）の1973年の定義（第７版）が日本でも用いられるようになった。具体的には，①IQ70以下，②身辺自立や行動面などの社会適応に問題がある，③遅れの原因が18歳までにある，という３要件である。

AAMRは1992年に第９版を出し，「適応行動」を「適応技能」という概念に改め，IQも70～75と幅をもたせた。適応技能には10領域（コミュニケーション，身辺自立，家庭生活，社会生活，社会資源の利用，自己管理，健康と安全，実生活上の知識，余暇，仕事）があり，２つ以上に制約がある場合を要件とした。そして，本人の社会技能の改善ではなく，地域の支援システムの整備が求められるという社会モデルの発想になっている。この考え方が世界に広まり，その後も改訂が続いている。（石渡和実）

282 発達障害

「自閉症」概念の登場

現在の「発達障害」という概念の基盤とも言える「自閉症（autism）」については，1943年にアメリカでカナー（Kanner L）が，1944年にオーストリアでアスペルガー（Asperger H）が事例を発表した。

1979年に，精神科医で自閉症児の母でもあるウィング（Wing L）が，「自閉症スペクトラム障害（Autistic Spectrum Disorders：ASD）」という概念を提唱し，その症状を３つの特徴に整理した。①社会性の障害：他者との関係性がうまく築けない，②コミュニケーションの障害，③想像力の障害とそれに基づく行動障害：こだわりなど，という３点である。特に，カナータイプの極端な特徴が「強度行動障害」などの言葉とともに注目された。

発達障害者支援法の定義

そもそも「発達障害（developmental disability）」という言葉は，日本では中途障害に対する「生まれながらの（幼い時からの）障害」という意味で1970年代から用いられてきた。知的障害や脳性マヒ，未熟児網膜症などの身体障害児なども含まれ，「広義の発達障害」を意味した。

2005年4月に施行された発達障害者支援法では，「自閉症，アスペルガー症候群その他の広汎性発達障害，学習障害その他これに類する脳機能の障害であってその症状が通常低年齢において発現するものとして政令で定めるものをいう」と定義している。知的障害や身体障害は含まない「狭義の発達障害」といえる。支援の必要性が認識されながら，「谷間の障害」とか「グレーゾーン」などと言われていた人々が法律の対象となったのである。教育の場や社会生活においても誤解を受けがちで，「生きづらさ」を感じてきた人々を「発達障害」として支援することになった。

アメリカのDSMによる定義と日本への影響

アメリカ精神医学会の精神障害の診断と統計マニュアルの第3版DSM-Ⅲ（1980年）で，「広汎性発達障害（PDD）」という概念が提唱され，2013年のDSM-Vでは，これが「自閉症スペクトラム障害（ASD）」に改められ，日本の実践も大きく変化しつつある。ASDについて，「臨機応変な対人関係が苦手で，自分の関心，やり方，ペースの維持を最優先させたいという本能的志向が強いこと」などと説明され，「10人に1人」の出現率で，最大の課題は「生きづらさ」と指摘されている。

（石渡和実）

283 強度行動障害

概念

1992年厚生省（当時）の整理によれば，「強度行動障害児（者）とは，直接的他害（噛みつき，頭つき等）や，間接的他害（睡眠の乱れ，同一性の保持－場所・プログラム・人へのこだわり・多動・うなり・飛び出し・器物破損等）や自傷行為等が，通常考えられない頻度と形式で出現し，その養育環境では著しく処遇の困難な者をいい，行動的に定義される群である。その中には医学的に自閉症児（者），精神薄弱児（者），精神病児（者）等が含まれる」とされている。1980年代から注目された自閉症児・者への支援において，「自傷」「他害」などと呼ばれる厳しい状況にいかに対応するか，という切迫した課題がある中での概念形成であった。

この定義に対して厚生省（当時）も，「主として，本人に対する総合的な療育の必要性を背景として成立した概念である」と述べた。当時の医学モデル発想から生まれたといえよう。言葉でのコミュニケーションが難しい子ども（人）にとって，このような行動を通して訴えたいことがあったはずである。それを「問題行動」ととらえ，「本人を変える」ために厳しい訓練・指導が求められ，結果として，さらに本人を追い詰めてしまったと考えられる。

支援

障害者権利条約の採択後は社会モデルの障害観が浸透したこともあり，本人へのかかわり方，環境の整備などによって，「強度行動障害」にも対応するという考え方が浸透しつつある。アメリカで開発された「構造化」理論などに基づき，乳幼児期から本人が安定できる環境で育ってきた自閉症児などには極端な行動は見られなくなっている。そのような成育が保障されなかった人の成人期以降には厳しい状況が見られ，入所施設の「強度行動障害棟」などで専門的な支援を受けていることも多い。

入所であれ通所であれ，まずは本人が安定できる環境を整え，本人が安心して接することのできる支援者とともに納得できる生活リズムを築くことが求められる。二次的な障害として「生きづらさ」を体験してきた人も多く，自己肯定感をいかに構築するかが大きな課題である。そのためには，医師や臨床心理士，言語聴覚士，ソーシャルワーカーなど，多様な専門職によるチームアプローチが重要となる。国の事業である「強度行動障害支援者養成研修」なども各地で行われており，障害児・者支援の大きな課題であることは今も変わりがない。（石渡和実）

284 重症心身障害

重度の肢体不自由と重度の知的障害とが重複した状態のことで，よく紹介される「大島分類」では重度肢体不自由とは「寝たきり」または「すわれる」程度，知的障害はIQ35以下とされている。しかし近年，この状態に加えて，あるいは肢体不自由や知的障害自体はそれほど重くなくても，人工呼吸器や経管栄養などの医療的ケアを必要としたり，強度の行動障害を併せもつ場合も含めて重症心身障害と総称される傾向にある。したがって，呼吸障害，摂食・嚥下障害，てんかん，体幹の変形，内臓障害，精神疾患などの合併症も重視される。

入所施設としては重症心身障害児（者）施設（医療型障害児入所施設）や独立行政法人・国立病院機構の重心児病棟が，2018年時点で約200カ所あり，約２万人が医療と福祉の支援を受けている。在宅の重症心身障害児・者は約２万９千人と推定され，ホームヘルプ，生活介護，児童発達支援，放課後等デイサービス，訪問看護，ショートステイなどが利用されている。

ホームヘルプの充実，医療的ケアの可能な短期入所・ホームヘルプ・生活介護・グループホームの整備，看護師配置など特別支援教育での医療的ケアの充実，障害年金などの所得保障，文化・スポーツ活動への参加など，多くの課題がある。（佐藤久夫）

285 難病

発病の機構が明らかでなく，かつ，治療方法が確立していない希少な疾病であって，長期の療養を必要とするもの。難病の克服を目的に，発病の機構や病態を解明し，効果的な治療方法の確立をめざした難病対策があり，診断基準や治療指針の作成をめざし，疫学調査などを行っている。

広義の「難病」は，患者数等による限定はなく，他の施策体系が確立していない疾病を幅広く対象とする。たとえば，悪性腫瘍は，がん対策基本法の対象であるため，難病法の対象ではない。

狭義の「難病」は，医療費助成の対象となる「指定難病」である。患者数が一定の人数に達しないこと，客観的な診断基準（またはそれに準ずるもの）の確立が条件である。

2013年度から「難病等」が障害者総合支援法の対象となった。難病法第２条は，共生社会の実現へ，「社会福祉その他の関連施策との有機的な連携に配慮しつつ，総合的に」難病対策を行うとする。基本方針では「難病は，一定の割合で発症することが避けられず，その確率は低いものの，国民の誰もが発症する可能性があり，難病の患者及びその家族を社会が包含し，支援していく」とする。（はむろおとや）

286 盲ろう

「盲ろう（者）」の法的定義はないが，社会福祉法人全国盲ろう者協会は「身体障害者手帳に視覚と聴覚の両方の障害が記載されている人」とし，日本には約１万４千人と推計している。したがって全盲でかつろうである人に限定されない概念である。盲ろう者がかかえる生活上の困難は，視覚障害に伴う困難と聴覚障害に伴う困難を足し合わせたものと思われがちである。しかしそれとは質的に大きく異なる。通常，視覚障害に伴う困難を聴覚で補い，聴覚障害に伴う困難を視覚で補うが，それができにくいのが盲ろう者の特徴である。

視覚と聴覚の障害の程度，それぞれの障害の発生の時期や順序などによって，コミュニケーション方法は非常に多様である。代表的なものは手書き文字（手のひら書き），音声（耳元や集音器等に話す），筆談，触手話，接近手話，指点字，指文字，パソコンなど。

障害者総合支援法の地域生活支援事業（都道府県事業）の必須事業として，盲ろう者向け通訳・介助員の養成・派遣がある。これはコミュニケーションと移動・外出を支援するための重要な制度であり，その質・量の充実と地域格差の解消，通訳介助員の交通費等の保障が求められている。

（佐藤久夫）

第26章

支援方法と人材

287 障害者にかかわる支援方法と専門職

障害のある人にかかわる社会的支援の内容や課題は多岐にわたっている。それは，障害がすべての年代，すべての生活場面にかかわっているからである。また障害（機能障害）の種類も多種多様である。障害分野の行政計画が福祉計画だけにとどまらず，社会生活全般にわたっていることから「障害者計画」として，福祉だけでなく，医療，教育，職業，交通，通信，建築などさまざまな領域おける計画になっていることからも，この総合的で多面的な性格がうかがえる。

したがって，障害のある人にかかわる専門職や支援方法をすべて挙げるとすると膨大な内容になってしまう。そこでこの章では特にかかわりの深い専門職と代表的な支援方法を挙げることとした。

リハビリテーションではトータルリハビリテーションをめざしつつ医療，教育，社会，職業という４つの領域が確立している。社会的リハビリテーションは社会福祉とも解されているが，実際には交通や建築等の内容も含まれるのであろう。こうしたリハビリテーションの考え方を基にしながら，専門職と支援方法（技法）を分類する（**表**）。

（杉本豊和）

表　専門職と支援方法

領域	専門職	主な支援方法
医療（保健）	医師，看護師／准看護師，作業療法士（OT），理学療法士（PT），言語聴覚士（ST），義肢装具士，視能訓練士（CO），歩行訓練士 保健師，栄養士／管理栄養士，医療ソーシ	リハビリテーション医学 作業療法 理学療法 言語療法・聴覚療法 視能訓練・そしゃく訓練

	ャルワーカー／精神科ソーシャルワーカー	社会生活技能訓練（SST） オープン・ダイアローグ ACT プログラム 音楽療法 動物介在療法
教育	特別支援学校教員，養護教諭，スクールカウンセラー，スクールソーシャルワーカー	インクルージョン インテグレーション
職業	障害者職業カウンセラー，職業支援員，職能判定員，ジョブコーチ（職場適応援助者）	
社会福祉	社会福祉士，介護福祉士，精神保健福祉士，ヘルパー（ホームヘルパー，ガイドヘルパー），保育士，障害者相談支援専門員，介護支援専門員（ケアマネージャー），手話通訳士，要約筆記者，盲ろう者用通訳・介護者，失語症会話パートナー，盲導犬訓練士，生活支援員，児童指導員，社会福祉主事，身体障害者福祉司／知的障害者福祉司，身体障害者相談員／知的障害者相談員／精神保健福祉相談員，児童福祉司，サービス管理責任者，社会保険労務士，民生委員，児童委員	ソーシャルワーク ケアマネジメント／ケースマネジメント（アセスメント，モニタリング） グループ・ワーク ソーシャル・アクション アドボカシー ナラティブ・アプローチ アウトリーチ ストレングス・モデル 受容（社会受容）/ 共感 ピクトグラム（絵記号） セルフヘルプグループ リカバリー インフォーマル・ケア
心理	公認心理師，臨床心理士，発達心理士，認定心理士，児童心理士，ペアメンター（ペアレントメンター）	TEACCH プログラム（構造化） 認知行動療法 心理教育 コーチング ピア・カウンセリング エンパワメント
交通，建築，通信，産業，司法・権利擁護，スポーツ・レクリエーション，その他	産業医，福祉レクリエーション・ワーカー，福祉住環境コーディネーター，健康運動指導士，障害者スポーツ指導員，生きがい情報士，福祉用具専門相談員，音楽療法士，弁護士，司法書士，保護観察官，家庭裁判所調査官，人権擁護委員	

288 ケアマネジメント（ケースマネジメント）

ケアマネジメントとは利用者のもっている社会生活上のニーズと社会資源を結びつけること（linkage）を中核機能とする援助方法である。そこで活用される社会資源にはフォーマルな社会資源，インフォーマルな社会資源，そして利用者自身がもつ内的資源（ストレングス，パワー）がある。

ケアマネジメントは1980年代にアメリカで取り組まれた脱施設化と，退院後に精神障害者が再度病院に戻ってしまう回転ドア現象を防ぐための取り組みから生まれた。日本には1980年代中盤に紹介され，2000年に始まった介護保険制度に居宅介護支援として組み入れられた。

ケアマネジメントのモデルには，フォーマルサービスへの仲介・斡旋を主とする仲介型（broker），臨床型（clinical），ストレングス型（strength），リハビリテーション型（rehabilitation），重度の精神障害者に多職種チームで24時間，365日医学的・心理社会的・リハビリテーション的なサービス提供を行う積極的地域内治療型（Assertive Community Treatment : ACT）など，さまざまなものがある。

ケアマネジメントのプロセスは，①入口，②アセスメント，③支援目標の設定とケアプラン作成，④ケアプランの実施，⑤モニタリング，⑥再アセスメント，⑦終結で，終結に至るまで②から⑥を循環する。障害者総合支援制度では，受付⇒サービス等利用計画案の作成⇒障害支援区分認定⇒支給決定⇒サービス担当者会議⇒サービス等利用計画実施⇒モニタリングというプロセスとなる。

障害者のケアマネジメントは利用者の自立と社会参加をめざすものであり，地域生活支援，施設からの地域移行の支援において重要な役割を果たすものである。その支援においては心身のケアだけでなく日中活動や就労などの社会参加ニーズが重視される。また，利用者の生活のしづらさは個人と環境の交互作用の結果として生み出されるが，そこには人的・物的・制度的な環境面からの影響が大きく，権利擁護の視点や既存の社会資源の改善や新たな社会資源の開発が重視される。さらに，利用者の強さに着目し，支援過程を通じて利用者のエンパワメントをはかること，将来の生活のあり方を視野に入れた支援を行うことなどが重要視される。これらの特徴は個人プログラム計画（Individual Program Plan : IPP）や個人将来計画法（Personal Futures Planning）などに顕著に表れており，日本における実践でもこのような支援のあり方を追求することが重要である。

障害者ケアマネジメントの課題としては，障害者総合支援制度下でいかにニーズ優先アプローチを実践するか，アセスメント・プランニングを下支えする高いコミュニケーション能力や利用者の自己決定や主体性尊重の姿勢をもった相談支援専門員の育成，社会資源開発などがあげられる。（福富昌城）

289 ソーシャルワーク

19世紀にイギリスを中心とするヨーロッパを起源として誕生し，その後アメリカに普及，その双方において理論と実践を進展させてきた。専門性が広く承認されるようになったのは20世紀初めである。現在では，暮らしに困難のある人びとを直接支援することと同時に，その人びとの社会的権利の獲得に向けた支援を展開するために，社会環境を調整・変革する働きかけを行う専門性であり学問であるとされる。その目的は，すべての人間の権利擁護に置かれている。

ソーシャルワークの特徴は，「人間の社会化」を前提として，人びとの支援を展開するところにある。このことは，人びとや集団における困難の要因とその解決の責任を彼らに押し付けることなく，すなわち，「自己責任論」を否定し，社会全体の責任としてとらえる集団的責任の価値と符合する。

「排除される側」から社会をとらえ，人びとの支援を通じてその変革を促進していくソーシャルワークの実践には多くの課題がある。多くのソーシャルワーカーは，社会的ケア（権利擁護）と社会的コントロールのジレンマの中での仕事を強いられているからだ。しかし，社会正義と人権を標榜するソーシャルワークのとるべき道が，社会的ケアの伸展にあることは間違いない。

（中島康晴）

290 アウトリーチ

医療や福祉サービス等を利用する人々すべてが，自ら進んで積極的に申請又は利用するわけではない。むしろ病気や障害等によって，利用可能なサービス等の内容や窓口を知らなかったり，実際の利用方法がわからなかったりして結果的に利用できない人々も少なくない。

アウトリーチは，医療・福祉関係者が，申請や相談を待つばかりではなく，積極的に対象者の居る場所に出向いて働きかけることである。そのことによって潜在的なニーズを抱える対象者の発見やニーズ把握，問題解決に向けた動機付けを行いながら自ら支援を望まない人々にも積極的な支援を行う。

（竹田　匡）

291 アドボカシー

アドボカシー（advocacy）とは，病気や障害等によって判断能力が低下するなどして，自らの権利を行使することが困難な場合や，人権が侵害されたりする場合に対象者の権利を擁護することをいう。

アドボカシーは，「ケースアドボカシー」と「クラス（システム）アドボカシー」に大別することができる。ケースアドボカシーとは，対象となる個人の権利を擁護するための活動であることに対して，クラス（システム）アドボカシーとは，同じ状況に置かれたすべての人々の権利を擁護するための制度改革などをめざす活動といえる。

（竹田　匡）

292 受容

バイスティック（Biestek FP）によれば，援助関係の形成における７つの原則の１つとされる。

「クライエントの人間としての尊厳と価値を尊重しながら，彼の健康さと弱さ，また好感をもてる態度ともてない態度，肯定的感情と否定的感情，あるいは建設的な態度及び行動と破壊的な態度及び行動を含め，クライエントを現在のありのままの姿で感知し，クライエントの全体にかかわることである」「しかし，それはクライエントの逸脱した行動や態度を許容あるいは容認することではない」と定義している。

一方で，ソーシャルワーカーがクライエントを受容するにあたって，その障害となるものとして，①人間行動に関する十分な知識をもたないこと，②ケースワーカーが自己を受け止められないこと，③自分の感情の責任をクライエントに転嫁すること，④偏見と先入観に支配されること，⑤口先だけで励ますこと，⑥受け止めることと許容することを混同すること，⑦クライエントに対する敬意を失うこと，⑧クライエントに過剰同一視することの8つを挙げている。絶えず自分自身の実践を振り返り，知識及び技術を向上させる努力が求められる。（竹田　匡）

293 共感

「来談者中心療法」を唱えたカール・ロジャース（Rogers C）は，カウンセラーの資質の1つに，「共感的理解」を挙げている。

共感は，カウンセリングや面接の場面だけではなく，あらゆる場面で大切な態度であるといえる。医療・福祉関係者が，支援を必要とする対象者と信頼関係を形成し，対象者が抱える課題を自ら解決していけるよう，対象者の力強さを引き出しながら支援を展開していく上で，対象者の態度や感情を否定せずに，相手の立場に立って理解しようと努力することが必要であり，求められる態度である。（竹田　匡）

294 ストレングス

ストレングスとは，支援を必要とする対象者のもっている力や対象者を取り巻く家族や近隣等を含む環境の強みのことをいう。

対象者のストレングスを活用するにあたっては，対象者ができないことに着目するのではなく，むしろ，たとえ困難な状況の中においても対象者なりに自ら対処しながら生活してきた対象者の力や強さに着目しながら，さらに引き出していくことが重要である。

力強さを引き出していくには，対象者と対象者を取り巻く環境等を肯定的にとらえ直しながら対象者の自己肯定感を高めていくことが求められる。

（竹田　匡）

295 社会生活技能訓練（SST）

認知行動療法と社会学習理論を基盤にした支援方法の1つである（Social Skills Training）。

社会生活の中で，自分の望む人間関係を得るためには，話し方など言動に一定の技術が必要である。たとえば，親しくなりたいと思って話しかけた時に，相手がその意図を受け止めてくれるかどうかは，話し方などに影響される。人によっては，あまり意識しなくても適切な話し方ができるが，一部の者にとっては困難な場合がある。そのような時に，適切な言動をするために行動リハーサルなどの練習ができるように，順序等を定め構造化した支援の方法がSSTである。

SSTの流れは概ね以下の通り。

①課題を決め，その場面での行動リハーサル（ロールプレイ）をする
②よかったところを評価する
③実際の場面での課題を決める
④実際の場面で実施してみる
⑤次回以降の会合で実施結果を報告する
⑥必要に応じ，以上のプロセスを繰り返す

また，対人関係を中心とする社会生活技能のほか，服薬習慣，再発徴候への対処技能などを高める方法も開発され，1994年度からは「入院生活技能訓練療法」として診療報酬に組み込まれている。（遅塚昭彦）

296 セルフヘルプグループ

セルフヘルプグループは，生活上の何らかの困難や悩みを抱えた人が，自発的に集まり，相互に支え合い，その課題などを乗り越えようとする集団をいう。当事者同士の対等な関係を基本とし，専門職のかかわりは最小限とするなどの特徴がある。アルコール依存症者の間で始まり，その後，ギャンブル，薬物など各種依存症をはじめ，患者会，障害当事者や性的少数者など，さまざまな分野に広がっている。

その活動としては，ミーティング，相談・情報提供，講演会や広報誌による啓発，政策提言などがある。

「言いっぱなし，聞きっぱなし」の自由なミーティングによりお互いの気持ちを分かち合う。こうして相互に「援助者」「相談者」を経験することで自己の存在価値を認める，有用感を取り戻す，などの効果が期待される。また，同じ課題をもち生きてきた「ベテラン」とかかわることで，生き方のモデルを発見する，課題の将来見込みが得られる，当事者の具体的な情報が得られるなど，セルフヘルプグループならではの強みがある。

課題として，「運営する人の負担が大きい」「活動場所がない」「運営資金不足」などのほか，「援助職が運営を左右する」「課題を乗り越えた人と，そうでない人の軋轢」などが挙げられる。（遅塚昭彦）

297 セルフマネジドケア

自己管理型の介助システムであり，介助を受ける当事者が雇用主として自分の介助者を採用，管理し，給与を支払う。デンマーク，スウェーデン，ノルウェー，イギリスなどで制度化されている。

介助計画等を「自己管理」することにより，リスクも含めて社会への完全参加が可能となる。この場合の「自己管理」とはすべてを自分１人で行うことではなく，自己の選択により必要な

部分には適切な支援を受けるものである。適切な支援体制がないと，介助者が確保できないなどの問題が生じる。（遅塚昭彦）

298 ピアカウンセリング

ピアカウンセリングは，同じ病気や障害等によって心理社会的な課題を抱える仲間同士によって行われるカウンセリングのことをいう。同じ病気や障害等の悩みを抱える参加者同士がお互いに同じ悩みを共有し，共感できる仲間を作ることで精神的な支えを得ることにつながる。ピアカウンセリングでは，同じ障害をもつ仲間と自身が抱える悩みを相互に聞き合い，共感や情報収集から居場所となり，居場所を得ることで，自分自身を受け入れられるようになる。（竹田　匡）

299 ピアサポーター

病気や障害のある人が，同じ病気や障害のある人の自立を支援する者をいう。同じ病気や障害等の悩みを抱えていることでお互いの悩みを共有しながら，自らが抱えている問題に気付き，自分自身を見つめ直しながら認めることで，自己肯定感を高める。同時に，ピアサポーターとの信頼関係を構築することで，支え合うことの大切さにも理解を深めていく。ピアサポーターとのかかわりを通して，自らの意識と行動の変化を促していく。（竹田　匡）

300 ペアレントメンター

発達障害児の子育て経験のある親であって，その育児経験を活かし，子どもが発達障害の診断を受けて間もない親などに対して相談・助言を行う者である。

厚生労働省の地域生活支援事業のメニューの１つである「発達障害児者及び家族等支援事業」中に，ペアレントメンターの養成に必要な研修，ペアレントメンターの活動の支援，活動に関する地域住民等への情報提供，相談希望者とペアレントメンターを適切に結びつける役割を担うペアレントメンター・コーディネーターの配置等が盛り込まれている。（遅塚昭彦）

301 インフォーマルケア

医療や福祉制度に基づくサービスや支援をフォーマルケアといい，それ以外をインフォーマルケアという。具体的には，家族，近隣住民，友人・知人，民生委員・児童委員，ボランティア，非営利団体等による制度に基づかないサービスや支援等をいう。最近では，地域共生社会の創出にあたり，このインフォーマルケアの比重が増している。フォーマルケアとの組み合わせによって，制度や分野の縦割りを超え，人々がつながることで，住民１人ひと

りの暮らしと生きがい，地域を共に創ることが求められている。（竹田　匡）

302 TEACCHプログラム・構造化

Treatment and Education of Autistic and related Communication handicapped Children（自閉症及び関連するコミュニケーション障害児の治療と教育）の略で，アメリカのノースカロライナ州において，公式に自閉症スペクトラム児者へのプログラムとして採用されている。これは，自閉症の特性の理解，家族との協同，治癒でなくよりよい生活，構造化された指導法，地域に根差した生活，などの理念に基づいて包括的に取り組まれる。

TEACCHプログラムは，理念と取り組み方とを全体として実行するべきものであり，構造化などの部分だけを療育手段とした場合，管理手段となる恐れがある。（遅塚昭彦）

303 ピクトグラム（絵記号）

情報や注意を示す視覚記号の１つ。言語に制約されず直感的に意味を伝えられるため，案内表示などに用いられる。標準案内用図記号は日本産業規格（JIS）統一規格となっており，東京オリンピック・パラリンピックに向け国際標準化機構（ISO）規格に揃え2017年に変更された。

また言葉によるコミュニケーションの困難な人が，自分の意思や要求を相手に的確に伝え，正しく理解してもらうことを支援するための絵記号として，「コミュニケーション支援用絵記号デザイン原則（JIS T0103）」もある。（遅塚昭彦）

304 スーパーバイザー

スーパービジョンとは，スーパーバイザー（指導する側）とスーパーバイジー（指導を受ける側）との間において，専門職として求められる知識や技術等の習熟をめざして行われる教育方法である。大別すると個別スーパービジョンとグループスーパービジョンがある。

スーパーバイザーは，①管理機能（管理業務の分掌と遂行等），②教育機能（支援技術や技法の習熟等），③支持機能（職業的アイデンティティの確立等）の３つの機能を発揮しながら，スーパーバイジーが自ら専門職としての資質向上をはかるよう，促していく役割をもっている。（竹田　匡）

305 社会福祉士

社会福祉士及び介護福祉士法に規定されている名称独占の国家資格である。専門的知識及び技術をもって，障害または環境上の理由により日常生活を営むのに支障がある者の福祉に関する相談に応じ，助言，指導を行うとともに，福祉サービスを提供する者や医師その他の保健医療サービスを提供する者その他の関係者との連絡及び調整その他の援助を行う。ソーシャルワーク専門職としてさまざまな分野において配置・任用されている。（竹田　匡）

306 精神保健福祉士

1997年の精神保健福祉士法制定により，精神科ソーシャルワーカー（PSW）が国家資格化され精神保健福祉士となった。主な業務は，医療や福祉サービスを利用している精神障害者の地域相談支援（地域移行支援や地域定着支援等）の利用に関する相談や，日常生活及び社会生活上の困難や課題に関する相談援助を行うことである。保健，医療，福祉に限らず，近年は司法，教育，産業，雇用に職域が拡がりつつあるが，どの領域にあってもソーシャルワーカーとして地域社会へのアプローチが欠かせない。（木太直人）

307 医療ソーシャルワーカー（MSW）

病院，診療所，介護老人保健施設，保健所，精神保健福祉センター等さまざまな保健医療機関に配置されているソーシャルワーカーをさす。標準的な業務は，「医療ソーシャルワーカー業務指針」で定められている。

この業務指針では具体的な業務として，①療養中の心理的・社会的問題の解決，調整援助，②退院援助，③社会復帰援助，④受診・受療援助，⑤経済的問題の解決，調整援助，⑥地域活動が示されている。（竹田　匡）

308 介護福祉士

1987年，社会福祉士及び介護福祉士法により誕生した名称独占の国家資格である。2007年に定義の一部が，「入浴，排せつ，食事その他の介護」から「心身の状況に応じた介護」に変更され，2011年には「喀痰吸引その他のその者が日常生活を営むのに必要な行為であって，医師の指示の下に行われるもの（厚生労働省令で定めるものに限る。以下「喀痰吸引等」という）を含む」が追加された。国家試験の受験資格を取得するには，養成校や福祉系高校を卒業するか，３年の実務経験と一定の研修を受ける必要がある。介護職場のチームリーダーとしての期待が大きい。（森山千賀子）

309 介護支援専門員

介護保険制度*において**ケアマネジメント***を行う有資格者。ケアマネジャーとも呼ばれる。介護保険法施行規則の一部を改正する省令（2015）により，2018年から受験資格が，保健，医療，福祉分野の法定資格者，生活相談員，支援相談員，相談支援専門員，主任相談支援員であり，通算５年以上の実務経験かつ従事日数が900日以上のものになった。介護保険と障害福祉サービスを同一事業所で提供する共生型サービスの導入により，介護支援専門員と相談支援専門員との連携及び人材育成のあり方が検討課題となっている。（森山千賀子）

310 ホームヘルパー

加齢や心身の障害等で，日常生活を営むのに支障のある人の家庭を訪ね，生活支援，自立支援に従事する者。介護保険法では訪問介護員と呼ばれ，従事者は，介護福祉士及び訪問介護員養成研修，介護職員初任者研修等の修了者である。業務内容は身体介護や生活援助（調理，掃除，買物等），通院介助等である。障害者総合支援法の重度訪問介護では，常時介護を要する方の家庭での介護，外出時の移動中の介護等を総合的に行う。2018年度より，入院中の重度訪問介護の利用が可能になった。短時間就労者が多く，８割が非常勤雇用である。（森山千賀子）

311 作業療法士（OT）

1965年「理学療法士及び作業療法士法」により資格化された。作業療法とは「人は作業を通して健康や幸福になる」という基本理念と学術的根拠に基づいて行われる治療，指導，援助である。その対象となる人々は，身体，精神，発達，高齢期の障害や，環境への不適応により，日々の日課や生活行為に困難が生じている，またはそれらが予測される人や集団である。作業療法士は，その人の障害特性に沿った接し方，自身の能力を最大限に発揮するための環境整備，心身の機能回復，維持など作業の再構築を支援する職種である。（澤口　勇）

312 理学療法士（PT）

1965年，「理学療法士及び作業療法士法」により理学療法士が資格化された。業務は，医師の指示の下，身体に障害のある者に対し，主としてその基本的動作能力の回復を図るため，治療体操その他の運動を行なわせ，及び電気刺激，マッサージ，温熱その他の物理的手段を加えることである。今後は，対象者の社会参加とQOLの向上を視野に入れながら，転倒防止などの指導に加え，生活に必要な動作の改善をはかり，切れ目のない医療福祉のサービスの担い手としての役割をもつ仕事として期待されている。（黒澤和生）

313 言語聴覚士（ST）

1997年12月に制定された「言語聴覚士法」に基づく国家資格をもつ者をいう。人は主としてことばを用いてコミュニケーションを行う。コミュニケーションには言語，聴覚，発声・発音，認知などさまざまな機能が関与している。これらの機能は病気や交通事故，発達上の問題などで損なわれることがある。言語聴覚士はコミュニケーションに関係する障害や摂食・嚥下の障害を対象とする。検査や評価により問題の本質を明らかにし，言語聴覚療法など専門的サービスを提供し，対象者が自分らしい生活を構築できるよう支援する専門職である。（深浦順一）

314 視能訓練士（CO）

1971年に視能訓練士法が制定され，国家資格化された（Certified Orthoptist : CO）。視能訓練士法では，厚生労働大臣の免許を受けて，「視能訓練士の名称を用いて，医師の指示の下に，両眼視機能に障害のある者に対するその両眼視機能の回復のための矯正訓練及びこれに必要な検査を行うことを業とする者をいう」とされている。

視能訓練士は，主に眼科のある診療所や病院に所属し，スタッフと連携し，各種検査や視能訓練，リハビリテーション指導などにあたっている。

（遅塚昭彦）

315 音楽療法士

音楽療法士は民間の資格であり，音楽療法は「音楽のもつ生理的，心理的，社会的働きを用いて，心身の障害の回復，機能の維持改善，生活の質の向上，行動の変容などに向けて，音楽を意図的，計画的に使用すること」（日本音楽療法学会）と定義される。同学会は規定のカリキュラムを有する３年以上の専門学校，大学を養成校と認定し，その卒業生に音楽療法士の受験資格を与え，合格者に同資格を与えている。受動的（音楽を聴く）・能動的（歌唱・合奏・運動・創作など，音楽をする）音楽療法があり，対象に合わせ選択する。未熟児，虐待児，神経難病，緩和ケア，介護予防など，対象の広がりが見られる。（藤本禮子）

316 臨床心理士

1988年に民間資格として作られ，以後約30年にわたって汎用資格として教育，医療，福祉，産業，司法などさまざまな領域の諸機関において心身に障害のある者のこころの健康の回復，増進に寄与することをその職能としてきた。心理職の国家資格法は2017年に公認心理師法として施行され，2019年には初の登録者が生まれた。今後は臨床心理士同様に汎用性のある公認心理師と共存しつつ，それぞれの特徴を活かしながらメンタルヘルスの向上に寄与する役割を担うこととなる。（奥村茉莉子）

期待されている。（井原哲人）

317 義肢装具士（PO）

1987年の「義肢装具士法」の制定で国家資格化された（Prosthetist and Orthotist：PO）。義肢装具士法では，厚生労働大臣の免許を受けて，義肢装具士の名称を用いて，医師の指示の下に，義肢及び装具の装着部位の採型並びに義肢及び装具の製作及び身体への適合を行うことを業とする者をいう，とされている。

義肢装具士は，主に義肢装具製作事業所に所属し，病院等においてスタッフと連携し，義肢や装具の製作や適合にあたる。

近年，障害者スポーツへの関心が高まると共に，その役割が注目されている。（遅塚昭彦）

318 保育士

児童福祉法の定める国家資格であり，「専門的知識及び技術をもって，児童の保育及び児童の保護者に対する保育に関する指導を行うことを業とする者」である。保育所や児童発達支援センターを含む児童福祉施設等に配置され，子どもへの発達支援だけではなく，保護者の子育て相談等の役割を担っている。そのため，所属する施設内部での連携のみならず外部の機関等との連携・協力も求められる。それらのネットワークを形成し，地域で子どもを育てる環境づくりに貢献することも

319 生活支援員

生活支援員は，障害者総合支援法の指定障害福祉サービスの基準に基づき，療養介護，生活介護，自立訓練，就労移行支援，就労継続支援及び共同生活援助を実施する事業所に配置される。利用者の自立の支援と日常生活の充実に資するよう，排せつ，離床，着替え及び整容その他日常生活上必要な支援を行う。

資格要件は定められていないが，利用者の心身の状況に応じた適切な支援ができる経験や技能が求められる。

（遅塚昭彦）

320 職業指導員

職業指導員は，障害者総合支援法の指定障害福祉サービスの基準に基づき，就労移行支援又は就労継続支援を実施する事業所に配置されるほか，職業指導を行っている障害児入所施設にも配置される。利用者の意向や適性に応じて，清掃，食品製造，軽作業や農園芸などの職業上の技術を習得させる訓練，指導を行う。

資格要件は定められていないが，作業内容に応じた技術指導ができる一定の経験や技能が求められる。

（遅塚昭彦）

321 相談支援専門員

障害者総合支援法の地域生活支援事業（市町村事業）の相談支援事業に従事する者をいう。国家資格の有無は問われず，相談支援従事者初任者研修（42.5時間）を修了し，一定の実務経験がある者が相談支援専門員となる。その後５年に１回同現任研修（24時間）を受講する。業務内容は幅広く，一般相談，サービス等利用計画の策定，多問題世帯にかかわる関係機関との調整などを行う。障害者虐待や差別事案への対応を求められる場合もある。一方，現場ではサービス等利用計画策定に追われ，相談支援の質の低下が危惧されている。（増田一世）

322 サービス管理責任者

障害福祉サービスに関するサービス管理を行う者をいう。業務内容は，利用者の個別支援計画の策定・評価，サービス提供のプロセス全体の管理である。障害福祉サービス（居宅介護等を除く）を提供するには，サービス管理責任者を配置する必要がある。

児童発達支援，放課後デイサービス等については，同様の役割を担う「児童発達支援管理者」が配置される。

サービス管理責任者として従事するには，一定の実務経験を有する上で，所定の研修を受講する。（遅塚昭彦）

323 障害者職業カウンセラー

障害者職業カウンセラーは，障害者雇用促進法に基づく職業リハビリテーションの専門職である。独立行政法人高齢・障害・求職者雇用支援機構（JEED）は，「障害者職業センターに，障害者職業カウンセラーを置かなければならない」とされ，同機構が運営する障害者職業総合センター，広域障害者職業センター，地域障害者職業センターに配置されている。事業所での就労を希望する障害者の職業リハビリテーション計画の策定やそれに基づく支援とともに，障害者を雇用する事業所や地域の関係機関等への支援も障害者職業カウンセラーの重要な役割である。（朝日雅也）

第27章

障害者運動

324 障害者運動

障害者運動の特徴

障害者運動とは，障害分野の全般的または個別テーマの改革や問題の解決を目的とした，組織的で自主的，継続的な活動の総称をいう。そこに参加あるいは関与する者は，活動の共通基盤を障害分野に置くもので，広範なテーマと緩やかなつながりを特徴とする市民運動や住民運動とは区別される。また，個々の帰属先が明確な労働組合運動や学生運動とも異なる。類似した運動に，社会の差別や偏見と向き合う，女性解放運動や部落解放運動が挙げられ，障害者運動はこれらと並んで人権保障運動の１つに位置付けられる。

障害者運動の目的は多様である。主要なものとして次の３点を掲げることができる。１点目は，法律や予算面を中心に，障害関連政策の好転をはかることである。全国規模の運動にあっては国会や政府に対して，地方にあっては議会や自治体への働きかけが活動の中心となる。２点目は，市民社会に潜む障害者に対する差別や偏見をなくすことである。いわゆる社会啓発の取り組みであり，働きかけの対象と方法はさまざまである。３点目は，障害者の視点からの社会資源の改善や増設を進めることである。公共交通機関やまち全体のバリアフリー化，急増した小規模作業所やこれに続くグループホーム，放課後デイサービス事業の増設などはこれに当たる。

運動の主体は民間の障害関連団体であり，構成員の特徴からいくつかの類型に分けられる。主には，①障害当事者団体，②家族団体，③事業所団体，④専門職団体，⑤ボランティア団体などである。これらのうちの複数を構成員とする団体も少なくない。また，活動のエリアは，都道府県に支部を置きながら全国規模で展開している団体，地域を限定して自治体や地域社会への働きかけに重点を置く団体など多様である。

沿革の概要

日本の障害者運動の本格的な始まりは，太平洋戦争（1941 ～ 1945）が終わってからである。1948年の結核患者及びその回復者による患者運動が先行し，同時期から1950年代にかけて主要障害の当事者並びに親による団体の結成が続いた。障害分野での初期段階の法律として，優生保護法（1948），身体障害者福祉法（1949），精神衛生法（1950）が挙げられ，これに続いて精神薄弱者福祉法（1960）が制定されている。これらの制定には，障害別団体が少なからず影響している。

1960年代から70年代にかけては，障害児の教育権保障運動が全国的に高揚した。当時相次いだ革新自治体の誕生ともあいまって，国を動かすことになる。1970年代に入って顕在化したのが，障害当事者による，差別を告発する運動である。社会に強烈なインパクトを与え，その後の当事者運動の礎の１つとなっている。同じく1970年代後半から90年代にかけて，全国的かつ急速に広がったのが無認可の作業所づくり運動である。政策面で遅れをとった精神障害や難病，発達障害については，不十分さを残しているものの，障害者基本法に位置付けられるなど一定の前進が見られる。

なお，日本の障害者運動を振り返る上で特筆すべき事柄がある。それは，国連における２つの関連した動きである。１つは，**国際障害者年***（1981）で，**障害者権利条約***の制定（2006）がもう１つである。実際にも，これら２つの動きを節目に日本の障害者運動は質的な変化を遂げ，政策面だけではなく，運動や団体のあり方にも好影響を及ぼしている。特に，権利条約の意義は大きく，制定過程で繰り返された「私たち抜きに私たちのことを決めないで」は，今後の障害者運動の糧となろう。

成果と課題

障害者運動が，日本の障害分野にもたらした成果は枚挙に暇がない。多分野にわたる法律や制度の制定と改正が進み，障害者差別解消法の誕生も障害者運動抜きには考えられない。差別や偏見に対しても，団体ごとに，また団体間の連携で継続した努力が重ねられている。

そんな中で，政策論を巡り政府と真っ向からぶつかる運動も少なくない。象徴的なものとして，厚生労働省が所管する障害者自立支援法（2005）への批判の取り組みが挙げられる。具体的には，同法の真髄である応益負担制度（利用したサービス料の１割負担）の是非が争点となり，71人の原告を擁する「**障害者自立支援法違憲訴訟***」へと発展した。最終的には，和解成立を経て，応益負担制度の廃止などを盛り込んだ基本合意文書が国と原告・弁護団の間で締結された。

運動は，組織のあり方にも一石を投じることになる。その典型が，主要な障害者団体を構成員とする**日本障害フォーラム***（JDF）の設立だった（2004）。政府と対等に交渉するためには，「まとまり」が肝要となり，国連での活動にあたっては日本国NGOの取りまとめ役が求められた。それらからもJDFの設置は必須だった。内閣府所管の障がい者制度改革推進会議の設置と運営，東日本大震災時の組織的な支援，「実のある権利条約の批准」に際しても，JDFの貢献は少なくなかった。JDFは日本の障害者運動の所産と言ってよかろう。

障害者運動の課題で共通するのは次の通りである。政策面では，権利条約が強調する「他の者との平等」をめざすことである。運動の主体となる団体にあっては，組織の拡充と財政基盤の強化，活動の工夫や創造などが重要となろう。（藤井克徳）

325 難病の患者運動

日本の患者会の結成

難病の患者運動は戦後の結核やハンセン病の療養所の中から始まった。「生きたい，治りたい」という患者の願いから，新しい治療薬，療養環境の改善を求めた患者運動が患者会へと組織化されていった。1955年頃に発生したスモンの原因究明のため，国はスモン調査研究協議会を発足。これを発端に1972年には研究と医療を中心とする「難病対策要綱」が作成され，日本の難病対策が始まった。この頃，難病の患者会や長期慢性疾患の患者会，各地域の難病連など多くの患者会が結成された。やがて社会に向けて，難病の正しい理解に向けての啓発と国の医療や福祉を充実させるために統一組織への機運が高まり，2005年全国の難病・長期慢性疾患の中央団体となる日本難病・疾病団体協議会（JPA）が結成された。JPAでは毎年，国会請願行動を実施し，2010年からは毎年多くの患者会に呼びかけて，難病・長期慢性疾患全国フォーラムを開催しており，制度改革の原動力になっている。

３つの役割を基本とする患者運動

患者会は主に３つの役割を基本に活動している。第１に，病気を正しく知ること。医療講演や相談会などで知識を得て，医師と共に積極的に治療に向かうための力を身に付ける。第２に，励まし合い助け合うピアサポート。病気に負けないように，共感できる仲間は希望と勇気を与える。第３に，希望が持てる福祉社会を作る。辛く苦しい経験をしてきた当事者だからこそ気付く視点で，改善に向けて社会に働きかける。このような患者会は重要な社会資源の１つである。

これからの難病の患者運動

障害者基本法の障害の定義の中に難病が位置付けられ，障害者総合支援法は，疾病の特性を理解し症状に変化があり固定しない難病等も対象とする画期的な法律になった。また，総合的な難病対策について患者会も含めて検討が重ねられ，難病分野の初めての法律「難病の患者に対する医療等に関する法律（難病法）」が施行された。

しかし，多様な制度に分かれて実施されており，また支援の制度の枠組みや制限があり，必要な人に必要な支援が行き届いていない。難病として認められていない疾患や認められていても症状の程度によって，支援から外れる患者も多い。さらに，身体障害者福祉法では，難病患者の手帳交付は限られている。また，難病の就労支援も生活を送る上で大変重要であるが，いまだ法定雇用率には入っていない。他の障害との差別のない障害者施策が望まれる。社会保障を充実させ，共生社会を実現させるためには，難病，障害，高齢の区別なく，一緒に考えていく必要がある。（森　幸子）

326 日本障害フォーラム

全国13の障害者団体・関係団体で構成する民間組織（Japan Disability Forum：JDF）。①障害者権利条約の推進，②**アジア太平洋障害者の十年**＊の推進，③国内の障害者制度の改善，④差別禁止と権利に係る国内法制度の推進などを事業目的とする。2020年現在の構成団体は，日本身体障害者団体連合会，日本視覚障害者団体連合，全日本ろうあ連盟，日本障害者協議会，DPI日本会議，全国手をつなぐ育成会連合会，全国脊髄損傷者連合会，全国精神保健福祉会連合会，全日本難聴者・中途失聴者団体連合会，全国盲ろう者協会，全国社会福祉協議会，日本障害者リハビリテーション協会，全国「精神病」者集団である。

設立までの経過

国際障害者年＊（1981）に際し，世界の潮流に対応するため国内の障害者関係団体が連携して取り組むことをめざし，日本身体障害者団体連合会，日本障害者協議会（当時の国際障害者年日本推進協議会），全国社会福祉協議会の３団体により，国際障害者年日本推進協議会が設置された。国連・障害者の十年最終年（1992）には，日本障害者リハビリテーション協会を加えた４団体が主唱し，国連・障害者の十年最終年記念国民会議を実施した。1994年からは，同じ４団体が新・障害者の十年推進会議を結成し，第一次アジア太平洋障害者の十年の国内における推進をはかった。2002年には，同４団体に，DPI日本会議等が加わり主唱団体となり，アジア太平洋障害者の十年最終年記念フォーラムを実施した。これらの団体は権利条約の交渉過程にも共同で傍聴団を派遣するなど積極的に活動した。この組織的連携を以後も継続発展させようと，上記主唱団体を中心とした検討が，2003年より行われた。そのあり方については，障害者団体のみの組織とすることも含めて話し合われたが，最終的に，同主唱団体に**国際障害同盟（IDA）**＊参加の国内団体等を加えた11団体により，障害者団体を中心として連携することを申し合わせ，準備会としての活動期間を経て，2004年10月31日に日本障害フォーラムが発足した。

設立後の主な活動

１）障害者権利条約特別委員会への参加

ニューヨークの国連本部において2002年から2006年まで全８回開かれた特別委員会に派遣団を送り，条約採択に向けた交渉に参加した（準備会期間を含む）。派遣人数は述べ約200人に上り，またJDFから障害のあるメンバーが日本政府代表団の顧問としても参加した。

国内では，外務省を窓口に政府各省庁と継続的な意見交換を行い，特別委員会での交渉に関して要望や提言を行っている。

2005年には，超党派の国会議員により国連障害者の権利条約推進議員連盟が発足し，JDFと共同のシンポジウム開催やプレスリリースなどの連携を行っている。

2）障害者権利条約批准への取り組み

2006年12月に権利条約が採択されて以降は，引き続いて政府各省庁と，条約に関する意見交換を行った。2009年3月，政府が権利条約の締結承認にかかわる閣議を準備した際，JDFは当時の国内法制の水準から時期尚早であると反対し，これを阻止した。その後，政府に障がい者制度改革推進本部が設置され，2010年1月から，過半数が障害当事者で構成される**障がい者制度改革推進会議***が開催された。その構成員としてJDF関係者も多く参加したほか，意見書の提出などを通じて発言を続けた。こうした取り組みの結果，障害者基本法，障害者総合支援法，**障害者差別解消法***を含む主要な法律の改正，制定等が行われ，2014年1月，権利条約が批准された。

3）障害者権利条約批准後の取り組み

権利条約の採択や批准は，目的ではなく手段であり，国内で法的効力をもつに至った条約を，どのように今後の法制度や暮らしの向上に結び付けていくかが課題となる。

JDFはそのための活動の一環として，権利条約の**パラレルレポート***作成に取り組んだ。パラレルレポートとは，条約の締約国による報告（政府報告）と並行して，市民社会が国連に提出する代替報告であり，国連障害者権利委員会（以下権利委員会）における審査で重要な役割を果たす。パラレルレポートは，国内のできるかぎり幅広い市民社会の声を踏まえることが求められることから，JDFでは，13の構成団体の協議を経て起草し，関係団体への意見聴取や公聴会などで意見を求めながら作成した。またレポート提出後には，権利委員会に派遣団を送り，委員へのブリーフィング（意見説明）を行うなど，締約国の審査サイクルを通じた条約実施の促進に取り組んでいる。

4）アジア太平洋障害者の十年の推進

国連アジア太平洋経済社会委員会（ESCAP）の諸会議への参加と発言などを通じて，十年の推進をはかっている。またNGOフォーラムであるアジア太平洋障害フォーラム（APDF）への参加と協力を行っている。なお第三次十年が2022年に終了することから，以後の取り組みが課題となる。

5）災害支援の取り組み

2011年の東日本大震災発生以来，JDF災害総合支援本部を設置し，2016年の熊本地震を含め，被災地障害者支援センターなどを通じての支援活動，国への政策提言，**国連防災世界会議***を含む国際的な情報発信など，権利条約に基づくインクルーシブな防災とまちづくりを提言している。

（原田　潔）

327 日本障害者協議会

国際障害者年*を契機に

日本障害者協議会（JD：Japan

Council on Disability）は，1981年の国連・国際障害者年（IYDP）を日本でも成功させようと，障害のある本人や家族，施設，福祉，医療，リハビリテーション等の専門職，研究者などの全国的な障害関係団体が横につながる「国際障害者年日本推進協議会」として，1980年４月に発足した運動団体である。

IYDPは，知的障害者の権利宣言（1971），障害者の権利宣言（1975）などを経て第31回国連総会（1976）で採択されたが，日本ではあまり周知されていなかった。IYDPの情報を得た有志が，先進国より相当遅れている障害者施策を総合的に立案・推進する機会にしようと考え，そのためには関係団体がまとまる必要性があるとの現状認識から，懇談会を何度も開催した。また，リハビリテーション交流セミナー（1979）に国連のIYDP事務局長を招き，IYDPの意義や各国の取り組みが紹介され，気運が高まった。

設立までの経過では，路線の違いから一部の有力団体の離脱もあったが，個別に活動する団体が，障害の種別，立場，考えの違いなどを超えて，“**完全参加と平等***”の実現という大きな目標のために，緩いつながりをもって同じテーブルにつき，結集したのである。果たす役割は，情報提供，国民啓発，官民のパイプ役，アジア地域への活動協力などとされた。調整役の中心は厚生省事務次官経験者であり，日本障害者リハビリテーション協会の太宰博邦会長で，初代代表を兼務した。

1993年４月，現在の名称に改めた。設立以来任意団体だったが，2012年にNPO法人認証，2015年には認定NPO法人の認定を受けた。情報誌「すべての人の社会（Society for All）」を毎月発行している。

構成団体の多様性は一貫した特長であり，難病患者や精神障害当事者，新たに認識されるようになった障害や難病の団体なども加盟している。

障害のある人が主体者－障害者権利条約の時代へ

IYDP当年は，官民一体となり，国民会議，芸術祭，国際交流などの大イベントが行われた。１年限りのお祭りで終わることなく，その後も地道に運動を継続中である。ことに，①心身障害の早期療育，②障害者の定義と医療，③教育，④所得保障，⑤就労，⑥生活環境の６分野について策定した「長期行動計画」（1981）は，政策提言づくりを活動の柱とする現在の基礎となっている。

「国連・障害者の十年」最終年（1992）には関係団体と共に全国列島縦断市町村網の目キャラバンを実施した。その後「**アジア太平洋障害者の十年***」（1993 ～ 2002）の推進にも取り組んでいる。障害が重いほど負担が重くなる応益負担を求めた障害者自立支援法制定時（2005）には，これに立ち向かう大フォーラムを関係団体と共に開催した。**障害者自立支援法違憲訴訟***は，障害当事者による日本初の集団訴訟であり，その和解が結実した「基本合意」（2010）の完全実現をめざす会の事務局を兼務している。障害のある人の生活実態を踏まえ，原告団・弁護団等と共にその改善に向けた運動を行なっている。

社会の動きや障害者施策の動向を見ながら，政策提言や，意見・声明を発表している。長い間解決されない看過できない重大な問題については，広く社会に働きかけ，集会・セミナー等を開催している。

さらに，パソコンボランティアなど情報通信のネットワーク化と推進，「障害者の日・12月9日」休日化運動，映画祭やブックフェアなどのイベントも行なってきた。

国際障害者年の趣旨は障害のある人“による”行動への期待と尊重であり，障害のある人“のための”ではない。その英語表記のofは，当初のforから変更された経過がある。その趣旨に沿い，障害のある人が主体者であることの認識を共有し，障害のある人自身による運動の意義を大切にしている。また，障害の性質などにより声を上げにくい団体や規模の小さい団体をこそ大切にすることが障害者運動全体の推進につながると考えている。これは「私たち抜きに私たちのことを決めないで」を基調とする障害者権利条約の理念にも通じる。

JDの活動を通して，さまざまな障害のある人と直に会う機会をもつことで，自ずと，それぞれの障害の特性を知り，理解するようになる。そのことは，障害種別（団体）固有の問題と，障害種別を超えた共通の問題とを整理することにつながる。多様な団体がまとまることが，障害者運動にとって最も大事なことであり，各団体にとっても意義深いことである。

戦後78年を経て，障害のある人を苦しめ，新たな障害者を生み出す戦争のない平和の中でこそ幸せが実現することが改めて認識される。そのため，公開の学習集会や講座などにより，**日本国憲法***を大切にし，差別・偏見のない，誰もが安心して生きられる社会をめざす運動の輪を広げている。

（荒木　薫）

328 障害者自立支援法違憲訴訟

裁判の経過

障害者自立支援法*（2006施行）は，2000年からの**社会福祉基礎構造改革***の一環として制定された。同法による１割の応益負担は，戦後の障害者政策のコペルニクス的な転換をはかるものとして「天下の悪法」と呼ばれた。

2008年から，30名が全国10地裁に対して，「障害者自立支援法は憲法に定める法の下の平等などに反する」として，提訴を行った（最終的には71名14地裁）。応益負担では，障害が重く，利用量が多くなるほど負担が多くなってしまう。

裁判の進行過程において，政権が民主党を中心とする連立のものへと変わった。2009年政府・厚生労働省は，障害者自立支援法の制定過程において，障害当事者や関係者の意見を汲み取ってなかったことを認め，新法の制定を検討するとして，和解を申し入れた。

2010年，国，厚労省は原告らと基本合意文書を交わす。その中でも，「障害者の意見を十分に踏まえることなく，拙速に制度を施行するとともに，応益負担（定率負担）の導入等を行ったことにより，障害者，家族，関係者に対する多大な混乱と生活への悪影響を招き，障害者の人間としての尊厳を深く傷つけたことに対し，原告らをはじめとする障害者及びその家族に心から反省の意を表明するとともに，この反省を踏まえ，今後の施策の立案・実施に当たる」と明記された。また，新法の制定や，原告らとの検証会議などを約束した。

基本合意締結後の動き

この和解と基本合意の締結が，障がい者制度改革へとつながる。

1割の応益負担にはいくつかの軽減措置がなされることになるが，世帯単位の考え方は変わらなかった。日本障害者協議会などは扶養義務などが障害者の自立を阻害すると主張し続けている。

その後障害者自立支援法は，2013年に障害者総合支援法に名称を変更する。基本合意締結後に，障がい者制度改革推進会議総合福祉部会は**骨格提言***を出したが，障害者総合支援法は，その考え方をほとんど活かすことなく，看板の架け替えにすぎないと多くの障害者団体は批判し，原告団など訴訟にかかわった人たちは，基本合意違反だとした。国と訴訟団との検証会議が行われているが，負担（特に世帯単位）の問題や，自立支援医療の無償化の検討課題について，ほとんど前進を見ていない。最近の検証会議では，障害者の65歳介護問題について議論が交わされている。

障害者自立支援法違憲訴訟の勝利をめざす会（現，基本合意の完全実現をめざす会）が，文化人らも呼びかけ人となって作られ，訴訟後も運動の支援を続けている。（太田修平）

障害者権利条約の目次

前文
第 一 条　目的
第 二 条　定義
第 三 条　一般原則
第 四 条　一般的義務
第 五 条　平等及び無差別
第 六 条　障害のある女子
第 七 条　障害のある児童
第 八 条　意識の向上
第 九 条　施設及びサービス等の利用の容易さ
第 十 条　生命に対する権利
第十一条　危険な状況及び人道上の緊急事態
第十二条　法律の前にひとしく認められる権利
第十三条　司法手続の利用の機会
第十四条　身体の自由及び安全
第十五条　拷問又は残虐な、非人道的な若しくは品位を傷つける取扱い若しくは刑罰からの自由
第十六条　搾取、暴力及び虐待からの自由
第十七条　個人をそのままの状態で保護すること
第十八条　移動の自由及び国籍についての権利
第十九条　自立した生活及び地域社会への包容
第二十条　個人の移動を容易にすること
第二十一条　表現及び意見の自由並びに情報の利用の機会
第二十二条　プライバシーの尊重
第二十三条　家庭及び家族の尊重

第二十四条　教育

第二十五条　健康

第二十六条　ハビリテーション（適応のための技能の習得）及びリハビリテーション

第二十七条　労働及び雇用

第二十八条　相当な生活水準及び社会的な保障

第二十九条　政治的及び公的活動への参加

第 三 十 条　文化的な生活、レクリエーション、余暇及びスポーツへの参加

第三十一条　統計及び資料の収集

第三十二条　国際協力

第三十三条　国内における実施及び監視

第三十四条　障害者の権利に関する委員会

第三十五条　締約国による報告

第三十六条　報告の検討

第三十七条　締約国と委員会との間の協力

第三十八条　委員会と他の機関との関係

第三十九条　委員会の報告

第 四 十 条　締約国会議

第四十一条　寄託者

第四十二条　署名

第四十三条　拘束されることについての同意

第四十四条　地域的な統合のための機関

第四十五条　効力発生

第四十六条　留保

第四十七条　改正

第四十八条　廃棄

第四十九条　利用しやすい様式

第 五 十 条　正文

事項索引

・索引語のうち，**ゴシック書体**は見出し項目を表す。
・数字は索引語の出現ページを表すが，***太字斜体***は見出し項目の掲載ページ，並びに見出し項目以外の索引語についてはその語が主に解説されているページを示す。

あ行

アウトリーチ ***223***
アクセシビリティ ***65***, 71, 82, 84
アクセシブルミーティング（AM） ***69***, 188
朝日訴訟 ***183***
アジア太平洋経済社会委員会（ESCAP） ***207***, 237
アジア太平洋障害者センター（APCD） 204, ***207***, 210
アジア太平洋障害者の「権利を実現する」インチョン戦略 ***207***
アジア太平洋障害者の十年 203, ***207***, 236
アジア太平洋障害者の十年推進NGO会議（RNN） 203, ***207***
アドボカシー ***223***
アファーマティブ・アクション ***43***

医学モデル ***15***, 21, 158, 217
育成医療 119, ***148***
意思決定支援 ***95***, 97, 98, 188
意思決定支援ガイドライン ***98***
意思疎通（支援）（障害者総合支援法） ***80***, 88
遺伝カウンセリング ***112***, 147
移動権と福祉のまちづくり ***72***
移動支援 ***74***, 78, 129
移動用機器と公共交通 ***76***
いのちのとりで裁判 ***183***
医療ソーシャルワーカー（MSW） ***228***
医療的ケア 49, 147, ***149***, 218
医療費助成制度 ***148***
医療保護入院 ***153*** 155
インクルーシブ教育 ***139***, 141
インクルージョン ***13***, 139
インフォーマルケア ***226***

ウェブアクセシビリティ ***84***

援助付き雇用 ***174***
エンパワメント ***15***, 96
エンパワメント連鎖 16, ***96***

応益負担と応能負担 ***120***, 234, 240
親子療育 ***57***
音楽療法士 ***230***
オンブズパーソン 31, ***106***

か行

介護給付 118, ***125***
介護支援専門員 137, ***228***
介護タクシー，福祉タクシー ***77***, 78
介護福祉士 149, ***228***, 229
介護保険制度 ***37***, 121, 131, 228
介護保険優先原則 30, ***121***
解説放送 83, ***84***
ガイドヘルパー ***74***

家計調査　***178***
仮設住宅　***90***, 91
家族支援　58, 109, ***135***
環境（の）整備　41, ***140***, 144, 218
完全参加と平等　9, ***10***, 238

基幹相談支援センター　125, ***130***
基幹統計　***197***, 198
義肢装具士（PO）　***231***
規制緩和　***36***, 117, 123
基礎的環境整備　***140***, 144
基本合意文書　30, 117, 234, ***239***
基本的人権　***24***, 35, 118
義務的経費と裁量的経費　31, ***122***
救護施設　***184***
旧優生保護法下の強制不妊手術問題　***110***
教育における合理的配慮　***140***
教育を受ける権利　***138***, 140
共感　***224***, 226
協議会（障害者自立支援協議会）　***124***
共生型サービス　37, ***131***, 137, 229
矯正施設　100, ***103***, 135
強制不妊手術　***110***
共同学習・交流教育　***143***
共同作業所　129, ***172***
共同生活援助　119, 127, ***128***, 231
強度行動障害　***217***
共用品　***69***
居宅介護　119, ***125***

グループホーム　64, 127, ***128***
呉秀三　***151***
訓練等給付　118, ***127***

ケアマネジメント（ケースマネジメント）
130, ***221***, 228
ケアマネジャー　***228***
経済協力開発機構（OECD）　151, ***209***
欠格条項　33, ***43***
結婚・妊娠・出産・子育ての権利　***108***
言語聴覚士（ST）　***229***
検証会議　***240***
建設的対話　5, ***7***
権利擁護（制度）　36, 97, ***105***, 134

公共職業安定所（ハローワーク）　168, ***169***,
199
交差的差別　***47***
高次脳機能障害　***215***
公職選挙法　***187***, 189
更生医療　119, ***148***
更生相談所　***133***
厚生労働委員会　***35***
行動援護　***74***, 119
高等学校以降の学びの場・専攻科　***145***
幸福追求権　***105***
合理的配慮　38, 40, ***41***, 140
国際協力関連国内民間団体　***210***
国際協力事業団（JICA）　203, ***210***
国際障害者年（IYDP）　***8***, 10, 15, 237
国際障害者年日本推進協議会　9, 12, ***238***
国際障害同盟（IDA）　13, ***209***, 236
国際障害分類　***20***
国際生活機能分類（ICF）　19, ***20***, 200, 211
国際パラリンピック委員会　アクセシビリティガイド　***71***
国際標準化機構（ISO）　***69***, 75, 227
国際リハビリテーション協会（RI）　***203***
国際労働機関（ILO）　***208***
国勢調査　***197***, 200
国民生活基礎調査　197, ***200***, 201
国民生活センター　103, ***112***

国連障害者権利委員会　4, *6*, 7
国連障害者の十年　***9***, 11, 25
国連専門機関と障害　***206***
国連地域機関と障害　***206***
国連防災世界会議　***94***, 237
心のバリアフリー　***62***
個人モデル　***22***
骨格提言　***30***, 118, 177, 240
国庫負担基準　***122***
子ども食堂　***186***
子どもの意見表明権　***55***
子どもの権利条約　8, 48, ***55***, 206
この子らを世の光に　***17***
コミュニティ・ベイスド・リハビリテーション（CBR）　***160***
雇用契約　***169***, 171
雇用と福祉的就労　***169***
雇用における障害者差別の禁止　***40***

さ行

サービス管理責任者　***232***
サービス等利用計画　118, ***130***, 222
サービス等利用計画／計画相談支援　***130***
災害時要援護者　90, ***92***, 93
災害と障害者　***89***
災害発生時の情報伝達　***92***
最善の利益　51, ***55***, 96, 97
在宅就業支援団体　***166***
最低生活費　***181***
最低賃金減額特例　***170***
サイトライン　***70***
裁判外紛争解決の仕組み　39, ***103***
裁量的経費　31, ***122***, 150
サイン計画　***78***
作業療法士（OT）　***229***
サピエ図書館　***86***
サラマンカ宣言　***139***

自営　162, ***173***, 199
支援付き意思決定　***95***, 98
支援費制度　50, ***116***
視覚障害　79, 85, ***213***
視覚障害者誘導用ブロック　***75***, 79
支給決定　31, 101, 118, ***121***
事業者に対する第三者評価　***134***
自書式投票　***188***
施設コンフリクト　***64***
施設入所支援　***127***
事前質問事項　***7***
持続可能な開発目標（SDGs）　8, ***205***, 206, 208
肢体不自由　51, 75, 142, ***213***
市町村障害者計画　***27***
失語症　80, 188, ***214***, 215
疾病と障害　***211***
指定難病　***150***, 219
児童発達支援　49, ***50***
児童発達支援管理責任者　***51***
児童発達支援センター　***50***, 54
児童福祉法と障害児　***49***
視能訓練士（CO）　***230***
自閉症スペクトラム障害（ASD）　102, ***217***
司法手続等の権利　***99***
字幕放送　83, ***84***
社会教育，余暇活動　145, ***192***, 194
社会支援雇用　***174***
社会生活技能訓練（SST）　***224***
社会手当　176, ***180***
社会的障壁　19, 38, ***42***, 60
社会福祉基礎構造改革　14, 35, ***36***, 116
社会福祉士　***227***

社会福祉の市場化と規制緩和　***36***
社会福祉法　***35***, 134
社会福祉法人　***35***, 52, 134
社会保障審議会障害者部会　***34***
社会モデル　***3***, 20, 22, 60
就学相談　***59***
重症心身障害　51, ***218***
住宅セーフティネット法　***185***
重度障害者等包括支援　***126***
重度心身障害者医療費助成制度　***148***
重度訪問介護　102, ***125***, 229
就労移行支援　119, 127, ***170***, 171
就労継続支援　119, 127, ***170***, 171
就労定着支援　119, 127, ***171***
授産施設　***171***
手段的 ADL　***159***
出生前（着床前）診断　60, ***111***, 146
受容　***223***
手話言語　83, 84, ***86***, 93
手話言語放送　83, ***84***
巡回支援専門員整備事業　***57***
障碍　***23***
障害学　***22***
生涯学習　138, ***145***, 192, 193
障害関係予算の国際水準　***201***
障害基礎年金　176, ***178***
障害共済年金　***179***
障害厚生年金　***178***
障害支援区分　118, ***121***, 125, 222
障害児支援　***48***, 50, 57
障害児支援利用計画　50, 53, 54, ***130***
障害児通所支援　***52***, 57
障害児入所施設　49, ***51***
障害児の家族支援　***58***
障害児福祉手当　***180***
障害児保育　***54***
障害者運動　***233***
障害者学習支援推進室　***192***
障害者基本計画　26, ***27***, 28
障害者基本法の変遷と障害者施策　***25***
障害者虐待防止法　***107***
障害者権利委員会　4, ***6***, 7
障害者権利条約　***3***, 6
障害者権利条約に至る国連の障害分野での取り組み　***8***
障害者権利条約の国際モニタリング（監視）　***4***
障害者権利宣言　8, ***11***, 15
障害者控除　***177***, 212
障害者雇用促進法　40, 162, ***163***, 164
障害者雇用促進法の差別禁止条文　***40***
障害者雇用に関する統計・資料　***199***
障害者雇用納付金制度　163, ***164***
障害者雇用率制度　162, ***163***, 173
障害者差別解消支援地域協議会　***39***
障害者差別解消法　29, ***38***, 41, 237
障害者差別禁止条例　***42***
障害者差別禁止法　8, 26, 42, ***44***
障害者施設反対運動　***64***
障害者就業・生活支援センター　***167***, 171
障害者職業カウンセラー　***232***
障害者職業センター　165, ***168***, 232
障害者自立支援法　28, 37, 80, ***117***
障害者自立支援法違憲訴訟　28, 30, 117, ***239***
障害者政策委員会　***28***, 188
障がい者制度改革　26, ***28***, 29, 235
障がい者制度改革推進会議　26, ***29***, 38, 237
障がい者制度改革推進会議差別禁止部会　***29***
障がい者制度改革推進会議総合福祉部会　***30***
障害者総合支援法　29, 31, 80, ***117***
障害者手帳　77, 118, ***133***
障害者にかかわる裁判　***101***

障害者にかかわる支援方法と専門職 ***220***
障害者に関する人権問題と権利擁護 ***105***
障害者に関する世界行動計画 ***9***
障害者に関する統計・資料 ***197***
障害者の機会均等化に関する標準規則 8, ***9***, 82
障害者の自動車運転 ***77***
障害者の消費者トラブル ***112***
障害者の所得保障及び経済的負担の軽減 ***176***
障害者の労働と雇用 ***161***
障害者白書 ***32***, 60
障害者福祉の歴史と法制度 ***114***
障害者プラン～ノーマライゼーション7か年戦略 ***33***
障害者優先調達推進法 ***172***
障害特性に応じた選挙等に関する情報の提供 ***189***
障害と障害者 ***19***, 211
障害に関する世界報告書 20, 206, ***208***
障害のある学生の大学等の教育 ***144***
障害のある女性 ***45***
障害のある生徒の高等学校における教育 ***143***
障害のある生徒の特別支援学校高等部における教育 ***143***
障害のある人の保健・医療 ***146***
障害の発見と乳幼児期の支援 ***57***
「しょうがい」の表記 ***23***
障害は個性 ***61***
障害福祉に関する統計・資料 ***198***
障害分野 NGO 連絡会（JANNET） ***204***, 210
障害分野の国際協力 ***203***, 210
障害保健福祉圏域 ***124***
障害理解 20, 22, ***60***, 143
障害をもつアメリカ人法（ADA） ***44***
常勤換算方式 ***123***
常勤・非常勤 ***173***
省庁による障害者施策 ***32***
小児慢性特定疾病医療費助成制度 ***148***
消費生活センター 103, ***112***
情報アクセシビリティ ***82***
情報利用のための用具の給付制度 ***86***
諸外国における統計・資料 ***200***
職業指導員 ***231***
職業能力開発 ***168***
職業リハビリテーション及び雇用（障害者）に関する条約（第159号条約） ***208***
職業リハビリテーション及びハビリテーション ***166***
職場適応援助者（ジョブコーチ） ***165***
女性差別 45, ***47***
女性差別撤廃条約 ***47***
自立訓練 119, 127, ***128***, 145
自立支援給付 ***118***
自立生活（IL） ***16***
人権教育 ***62***
人権教育・啓発推進法 ***62***
人権モデル ***20***, 212
人工妊娠中絶 ***110***
震災関連死 ***91***
身体拘束 ***154***
身体障害者 68, 73, ***132***, 212
身体障害者手帳 ***132***, 148, 213, 214
身体障害者福祉法 114, ***132***, 133, 212
身体障害者福祉モデル都市事業 ***68***, 70
身体障害者補助犬（盲導犬，介助犬，聴導犬） ***74***

スーパーバイザー ***227***
ストレングス 15, 221, ***224***
ストレングスモデル ***15***

スペシャルオリンピックス（SO） ***196***
スペシャル・トランスポート・サービス（STS） ***78***
スポーツ基本法 ***192***

生活介護 119, ***126***
生活困窮者自立支援法 ***185***
生活支援員 ***231***
生活のしづらさ調査（全国障害児・者等実態調査） 20, ***198***, 213
生活保護 18, 176, ***181***, 182
生活保護の加算制度 ***183***
生活保護の適正化 ***182***
生活保護の不正受給問題 ***184***
生活保護の扶養義務の強化 ***184***
生活保護の捕捉率と保護率 ***184***
生活保護法 18, ***181***, 183, 184
政見放送 83, ***188***, 189, 190
政治・公的活動への参加 ***187***
精神医療審査会 133, 152, ***155***
精神衛生法 133, ***152***, 234
精神科医療 ***151***, 152
精神科医療の強制入院 ***152***
精神科特例 152, ***153***
精神障害 26, 133, 152, ***214***
精神障害者の運賃割引制度 ***77***
精神障害者保健福祉手帳 ***133***, 199
精神通院医療 ***148***
精神薄弱（知的障害）者権利宣言 8, ***10***
精神病者監護法 ***151***
精神保健福祉士 ***228***
精神保健福祉法 ***133***, 153, 154, 214
精神保健法 133, ***152***
性と生殖 46, ***47***, 109
制度の谷間 ***33***
成年後見制度 95, ***96***, 106, 187
セーフティネット 176, ***185***
世界人権宣言 ***8***, 62, 66, 138
世界保健機関（WHO） 20, 156, 160, ***208***
世界ろう者会議 ***203***
積極的差別是正措置 ***43***, 162
セルフヘルプグループ ***225***
セルフマネジドケア ***225***
選挙公報 188, 189, ***190***
選挙等における配慮 ***189***
全国列島縦断市町村網の目キャラバン ***238***
仙台防災枠組 ***94***
選択議定書 3, ***4***

総括所見 5, ***7***, 14
相対的貧困 177, ***186***, 200
相談支援事業 124, ***129***, 130, 232
相談支援専門員 103, 130, ***232***
ソーシャルワーク ***222***, 228
措置制度 36, 116, 119, ***123***
措置入院 133, ***152***, 155

た行

ダイレクトペイメント ***136***
谷間の障害 ***33***, 42, 217
短期入所 119, ***126***

地域活動支援センター 119, ***129***, 172
地域生活支援拠点 ***125***
地域生活支援事業 118, 122, ***129***, 199
地域生活定着支援センター ***135***
地域相談支援（地域移行支援・地域定着支援） ***131***
地域福祉権利擁護事業 ***134***
地域包括ケアシステム 124, ***131***
知的障害 10, 85, 132, ***216***

知的障害者権利宣言 ***10***
知的障害者福祉法 ***132***, 133, 216
知的，発達，精神障害者の移動と公共交通 ***73***
地方自治体の障害者計画 ***27***
地方自治法 ***34***
チャレンジ雇用 ***165***
中央防災会議 90, ***93***
聴覚障害 33, 81, 87, ***213***
賃金・工賃 ***172***
賃金補填 ***177***

通級指導教室 ***141***
通報義務 ***107***
津久井やまゆり園事件 ***60***, 62

デイアクティビティセンター ***136***
デイジー 32, ***86***
ディスレクシア ***86***
ディーセントワーク ***173***
締約国報告 5, ***6***, 7
定率負担 ***120***
手続上の配慮 ***99***
デフリンピック ***195***
テレワーク ***166***
点字 82, 86, ***87***, 188
点字ブロック ***75***
電話リレーサービス 44, ***81***

東京青い芝の会 ***23***
同行援護 74, 88, 119, ***213***
統合モデル ***21***
当事者参加 4, ***12***
道路交通法 33, ***77***
特殊学級 ***141***, 142
特殊学校 ***141***
読書のバリアフリー ***85***
特別支援学校 139, 141, ***142***, 143
特別支援学校・特別支援学級・通級による指導 ***142***
特別支援教育 ***141***, 192
特別児童扶養手当 48, ***180***
特別障害給付金 ***179***
特別障害者手当 ***180***
独立行政法人高齢・障害・求職者雇用支援機構（JEED） ***232***
独立行政法人国際協力機構（JICA） 203, ***210***
特例子会社 ***164***
都道府県・市町村障害福祉計画 ***124***
都道府県障害者計画 ***27***
トライアル雇用助成金　障害者トライアルコース（トライアル雇用） ***165***

な行

難病 148, 149, ***218***, 236
難病医療費助成制度 ***148***
難病医療法（難病法）指定難病 ***149***, 219, 235
難病相談支援センター ***151***
難病対策要綱 ***149***, 235
難病の医療・福祉制度 ***149***
難病の患者運動 ***235***

ニーリエ ***15***, 161
日額制と月額制 ***123***
日常生活自立支援事業 106, ***134***
日常生活用具 86, ***129***
日本国憲法 ***24***, 25, 34, 105
日本障害者協議会 9, 174, ***237***
日本障害フォーラム 7, 29, 90, ***236***

日本難病・疾病団体協議会　***235***
日本弁護士連合会　***95***
乳幼児健康診査　49, 56, ***57***, 58
任意入院　***153***
認定審査会　***122***

年金生活者支援給付金　***178***

ノーマライゼーション　10, ***14***, 33, 161
ノンステップバス　***78***

は行

パーソナルアシスタンス　***136***
ハートビル法　***68***, 73
発達障害　131, ***216***, 226
発達障害者支援法　***131***, 217
発達相談　***58***
発達保障　***17***
ハビリテーション　***158***
パラリンピック　70, ***194***
パラレルレポート　5, ***7***, 237
バリアフリー　67, ***68***, 72, 85
バリアフリートイレ（多機能トイレ）　***70***
バリアフリー法　***68***, 73, 78
バンク・ミケルセン　***14***

ピアカウンセリング　***226***
ピアサポーター　***226***
東日本大震災　89, ***91***, 92, 93
東日本大震災からの復興　***91***
ピクトグラム（絵記号）　***227***
避難行動要支援者　90, ***92***, 93
被用者年金制度の一元化法　***179***
病棟転換型居住系施設　***154***
貧困線　177, ***186***
貧困の連鎖　***186***
貧困率　177, ***186***

複合差別　***45***
福祉オンブズマン　***103***
福祉工場　***172***
福祉タクシー　***77***, 177
福祉のまちづくり　62, ***68***, 72
福祉避難所　***90***
扶養義務　***18***, 184, 240
扶養義務制度　***18***
文化芸術振興基本法　***191***
文化・スポーツ・レクリエーション　***191***

ペアレントメンター　***226***

保育士　***231***
保育所等訪問支援　***53***
保育所・幼稚園等の障害児保育　***54***
放課後等デイサービス　***55***
放課後保障　***55***
放送のバリアフリー　***84***
法定雇用率　163, ***164***, 236
法的能力　***97***
法テラス　***100***
ホーム転落死亡事故　***75***
ホームヘルパー　***229***
歩行空間ネットワークデータ　***79***
保護雇用　174, ***177***
母子保健法　***56***
補装具　86, 118, ***128***, 134
補足給付　***120***

ま行

マスメディア（報道）と障害　***63***

マラケシュ条約　***85***, 206

水際作戦　***181***, 184
民間給与実態統計調査　***186***
民間団体による実態調査　***199***
みんなの公共サイト運用ガイドライン　***84***

無年金障害者　34, 178, ***179***

盲ろう　80, 88, ***219***
盲ろう者向け通訳・介助員　***88***, 219

や行

家賃債務保証制度　***186***
家賃補助　121, ***185***

優生思想　60, ***109***
優生保護法　60, 64, 109, ***110***
郵便投票　***188***
ユニセフ　***206***
ユニバーサルデザイン　***66***, 78

養護学校義務制　***139***
要約筆記　80, 82, ***87***

ら行

ライフサイクル　15, ***146***, 157

理学療法士（PT）　***229***
利潤追求型事業所　***55***
リハビリテーション　16, 146, ***156***, 160
リハビリテーションセンター　***158***
リハビリテーション法　41, ***44***
リプロダクティブ・ヘルス　***47***
療育手帳　***133***
利用契約制度　36, 50, ***123***
利用者負担　31, ***119***
療養介護　119, ***126***
臨床心理士　***230***

老障介護　***135***

わ行

ワーキングプア　***186***
我が事・丸ごと地域共生社会　***136***
わかりやすい版　***85***
ワシントングループ　***200***
ワンストップ相談　***136***

欧文

ADA　***44***, 78
ADL　16, ***159***
APDF（アジア太平洋障害フォーラム）　203, ***207***
CBID（地域に根ざしたインクルーシブな開発）　***160***, 208
DPI 日本会議　204, ***236***
ICD　20, ***211***, 214
ICF　19, ***20***, 200, 211
ILO　166, 173, 206, ***208***
IT 基本法　***83***
PDCA サイクル　***124***
QOL　16, ***159***
TEACCH プログラム・構造化　***227***
UD（ユニバーサルデザイン）タクシー　***78***
WHO　20, 156, 206, ***208***

障害と人権の総合事典＊執筆者一覧

（50音順）

［編　　集］　日本障害者協議会（JD）

〈常任編集委員〉

赤松英知，荒木　薫，石渡和実，佐藤久夫，品川文雄，杉本豊和，増田一世

〈編集幹事〉

木太直人，黒澤和生，斎藤なを子，白井誠一朗，中村尚子，中村敏彦，中村英治，東川悦子，藤岡　毅，北條正志，堀込真理子，松井亮輔，矢澤健司，八藤後猛

［執 筆 者］

＊日本障害者協議会理事・監事・顧問　　†逝去

青木志帆　（明石さざんか法律事務所）
赤平　守＊　（武蔵野会）
赤松英知　（きょうされん）
秋山哲男　（日本福祉のまちづくり学会）
朝日雅也　（埼玉県立大学名誉教授／日本職業リハビリテーション学会）
荒川　智　（茨城大学／全国障害者問題研究会）
荒木　薫　（日本障害者協議会）
家平　悟　（障害者の生活と権利を守る全国連絡協議会）
池上洋通　（多摩住民自治研究所）
池添　素　（障害乳幼児の療育に応益負担を持ち込ませない会）
石渡和実＊　（東洋英和女学院大学名誉教授）
磯野　博　（無年金障害者の会）
井田朋宏　（日本パラスポーツ協会）
伊藤英一　（元長野大学）
井上忠幸　（東京コロニー／全国社会就労センター協議会）
井上泰司　（障害者（児）を守る全大阪連絡協議会）
井原哲人　（白梅学園大学）
岩崎晋也　（法政大学）
上野悦子　（日本障害者リハビリテーション協会）

臼井久実子　（障害者欠格条項をなくす会）
内田邦子*　（日本盲人社会福祉施設協議会）
太田修平　（障害者の生活保障を要求する連絡会議）
大西豊美　（全国救護施設協議会）
奥西利江　（維雅幸育会／全国社会就労センター協議会）
奥村茉莉子　（日本臨床心理士会）
小倉広文†　（若幸会／全国社会就労センター協議会）
尾崎　望　（社会福祉法人保健福祉の会）
小幡恭弘　（全国精神保健福祉会連合会）
小山　貴　（ひまわり会／きょうされん）
加藤彩乃　（信州大学）
河合隆平　（東京都立大学）
川島　聡　（放送大学）
木太直人*　（日本精神保健福祉士協会）
北村弥生　（長野保健医療大学）
久保田博　（江刺寿生会／全国社会就労センター協議会）
倉野直紀　（全日本ろうあ連盟）
黒岩海映　（南魚沼法律事務所）
黒澤和生*　（国際医療福祉大学／日本理学療法士協会）
國府朋江　（福岡第一法律事務所）
小久保哲郎　（あかり法律事務所）
児嶋芳郎　（立正大学／全国障害者問題研究会）
小中栄一　（全日本ろうあ連盟）
近藤直子　（全国発達支援通園事業連絡協議会）
酒井大介　（加島友愛会／全国社会就労センター協議会）
坂下　共　（きょうされん）
迫田朋子　（ジャーナリスト）
佐々木貞子　（DPI 女性障害者ネットワーク）
佐々木良子*　（全国手話通訳問題研究会）
佐藤久夫*　（日本社会事業大学名誉教授）
澤口　勇　（訪問看護ステーション レンゲの花）
志賀正幸　（つかさ会／全国社会就労センター協議会）
品川文雄　（全国障害者問題研究会）
柴田洋弥　（国分寺市手をつなぐ親の会）

白井誠一朗　（障害者の生活保障を要求する連絡会議）
新堂　薫[†]　（武蔵野千川福祉会／きょうされん）
須貝壽一　（山形県コロニー協会／ゼンコロ）
杉本豊和　（白梅学園大学）
鈴木　宏　（山形県コロニー協会／ゼンコロ）
鈴木　暢　（ひばり／全国社会就労センター協議会）
瀬山紀子　（DPI 女性障害者ネットワーク）
園田尚美　（日本失語症協議会）
薗部英夫[*]　（全国障害者問題研究会）
高野亜紀　（中西・髙野法律事務所）
竹田　匡　（日本社会福祉士会）
田所裕二　（日本てんかん協会）
田中恵美子　（東京家政大学）
田中徹二　（日本点字図書館）
谷山恵一　（キリスト者奉仕会／全国社会就労センター協議会）
遅塚昭彦　（日本社会福祉士会）
辻川圭乃　（辻川法律事務所）
土川洋子　（白梅学園大学）
都築裕之　（若竹荘／全国社会就労センター協議会）
寺口能弘　（のんぴーり青山の会／全国社会就労センター協議会）
寺島　彰　（日本障害者リハビリテーション協会）
戸髙洋充[*]　（藤沢ひまわり／全国精神障害者地域生活支援協議会）
中内福成[†]　（障害者の生活と権利を守る全国連絡協議会）
長岡健太郎　（尼崎あおぞら法律事務所）
中島康晴　（日本社会福祉士会）
中西久美子　（全日本ろうあ連盟）
中村尚子　（全国障害者問題研究会）
中村敏彦[*]　（東京コロニー／ゼンコロ）
中村春基　（日本作業療法士協会）
中村英治　（きょうされん）
西村武彦　（ルピナス法律事務所）
野村美佐子　（日本障害者リハビリテーション協会）
橋爪智子　（日本補助犬情報センター）
長谷川利夫　（杏林大学／日本病院・地域精神医学会）

はむろおとや[†]（下垂体患者の会）
原田　潔　（日本障害者リハビリテーション協会）
半田一登　（日本理学療法士協会）
東川悦子　（元日本脳外傷友の会）
深浦順一　（日本言語聴覚士協会）
福富昌城　（日本社会福祉士会）
藤井克徳*　（きょうされん）
藤岡　毅　（藤岡毅法律事務所）
藤木和子*　（全国障害者とともに歩む兄弟姉妹の会）
藤林清仁　（同朋大学）
藤本禮子　（一般社団法人日本音楽療法学会）
藤原久美子　（DPI 女性障害者ネットワーク）
北條正志　（あけぼの福祉会／きょうされん）
星川安之*　（共用品推進機構）
堀込真理子　（東京コロニー／ゼンコロ）
馬上和久[†]　（全国腎臓病協議会）
増田一世*　（やどかりの里）
松井亮輔*　（日本障害者リハビリテーション協会）
丸山啓史　（京都教育大学／全国障害者問題研究会）
三宅初穂　（全国要約筆記問題研究会）
向川純平　（横浜法律事務所）
村山慎二郎　（筑波大附属視覚特別支援学校）
森　幸子　（日本難病・疾病団体協議会）
森山千賀子　（白梅学園大学）
矢澤健司　（日本筋ジストロフィー協会）
八藤後猛*　（日本大学）
山崎光弘　（障害者の生活と権利を守る全国連絡協議会）
山下正知　（全国盲ろう者協会）
吉田早希　（かがやき神戸／きょうされん）
米津知子　（DPI 女性障害者ネットワーク）

視覚障害などの理由から本書をお読みになれない方を対象に，テキストの電子データを提供いたします。ただし，発行日から３年間に限らせていただきます。

ご希望の方は，①本書にあるテキストデータ引換券（コピー不可），②本頁コピー，③200円切手を同封し，お送り先の郵便番号，ご住所，お名前をご明記の上，下記までお申し込みください。

なお，第三者への貸与，配信，ネット上での公開などは著作権法で禁止されております。

〒337−0026　さいたま市見沼区染谷1177−4　やどかり出版編集部

障害と人権の総合事典

2023年 6月15日　発　行
2023年 10月10日　第２刷

編　　集　日本障害者協議会（JD）

発 行 所　やどかり出版　代表　増田一世
〒 337-0026　さいたま市見沼区染谷 1177-4
Tel　048-680-1891　Fax　048-680-1894
E-mail　book@yadokarinosato.org
https://book.yadokarinosato.org/

ISBN978-4-904185-50-6

キリトリ

障害と人権の総合事典
2023.10